Isabel de Moctezuma

José Miguel Carrillo de Albornoz
Vizconde de Torre Hidalgo

Isabel de Moctezuma

Memorias de la última emperatriz azteca

la esfera ⊕ de los libros

Primera edición: junio de 2022

© José Miguel Carrillo de Albornoz Muñoz de San Pedro, 2022
© La Esfera de los Libros, S.L., 2022
Avenida de San Luis, 25
28033 Madrid
Tel. 91 443 50 00
www.esferalibros.com

ISBN: 978-84-1384-366-7
Depósito legal: M. 11.162-2022
Fotocomposición: Creative XML, S.L.U.
Impresión y encuadernación: Cofás
Impreso en España-*Printed in Spain*

En memoria de dos grandes amigos
que se han ido demasiado pronto
y a los que siempre llevaré en mi corazón:
María de Gracia de Solís Beaumont y Téllez Girón,
duquesa de Plasencia,
y Pedro de Churruca y Díez de Rivera,
marqués de Valterra.

La Decidora de la Verdad

La noche estaba inmersa en un silencio solemne. El valle de Anáhuac dormía. Pueblos y ciudades se extendían hasta perderse en la lontananza profunda. Allí a lo lejos, en el centro del mismo, de norte a sur, se divisaba el gran lago donde los mexica habían prosperado y ejercido el supremo dominio durante katunes.* Erigidas desde antaño sobre islas e islotes comunicados, Tenochtitlán y su ciudad gemela Tlatelolco, capitales del imperio azteca, brillaban rodeadas de agua. En el margen oeste, Tlacopan,** la fiel aliada de los mexica; cerca de la orilla este, Texcoco, la floreciente capital cultural del caído imperio. Al norte se erigía Culhuacán, la antigua ciudad tolteca; al sur, Xochimilco, la florida. Las ciudades parecían hermosos dibujos geométricos desde la altura de la

---

* Un katún equivale a un periodo de tiempo de cincuenta y dos años.

** Los españoles la llamaron Tacuba y a lo largo de la novela se usarán los dos nombres indistintamente.

sagrada Iztaccíhuatl, la mujer dormida, contrapartida femenina del colosal Popocatépetl, bajo la misteriosa y plateada luz de la luna llena.

Ella estaba allí, como había sido destinado, desde hace incontables millones de años. Había servido con diligencia al consejo. Ese 11 de julio de 1550, Coatitzal debía mirar desde la elevada atalaya del volcán. Las estrellas estaban en la exacta posición que le anunciara la visión de su fin. Sí, ella era la última de la sagrada casta de las Decidoras de la Verdad. Pertenecía a una familia cuyo don era único y heredado, de generación en generación, desde el tiempo lejano en que Huitzilopochtli eligió al pueblo mexica para un alto destino en la original y primigenia Aztlán. Era la última y más sabia de toda una estirpe de sabios. Heredera del más antiguo linaje de la tradición Tezcatlipoca, guardianes del conocimiento que servían a la humanidad con sus misteriosos poderes, cuyo origen se perdía en edades anteriores del hombre. Nadie quedaba tras ella, ningún niño había alegrado su vida ni recibido su saber, para luego continuarlo. Ella, cuyos poderes de clarividencia fueron superiores desde su pubertad, ya entonces sabía que ninguna criatura saldría de su vientre estéril.

En los tiempos por venir su don no tendría sentido. Desde ese lejano momento del pasado, supo que era la última de la saga; desde ese mismo instante comprendió que el floreciente imperio mexica, que brillaba en su esplendor, decaería ante sus ojos, hasta extinguirse. El saber, al principio, la aterraba. Intentaba huir, negándose a recibir los oscuros mensajes de los dioses que llegaban a su mente. Pero fue en vano. Poco a poco empezó a dejarse llevar por las visiones. Lentamente, guiada por sabios maestros y altos iniciados, en el transcurso de su larguísima vida, aprendió a ponderar el alcance relativo de las cosas. Ella sabía que, a veces, una visión podía llevar a un cambio absoluto de todo. Así, progresivamente, su espíritu creció y se hizo poderoso. Con el fluir del conocimiento esencial, su miedo murió, y su conciencia se expandió.

Su don, a diferencia de otros, no era buscado, sino concedido. Con los años fue incrementándose en exactitud y potencia. Ella no era como los *mecatlapouhqui*; los que leen el futuro en las cuerdas. El futuro se mostraba en su mente, sin tapujos ni remilgos, sin velos, desnudo. Ella era la encarnación de la verdad transcendente. Ante su mente poderosa, las frivolidades y los disfraces eran vanos. Ella sabía por mandato cósmico; los demás mortales debían escuchar lo que el destino les deparaba de sus justos labios.

Coatitzal despreciaba a los *nenotzaleque*, los que se creían en posesión de la magia y vendían al mejor postor sus embrujos engañosos. Ella era la pura esencia de la misma. Tenía el poder de alterar las realidades visibles a su antojo. Un solo gesto suyo podía encender una hoguera o apagarla. Podía caminar sobre las aguas, levitar por encima del suelo, transformarse en animal, en árbol, en piedra… Sus poderes eran tales que su fama perviviría por los siglos en las leyendas mexicas.

Antaño la llamaban Cihuatecayotl, el viento de occidente, porque sus ojos siempre miraban más allá, por encima de las montañas y su voluntad era tan férrea e indomable, que nadie fue capaz de impedirle hacer cualquier cosa que ella verdaderamente deseara.

Ella era un ser que vivía en armonía con el universo. Había aprendido a no desear nada material en la vida, pues conocía las limitaciones de la misma, su futilidad, el vacío que la acumulación de cosas carentes de espíritu produce en el ser humano. Este, para ella, la mayor parte de las veces, no era sino un *amoyotl*, un mosquito de agua insignificante y débil, al que mece el viento a su merced.

Hoy era centenaria. Su saber la llevaba a la verdad más profunda, esa que solo contados seres humanos han podido contemplar. Llegaba a la última atalaya, puntual como siempre y serena, imbuida de una profunda paz que solo llega a los seres más altos cuando el tortuoso camino de la vida se acerca a su culminación, y lo hizo lentamente. Su alta silueta caminaba, casi sin rozar el suelo, por la empinada pendiente. Sentía que la pesada carga que habían llevado sus hombros se quedaba allí abajo, en la tierra de los hombres. Por fin era libre y sentía que se iba a elevar a un plano superior. Sus ataduras mortales estaban a punto de soltarse. Así debía ser. Ella había servido con justicia y con sabiduría la consigna de Anáhuac. Desde el lejano día en que el consejo diese la orden que regiría para los próximos katunes, ella había cumplido el mandato.

El sagrado calendario lo había anunciado. Escrito estaba en los astros. La noche cósmica caía con fuerza sobre el antiguo imperio. Las reuniones de los altos consejos de las cuatro culturas madres, mayas, olmecas, mexicas y zapotecas, lo habían ratificado por separado.

Se iniciaba la cuenta de los katunes malditos. Durante cuatrocientos sesenta y ocho años la luz de la conciencia no volvería a florecer abiertamente en la sagrada tierra de Anáhuac. Cuauhtémoc había hecho la proclama: deberían apagarse todos los fuegos, todos los símbolos del antiguo saber. Debían ser ocultados y preservados a cualquier precio, hasta que de nuevo la luz volviese al valle.

Esa había sido su misión durante los últimos años. Adelantarse a las fuerzas invasoras en los lugares más apartados y ayudar a esconder todo vestigio del conocimiento sagrado que había que preservar para el futuro.

Pero incluso con eso había ya cumplido. La poseían una alegría y una tristeza serenas mientras llegaba a la cima. Su túnica blanca refulgía con un brillo que emanaba de su mismo ser. Su cabellera nívea enmarcaba la cara venerable, surcada de centenarias arrugas. Su delgadez le hacía parecer un ser casi etéreo. Su mirada penetraba los cielos, encontrándolos preparados para recibir su espíritu, que ya no debía permanecer en la tierra por más tiempo.

Levantó sus manos poderosísimas en un gesto de suprema entrega. Sus ojos clarividentes enfocaron de repente el valle. Allí, a lo lejos, moraba el único espíritu grande que restaba con vida de los antiguos, encarnando las luces del esplendor mexica, que se había desvanecido: la emperatriz Isabel de Moctezuma, Tecuixpo Ixtlaxóchitl, «la noble doncella, flor de rostro blanco». Era la última estrella de sublime brillo en el ocaso de una raza. Solo ella restaba, flamígera y pura, en el nacimiento de otra cultura, con la fuerza sagrada de los antiguos soberanos del valle. Ella lo sabía. Esa fue la profecía que ella misma le había hecho antaño.

«Nuestro tiempo está llegando a su fin —pensó Coatitzal—. Yo debo dejar este mundo sin nadie que continúe mi estirpe. Sin nadie que me recuerde, salvo con temor, en los días de oscuridad que vienen. Lo acato plenamente. Ella, Isabel, es la única que aceptó e incluso buscó recibir mi mensaje. La única que comprendió, sin protestar, que lo que ha de ser, ha de ser y no se puede evitar.

»Yo, que para el resto de los mortales ya no soy más que una vaga sombra, quiero, sin embargo, acercar mi espíritu a mi emperatriz en este día, el de su cuadragésimo aniversario y el de mi tránsito.

»A ti, querida señora, dirijo mis últimos pensamiento de mortal. A ti, Isabel, de alto espíritu y grande corazón. Te bendigo y te espero, donde pronto nos encontraremos, en el siguiente plano».

Sintió que una gran luz la envolvía y se dejó ir.

En su regio lecho, en la lejana ciudad de México, Isabel de Moctezuma se despertó llorando. Le había llegado claramente el postrero adiós de Coatitzal. Sus lágrimas eran el homenaje a la sabiduría que abandonaba el valle de Anáhuac, empobreciéndolo. Ellas era dos luminarias de otros tiempos; dos faros poderosos en la oscuridad que crecía. El uno se había apagado ya. Pronto le seguiría el otro.

1

Las flores de la memoria

Palacio de Axayácatl
Ciudad de México, 11 de julio de 1550

—¡Qué pronto te has levantado hoy, Xuchil! Me sorprende que no se te hayan pegado las sábanas como de costumbre. —Xochiquétzal sonríe.

—No te burles de mí, hermana —responde Xuchil—. Estoy terriblemente preocupada. Llevo días dándole vueltas a la cabeza a los extraños presagios que se han visto en el cielo. Seguro que no nos traen nada bueno, Xochiquétzal. Además, me han contado que ayer vieron pasar sombras tenebrosas por la laguna lanzando quejidos lastimeros y que han visto a la Decidora de la Verdad, la temible y respetadísima Coatitzal, emprendiendo el camino de la cima del Iztaccíhuatl. Sé que era su último viaje. Esto me hizo acudir al *mecatlapouhque*; pero el adivino no supo interpretar el mensaje de sus cuerdas. Solo repetía y repetía que aquello no era posible, y luego me despachó, con cajas destempladas, como si yo no fuese de buen agüero.

—No te atormentes, Xuchil, déjalo estar.

—Ya, tú siempre me dices lo mismo, pero luego bien que escuchas. En cualquier caso, debes reconocer conmigo, querida hermana, lo funesto y aterrador que resulta contemplar como el *cempoalxóchitl*, la amarilla flor de los muertos, ha empezado a florecer exuberantemente, fuera de temporada y debajo justo del balcón de la habitación de la emperatriz. Y por si esto no bastara a tu escéptica mente. ¿Qué me dices al respecto de sus quetzales?* Apenas quieren probar alimento y sus plumas están perdiendo todo su brillo.

—Calla, Xuchil; basta ya de histerismos. Sabes que a la señora no le gustan nada. Somos mexicas y siempre hemos respetado los mensajes de los astros, sean buenos o adversos, sin hacer aspavientos.

—Sí, ya lo sé, hermana, pero es que si a esto sumamos el que Isapeltzin está pálida y decaída; que la fuerza y energía que siempre tuvo casi ha desaparecido, entonces comienzo a alarmarme. Además, Xochiquétzal, tú sabes que no son imaginaciones mías. Cada vez confía más en ti el peso de la casa. Vive como en otro mundo y, sin embargo, no parece que esté aquejada de ningún mal

---

* El quetzal es un pájaro de plumas tornasoladas, cuya cola es muy larga. Desde tiempos muy antiguos se le considera un ave sagrada.

concreto. Muchas veces rezo por ella, como los padres franciscanos nos enseñaron, pero como no veo que esto solucione su mal, es lógico que acuda a la vieja sabiduría de nuestro pueblo. Porque, desde luego, todos los signos apuntan a graves y tristes acontecimientos.

—No te dejes abatir, Xuchil. Lucha, como yo, con la angustia.

—Eso intento, Xochiquétzal. Pero se me hace muy cuesta arriba. Llevamos con ella ya cuarenta años; de hecho, hoy se cumplen, desde aquel lejano 11 de julio de 1510, en que Tecuixpo nació. Todo eran festejos en la casa del emperador Moctezuma II. Nuestra madre, que era dama de la emperatriz Teizalco, nos ofreció como nodrizas de la niña. Cuán orgullosamente acunábamos a nuestra pequeña Copo de Algodón. Aún recuerdo cómo estábamos de abrumadas ante el honor y la responsabilidad que recaían sobre nosotras, como ayas de la primogénita del emperador. ¡Qué hermosa era! Su cutis resplandecía de salud y sus ojitos eran alegres y juguetones. Siempre estaba sonriendo. No puedo creer que hayan pasado tantos años; ¡si parece que fue ayer! ¡Ay, hermana mía, nos hemos hecho viejas y temerosas!

»¡Qué lejos quedan ya los días cálidos y dorados de nuestra juventud! Parece mentira, al mirar hacia atrás, que hayamos podido sobrevivir a tanto desorden y a tanta guerra. ¡Cualquiera hubiera podido creer lo que iba a acontecer! Pero también entonces hablaron los presagios. Aún recuerdo, aterrada, la estrella de flamígera cola, que brilló ominosamente en el cielo durante muchos días; las mareas terribles de la laguna; el extraño pájaro con el espejo en la cabeza que pescó un ribereño del lago y aquellos aterradores gritos que profería una voz sin cuerpo y que no nos dejaban dormir.

—Eso fue después, Xuchil. Hermana mía, desde luego te empieza a flaquear la memoria.

—Sí, Xochiquétzal, tienes razón. Eso fue cuando la llegada de los españoles. Fue en ese momento cuando pasaron todas esas horribles cosas. Ello llevó al terrible señor al borde de la locura. Él, que con un gesto podía haberlos aplastado, tuvo que entregarles todo. A veces, el destino se ensaña cruelmente con los mortales más poderosos. Estaba escrito en el libro divino que así había de acontecer lo que aconteció, porque solo de este modo pueden explicarse la extremada precisión con que las circunstancias se concatenaron para favorecer la causa del invasor. Una tras otra, la fortuna ponía en sus manos las llaves del riquísimo imperio mexica. Ellos las asieron con fuerza, para no volver a soltarlas nunca más. ¡Cuánto miedo pasamos en aquellos tiempos! ¡Cuántas humillaciones!

—Así fue, Xuchil, pero al menos la llegada de los teules supuso el fin de la neblina de sangre que envolvía y ahogaba Tenochtitlán. La antigua luz de nuestra sagrada cultura había palidecido. Todavía sueño por las noches con los terribles sacrificios humanos. Decían nuestros abuelos que el gran Tlacaélel, el portador del emblema sagrado de Quetzalcóatl, en uno de sus viajes como supremo guardián del conocimiento se encontró, por obra del poder, en las ruinas de una antigua ciudad maya con unas antiquísimas inscripciones que, una vez descifradas, lo aterraron. Él, que pretendía la restauración de un único poder en el antiguo Me-xih-co, vio con sorpresa y amargura, que el antiquísimo mural contenía toda la historia de la tierra. Allí se hablaba de antiguas civilizaciones de las que apenas quedan vestigios y de otras cuyos ecos todavía eran fuertes. En los oscuros glifos leyó el ascenso de los olmecas y su caída, el desarrollo de las civilizaciones tolteca y maya, su esplendor y su decadencia y el apogeo de la civilización mexica que debería de ser frenado violentamente por la llegada de seres que no pertenecían a ninguna de las antiguas culturas de la tierra. Era evidente y chocante que estos hombres habrían de venir de tierras desconocidas hasta entonces y que su poder eclipsaría el de los mexicas.

»Mucho caviló Tlacaélel cuando esto descubrió. Consultó los astros, habló con el antiguo guardián del conocimiento maya, el sumo sacerdote de Kukulcán y con muchos otros. El resultado de sus consultas le llevó a la conclusión de que los sacrificios humanos masivos que él mismo había decidido que se llevasen a cabo debían de cesar. Su nuevo conocimiento le había puesto, al final de su larga vida, en una posición distinta y opuesta a la que orientó su ascenso. La sangre debía dejar de alimentar conscientemente al sol. Había que preservar el conocimiento para que cuando la oscuridad pasase, una nueva cultura pudiera volver a florecer en el valle. Así lo comunicó al consejo y parece que si hubiera vivido lo suficiente muchas cosas habrían cambiado con seguridad.

—Pero no fue así. No era ese el destino —señaló Xuchil.

—En efecto. A su muerte, los sacrificios se aceleraron. Las guerras de conquista mexicas llevaban largas filas de prisioneros a la sagrada Tenochtitlán. El sacrificio de tantas víctimas no podía sino hacer odiosa nuestra existencia. Durante siglos alimentamos al quinto sol de un modo que empalideció el esplendor que nuestra civilización pudo haber alcanzado. Nuestra religión se fue transformando progresivamente en una orgía de sangre, gritos de terror y lágrimas, que no podía llevarnos más que a la ignominia y a la destrucción. Nuestro dominio sobre el valle al final estaba basado en la fuerza y en el miedo. La luz del conocimiento se guardaba en ocultos lugares. Los tlatoques que se habían opuesto a nuestro imperio habían sido masacrados y sus familias habían sido exterminadas o exiladas. Los pueblos, así dominados por nosotros, nos detestaban. En ellos, y solo gracias a ellos, pudo Cortés sustentarse tras los eventos de la Noche Triste y volver luego para vencernos. No fueron los españoles, sino los tlaxcaltecas y otomíes, los texcocanos rebeldes y tantos otros, que deseando verse libres de «guerras floridas» —esas batallas rituales pactadas entre nuestro pueblo y los tlaxcaltecas para surtirse mutuamente de prisioneros que se sacrificaban a los dioses—, y de forzados tributos en jóvenes para los sacrificios humanos de Tenochtitlán, propiciaron nuestra caída.

—Fue un mandato cósmico de terrible alcance el que llevó a nuestro pueblo a la oscuridad —observó Xuchil, pero su hermana no pareció escucharla y prosiguió relatando sus aterradores recuerdos.

—La espiral de violencia había ido demasiado lejos. Los depósitos de cráneos de Tenochtitlán estaban llenos a rebosar, pero la sed de los dioses era implacable. Los españoles fueron un extraño instrumento del destino encargado de acabar con nosotros. La noche cósmica anunciada por los consejos sobrevino. La conquista fue a sangre y fuego. La hermosa Tenochtitlán fue destrozada y su belleza borrada de la faz de la tierra. Los diques, obra suprema de ingeniería, fueron inutilizados; los canales fueron rellenados; los templos, arrasados. Nuestro orgullo fue pisoteado y nuestra carne fue flagelada, insultada y denostada. ¡Cuántos recuerdos tristes guardo de entonces! ¡Qué terrible fue el vacío que sentí cuando murió el terrible señor Moctezuma, apedreado, de una manera tan ignominiosa, por su propio pueblo! Con él moría nuestro poder. Nunca después, ningún tlatoani mexica volvería a tener el supremo dominio sobre el imperio. Su muerte fue la del mismo; el ocaso del poder azteca y el nacimiento de otro foráneo.

—Sí, Xochiquétzal, los recuerdos a veces vuelven con fuerza, especialmente cuando la muerte ronda nuestra casa.

—Calla, Xuchil. No mentes a la sedienta segadora de vidas, que pudiera venir para labrar nuestra desdicha. No adelantemos acontecimientos que como dice el proverbio «siempre está uno a tiempo para lamentarse».

—¡Cuánta razón tienes, Xochiquétzal, mi juiciosa hermana! Llevas toda una vida teniendo casi siempre la razón. Pero es tan preocupante el que no haya habido un solo augurio feliz en este día, que debía ser de gran fiesta en esta antigua y honrada casa. Solo extraños y negros presagios nos ha regalado. Y nuestra pobre señora no tenía en estos últimos días un talante especialmente festivo. No parece producirle ilusión alguna cumplir cuarenta años. No nos ha ordenado ningún preparativo para celebrarlo y eso tampoco es de buen agüero.

—No te preocupes por eso al menos, Xuchil. Ya me he ocupado yo de todo, por si acaso la señora cambia de idea en el último momento. Incluso he encargado, según Dios me ha dado a entender, algo especialmente de su gusto: aquellas frutas, aromáticas y rarísimas, parecidas al dulce mango, que tanto le gustaba comer cuando era niña, y aquellos pequeños aguacates de Oaxaca que tanto alabó en la celebración del año pasado. Espero que esta pequeña sorpresa le despierte algo el apetito, porque hace días que come casi tan poco como sus queridos quetzales. Eso sí que es algo real y que me tiene seriamente preocupada. No puede seguir así. Espero que, por lo menos hoy, se alimente adecuadamente. Esa es la razón por la que le falta energía. Está empezando a consumirse de inanición. Si esto sigue así, voy a tener que hablar con el señor don Juan Cano; vaya que si lo haré. Somos las hijas del príncipe Xicalcóatl, guerrero águila; y me enorgullezco de haber heredado su fuerza y su inteligencia. Si recibimos una esmerada educación fue para algo. No me conformaré con esperar pacientemente a que se produzca un milagro.

Las dos hermanas se comunicaban así sus mutuas preocupaciones. Sus voces llenaban el silencio que reinaba en el palacio de doña Isabel de Moctezuma, emperatriz de México, esposa de don Juan Cano de Saavedra.

Mientras, tapias afuera del viejo palacio de Axayácatl, renacía, como todos los días, el bullicio del México colonial. Con el clarear del alba, las canoas surcaban el lago para traer sus preciadas mercancías hasta el gran mercado de Tlatelolco, que se situaba allí desde tiempos inmemoriales. Era el lugar de ventas y trueques más importante del imperio y ahí seguía ubicado. Los frutos más ricos de toda la tierra se ofrecían en los coloridos puestos a los habitantes de la capital. Jícamas, aguacates, mangos, mameyes; plumas y plantas medicinales; así como los trabajos de orfebrería y platería más nobles, las telas de mayor belleza y calidad y las joyas más exquisitas. La capital virreinal demostraba una renovada vitalidad en el terreno comercial.

El tiempo, que todo lo cura, había empezado ya su labor de cicatrización de las heridas de la guerra y la conquista de la ciudad. El antiguo perfil de la misma había cambiado notablemente. A los cuatro barrios originales Tlaquechiuhca, Atzacoalco, Teopan-Xochimilco y Moyotlán, que tenían forma de ele, los primeros españoles añadieron un quinto que se situó en el centro de la ciudad y que abarcaba un cuadrado perfecto de trece cuadras de lado. A este quinto se le dio el nombre de la Traza. Allí fue donde se establecieron los blancos. En el mismo centro de la Traza se levantaba, sobre las ruinas del antiguo *teocalli* mayor, un templo cristiano, dedicado a la Virgen de Guadalupe, patrona de Extremadura y de México. Su milagrosa aparición en 1531 a Juan Diego, un humilde campesino, fue puesta en duda por el obispo Zumárraga. No obstante, se produjo una nueva aparición. El suspicaz obispo pidió al campesino que la señora que se le aparecía diese una prueba de que era la Virgen. Así esperaba Zumárraga acabar con la posible superchería. Su sorpresa fue mayúscula cuando tras la tercera aparición, el indio volvió a su presencia con un gran ramo de rosas en sus manos. En 1531, en México, las rosas eran escasísimas y no estaban al alcance del pueblo. Esto sorprendió al obispo, pero su asombro se trocó en fervor cuando, tras depositar a sus pies las flores, vio en el ayate del indio la hermosa imagen de la Virgen de Guadalupe que había aparecido allí de modo milagroso.

Esta era la prueba que él había pedido. Zumárraga, obedeciendo los deseos de la aparición, ordenó construir una basílica en el cerro de Tepeyac. Su culto fue creciendo y se extendió a Tenochtitlán. El antiguo culto a Coatlicue, la diosa de la tierra, había sido recogido por la Virgen.

La ciudad va cobrando nuevos perfiles. Muchos de sus canales han sido rellenados, los diques perforados no han sido reparados. Ello ocasiona a veces inundaciones cuando las lluvias arrecian. Ya no guarda el perfecto equilibrio que antaño tuviera con la naturaleza, pero está reviviendo. Su población vuelve a crecer, y bajo la guía de doña Isabel, cuyo nombre azteca había sido Tecuixpo Ixtlaxóchitl, que en español significa Copo de Algodón, Capullo Blanco, encuentra una vía segura, una isla de firmeza en un mar de cambios. Acuden a ella, su emperatriz, para que los defienda de los múltiples atropellos y usurpaciones que los desaprensivos recién llegados quieren cometer. Ella es la única depositaria viva del antiguo poder. Ella aceptó llevar sobre sus hombros la pesada carga de iluminar la desesperanza del pueblo en los primeros años de oscuridad, y lo hizo a conciencia.

Isabel reina en México, sin trono. Es la señora natural del lugar, reconocida por mexicas y españoles. La ratificación del emperador Carlos I sobre su señorío de Tacuba y sus otras propiedades la hacen, además, una de las

27

personas más ricas del valle. Hace ya muchos años que, cuando ella habla, todos escuchan respetuosamente. Con su dulce voz persuasiva, ha sido capaz de deshacer entuertos y rencillas que hubieran podido provocar nuevos baños de sangre. Bajo su regio manto se han cobijado los pobres y oprimidos. Y es que toda su vida la ha volcado en la causa de la justicia y de su pueblo. Ella, la sagrada depositaria de la tradición, supo ayudar a que se cumpliese el mandato cósmico. Su lucha fue terrible, pero nunca se amilanó. El conocimiento había sido ocultado para que no pereciese durante los siglos de oscuridad.

Esa es la dama de la que hablan sus buenas ayas en palacio, ajenas al mundanal ruido.

❦

—Venga, querida Xuchil, acaba de componerte, que el sol ya empieza a asomar por la ventana. Esperemos que sea un día alegre en esta casa. Vamos, desecha tus miedos y preparémosle unas hermosas flores a la niña Isabel.

—¡Qué buena idea has tenido, hermana! ¡Yo misma las elegiré y las cortaré! ¡Unas flores de color rojo, que alegren su espíritu, podrían ser un buen agüero!

Xuchil sale al jardín y vuelve, al poco rato, con un ramillete de capullos fragantes en sus manos. Busca un pequeño florero de plata y las coloca con esmero.

—Están preciosas, Xu, seguro que le encantarán. ¡Qué aroma tan maravilloso dejan a su paso!

De repente se oye a lo lejos el sonar de una campanilla. Dos jóvenes sirvientas se acercan corriendo a las damas. Casi sin respiración, les anuncian que la emperatriz está despertando.

Las dos se miran. Es más temprano de lo habitual. Ambas hacen votos para que esto sea síntoma de un cambio benéfico.

Xuchil da certeras órdenes a las chicas para que preparen un copioso desayuno. Xochiquétzal asiente y, a su vez, manda que preparen los exquisitos frutos que ella ha comprado para la emperatriz.

Una vez encarrilada la situación, se apresuran, corredores adelante, hacia la habitación de la emperatriz. Cuando llegan ante sus puertas, se detienen respetuosamente y llaman con suavidad.

—Podéis pasar, ayas —pronuncia la voz sonora de Isabel—. Llevo un rato llamando, pero nadie parecía oírme. Resulta evidente que todos os habéis acostumbrado a que no me levante temprano —dice sonriente.

—Acepta nuestras más humildes disculpas, niña Isabel —dice Xuchil—. Aunque no lo parezca, hace ya tiempo que estamos despiertas, pero nos pusimos a hablar y el tiempo se nos pasó volando. Perdónanos por no haber estado atentas a tu llamada y recibe nuestras bendiciones y deseos de felicidad en el día de tu cuadragésimo cumpleaños.

Mientras esto decía, puso en su mesilla el delicado florero. Isabel, sonriendo, les dio efusivamente las gracias. Doña María y doña Teresa, Xuchil y Xochiquétzal, se quedaron calladas, mirándola con una devoción tan evidente que la emperatriz se emocionó.

—Mis queridas viejitas —les dijo—, ya sabéis que no me puedo enfadar con vosotras. ¡Sabe Dios lo que estaríais tramando!

—Nada de particular, niña Tecuixpo —dice Xochiquétzal con gracia—. Ya sabes, al perro viejo todo se le vuelven pulgas.

—Teresa —le dice doña Isabel—, cuántas veces te habré dicho que no me llames así. Está visto que nunca podré haceros cambiar. —La mira con cariño—. Sois más fuertes que yo. Ya hace casi treinta años que intento enseñaros el español y en cuanto me descuido, volvéis a las andadas.

Este es ya un viejo juego entre ellas. La emperatriz gusta de que, en palacio, todos hablen en español. Es el lenguaje de los invasores, el del nuevo poder y ella se ha propuesto la tarea de que todos a su alrededor lo aprendan para evitar posibles indefensiones y abusos por parte de desaprensivos. No obstante, una y mil veces ha hecho como que no las oía mientras hablaban náhuatl. Incluso en ocasiones, inconscientemente, ella misma usaba la antigua y musical lengua de sus padres cuando se dirigía a ellas. Y, sin embargo, insistía en llamarlas por sus nombres españoles, Teresa y María. Era una pugna que tenían desde hacía más de veinte años, y que tenía visos de seguir, indefinidamente, adelante.

—Disculpa, niña Isabel —dice con escasa contrición Teresa Xochiquétzal—, pero es que, en un día tan señalado como este, una no sabe ya ni dónde tiene la cabeza. Debo estar volviéndome senil. Veamos —mete su mano debajo de su manto—, quizás esto te ayude a perdonarme. —Su mano vuelve a salir afuera, pero esta vez lleva una bellísima joya prendida en un terciopelo. Es una delicada flor del más puro jade, esculpida de una sola pieza por los antiguos artesanos imperiales, engarzada en un prendedor de oro con forma de quetzal.

—Acepta esta humilde nuestra de nuestro cariño de tantos años —dice doña Teresa—. María y yo te la ofrecemos con toda nuestra devoción. Es un recuerdo de otros tiempos, que esperamos te sea grato. El orfebre que nos lo vendió nos aseguró que había pertenecido al mismísimo emperador. ¡Menudo ladrón! Pero su factura nos pareció indudablemente antigua y su belleza nos decidió. ¡Es tan difícil encontrar algo verdaderamente digno de ti, en estos tiempos!

Mientras la oía hablar, doña Isabel recuerda. La visión de la hermosísima joya le hace retroceder en el tiempo, a los días en que su padre, el poderoso tlacatecuhtli Moctezuma II Xocoyotzin reinaba. No había mentido el vendedor. Ella recuerda nítidamente la delicada joya. Era una de las favoritas del soberano. Muchas veces se la había visto puesta, prendiendo su manto imperial. Muchas veces, hasta que desapareció, con tantas otras cosas, durante la terrible Noche Triste; la de su triste muerte, seguida de la aterradora huida de los españoles, retirándose de la ciudad. En una de aquellas paradas, durante la batalla, se le había caído a ella, que la llevaba prendida en su manto, y no la había vuelto a ver. Doña Isabel procura arreglar la expresión de su cara, para que sus ayas no capten la profunda impresión que la inimitable joya le ha producido y disimulando, les dice:

—Muchas gracias, queridas mías, os habréis vuelto locas buscando algo con lo que agradarme y, como siempre, lo habéis conseguido. ¡Es un regalo maravilloso! Tenéis razón, ya no se ven fácilmente hoy en día piezas de tan exquisita talla. No sé cómo expresaros mi agradecimiento por esta muestra de vuestro amor y por vuestra dedicación de tantos y tantos años.

Las dos mujeres se emocionan. Han pasado muchos días buscando el regalo, con intención de provocar una pequeña alegría en el corazón cansado de su señora. El semblante de la princesa está envejecido, pero sigue teniendo una peculiar belleza y dignidad, aquella que impresionó al cronista, que dejara de ella una hermosa descripción al decir: «Es su rostro algo parecido al de las castellanas, e su piel con matiz de india; sus ojos grandes, de mirar apenado, e negros, su nariz aguileña, la boca chica. Dijérase tiene el corazón en los labios, pues tal es su forma y el amor que pone en todos sus dichos e palabras».

Pero solo su rostro es parecido al de las castellanas. Su espíritu sigue siendo náhuatl, cristalino y puro. Ella ha seguido la antigua enseñanza. Con los años su conciencia ha crecido. Ahora comprende. Ve y sabe. El paso de los años y el cumplimiento de su misión le han dado la paz. Su corazón está lleno de un amor profundo por su último marido, Juan Cano de Saavedra. En este y en sus seis hijos, ha volcado Isabel sus desvelos durante los últimos años, pero se encuentra profundamente preocupada porque sabe que su vida no va a durar ya mucho tiempo y prevé problemas graves a su muerte, la cual, como mexica, no le asusta. No obstante, le duele la ineludible ruptura de su familia. Sabe que el enfrentamiento de su hijo primogénito, Juan de Andrade, con su marido Juan Cano se producirá indefectiblemente y le angustia no ser capaz de evitarlo.

Desde que surgieron entre ellos las primeras desavenencias, lleva intentando sin éxito limar asperezas, pero sabe que sus esfuerzos no han conducido sino a retrasar la confrontación, que ella desearía a toda costa evitar. Ese saber lleva minándola muchos meses, y su salud, debilitada por tantos trabajos y vaivenes como ha tenido que sufrir en su corta vida, se está resintiendo mucho. Siente que le faltan progresivamente las fuerzas y en ese día 11 de julio de 1550 ha decidido, por fin, hacer testamento, para así facilitar, en lo posible, su sucesión.

Se encuentra lúcida y serena. Fortalecida por su fe y por su conciencia del trabajo bien hecho, lo cual la reconforta de tantos problemas que ella se ve incapaz de solucionar. También cuenta con el apoyo de sus hijas Isabel y Catalina, quienes se dedican plenamente al cuidado de su madre, celosas, incluso de las ayas. Ellas no le preocupan en demasía, puesto que le han comunicado que tienen vocación de religiosas y que, probablemente, profesarán en el convento de la Concepción cuando ella falte.

De sus hijos varones, habidos en su matrimonio con Cano, Pedro, Gonzalo y Juan siente una especial predilección por el pequeño Juan, cuyo espíritu es la perfecta expresión del equilibrio entre lo español y lo azteca. Los augurios señalaron que en él continuaría el linaje. Ella cree que su sentido de la aventura le llevará a volver al suelo paterno, la ciudad de Cáceres, donde sueña elevar una casa que sea solar del linaje Cano-Moctezuma. Así debe ser. La sangre de la Casa de Moctezuma abandonará México durante los katunes malditos, para poder preservar su estirpe de la extinción. Y en lejano futuro, cuando el día llegue en que Mexihco renazca, la nueva luz volverá a reclamar su presencia en su sagrado lar.

Se siente vieja, muy vieja por dentro, y sabe que ya no va a vivir muchos meses más. Quiere decir tantas cosas a tantas personas queridas… Xuchil y Xochiquétzal, María y Teresa. Dos auténticas mexicas de noble sangre que la han criado y han vivido con ella tantos buenos y amargos momentos… que han preferido velar por su emperatriz que contraer ventajosos matrimonios y de las que nadie podría hacerle prescindir. Tampoco podría sobrellevar su progresivo decaimiento sin el consuelo de su confesor y amigo fray Juan de Zárate, prior de los agustinos; sin el apoyo del entrañable Juan Altamirano, el primo de Cortés, que la ayudó en aquel amargo momento, ya lejano, en que fue engañada por el conquistador, y que juró encargarse del fruto gravoso y vergonzante que nació, en contra de los deseos de la princesa y que, en otras circunstancias, hubiese podido ser su mayor alegría. Aquella bastarda, hija de su amor engañado, a la que ella ha querido a toda costa olvidar y a la que nunca quiso ver.

No desea recordar cosas sombrías. No es momento para amarguras antiguas. Sonríe de nuevo y despide a las dos ancianas, encomendándoles la primera tarea que viene a su mente. Quiere estar sola. Meditar, acompañada de sus recuerdos, quizás escribir. Sí, ya ha llegado el momento de hacerlo, se dice a sí misma.

«Ahora, mientras conservo la mente clara —se dice—, en el mismo día en que nací, en mi casa, la que antaño fuera del tlatoani Axayácatl, mi abuelo; donde nacieron tres emperadores, mis tíos Tízoc y Ahuizotl y mi padre Moctezuma II Xocoyotzin. Me inspirará su recuerdo. Este palacio, que antes de la conquista tenía cien puertas e innumerables habitaciones y patios; donde estuvo situado el más hermoso y valioso jardín que mortal alguno hubiera jamás soñado poseer, será el lugar donde yo escribiré para que mis descendientes no olviden el pasado».

¡Qué hermoso era aquel jardín de Axayácatl! Estaba en un patio secreto, donde se habían reproducido en oro, jade, turquesas y joyas, las plantas y flores más bellas del valle de Anáhuac. Un jardín mítico, parte de un tesoro también fabuloso para los españoles, cuya riqueza vislumbraron momentos antes de tener que huir, en la llamada Noche Triste, de la ciudad de Tenochtitlán, y que nunca volvió a ser encontrado por ellos, por mucho que lo buscaron.

Esta casa, antaño eje del imperio y hoy muy reducida, seguía siendo una de las más bellas de la ciudad de México. Sus fuentes y baños alegraban la vista y el espíritu de la princesa, que amaba el sonido del agua. Si había algo que nunca había podido comprender era la suciedad de los españoles. Su respeto e incluso su repulsa a lavarse. Ella había inculcado en sus hijos las costumbres aztecas en cuanto a la limpieza corporal, e incluso había conseguido que su esposo frecuentase el baño con una asiduidad que extrañaba a los españoles de la ciudad y que suscitaba murmuraciones. Se hace esta y otras reflexiones mientras se baña. El agua le relaja los músculos y clarifica sus ideas. Sabe que ha llegado el momento de plasmar el pasado en pergamino. Es su deber. No deben perecer con ella sus recuerdos. Ha de hacerlo y lo hará. Es una hermosa tarea la que se ha impuesto. El pasado debe quedar reflejado para la memoria de sus descendientes, para la memoria colectiva del mundo, antes de que el recuerdo de la sabiduría de su pueblo orgulloso se borre y solo quede el doloroso y fecundo mestizaje que olvidará durante la noche cósmica las tradiciones que, durante siglos, rigieron el valle de Anáhuac.

Un halo mágico la envuelve. Enciende un sahumador y deposita encima de los carbones unos trozos de copal, la resina sagrada de los mexicas. El humo aromático la envuelve. Lo levanta saludando a los cuatro rumbos del universo y lo deposita encima de una mesa. Pronuncia una antigua invocación de luz y su ser se expande con su conciencia.

. Se viste con las galas antiguas de emperatriz de los mexicas, rango que lleva con orgullo, rescatadas de su ajuar de boda por las fieles Xu y Xochi; el huipil del más fino algodón blanco bordado en oro y el manto verde de finísimo trabajo de plumas de quetzal. Se mira en el gran espejo de plata bruñida de su vestidor y se asombra al enfrentarse a una imagen que le trae recuerdos de la niñez. El tiempo ha posado sus alas pesadas sobre ella y en su rostro maduro cree reconocer el amado y sereno de su madre, la emperatriz Teizalco. Se siente una princesa imperial. Recuerda los antiguos ritos de la corte. Es esta quizás la última vez en que doña Isabel de Moctezuma vuelve a ser Tecuixpo Ixtlaxóchitl, la última emperatriz del valle de Anáhuac, la que fuera mujer de los dos últimos huehuetlatoanis, Cuitláhuac y Cuauhtémoc. Ha de enfrentar una última tarea sagrada y lo hace siguiendo meditadamente un antiguo ritual.

Abandona el vestidor y se acerca a su gabinete. Hace unos días que pidió pergamino para escribir y le han traído una cantidad que bastaría para llevar las cuentas e informes de la administración de Tacuba durante medio año. No necesita nada más para empezar su trabajo. Se sienta en un sillón que recuerda vagamente un trono antiguo frente a los ventanales abiertos, que introducen el aroma de las flores del jardín de los colibríes. Coge la pluma, acaricia la suavidad y firmeza de la misma y, mojándola en el tintero, comienza lentamente a garabatear las primeras letras que desgranan el pasado. Ha de hacer memoria. No debe olvidar nada. Solo de este modo, el ciclo de su vida habrá sido completo. Esta es, fundamentalmente, la razón por la cual Coatitzal la avisó con tiempo de su fin, cinco años ha.

Así, empujado por una profunda llamarada de luz, su espíritu comienza a abrirse a la evocación y escribe. Cierra sus ojos unos instantes. Sabe que ha de llamar a la fuerza del equilibrio en su interior. Se entrega a la creciente sensación de poder que la embarga. Se siente conectada a la tierra y al cielo de un modo muy íntimo. Llama a sus espíritus guardianes, una sucesión de clarísimas imágenes le llega con la fuerza de las grandes visiones.

Los espíritus de los tlatoques de Anáhuac se le hacen presentes. Le hablan palabras floridas. Le animan en la sagrada tarea que se ha propuesto.

Poco a poco vuelve al plano terreno. El humo del copal la envuelve. Embargada por el mágico aroma comienza a escribir.

Mi querido Juan:

Tú, que fuiste el último en ver la luz de mis hijos, aún eres demasiado joven para apreciar los cambios que ha sufrido el mundo en que yo nací. Sois hijos del mestizaje real de dos pueblos cuyo encuentro fue un choque de proporciones cósmicas. Hoy escribo para ti este relato, para que no olvides tu sangre azteca. Nunca te avergüences, ni pidas perdón por existir: porque eres el primero de un pueblo nuevo que nace de un doloroso choque de dos mundos y ya no será ni el uno ni el otro. Tú y tus hermanos sois el fruto del amor y sois el futuro. Yo, en cambio, soy la memoria viva del pueblo azteca. Un pueblo de contrastes notables, que celebraba con intimista alegría los nacimientos de los niños y arrancaba corazones humanos para los sacrificios; una cultura de luces y sombras, basada en la fuerza e independencia de nuestra raza; ascética y dura, pero sensible y espiritual.

Yo nací cuando reinaba Huitzilopochtli sobre los cielos de Anáhuac y Moctezuma II Xocoyotzin sobre un rico y populoso imperio. Viví como princesa legítima del imperio. Gocé de los últimos años del antiguo orden. El mundo giraba a nuestro alrededor. Nada ni nadie osaba resistirse a la voluntad del terrible señor, mi padre. Sus deseos eran órdenes para todos y sus leyes regían en muy diversos territorios que estaban sometidos a los mexica. Entonces llegó Cortés y todo cambió. Su presencia había sido anunciada por los astros. El mundo que tú conoces es fruto de ese encuentro difícil; del cataclismo que la colisión de los pueblos mexica y español produjo. Todo se alteró. El destino deparaba un nuevo y extraño rumbo al pueblo dominador de antaño. Los dioses sanguinarios callaron, pero también lo hicieron los poetas y los trovadores. Una era de sangrientos cambios caía sobre Tenochtitlán. Yo la sobreviví, pues así lo dispuso mi destino. Casi podría decir que me sobreviví a mí misma. Yo era Tecuixpo Ixtlaxóchitl. A la muerte de tu abuelo fui elevada al rango de emperatriz. Odié a los españoles y luego los amé. Desprecié a su Dios y luego creí en él. Un terremoto de cambios derrumbó mi interior, pero supe construir algo hermoso sobre esas ruinas. Entonces nació Isabel de Moctezuma y, con ella, una nueva esperanza para muchos que se habían perdido a sí mismos en las tinieblas de lo desconocido.

Sabios maestros guiaron mi camino y las más secretas enseñanzas me fueron dadas para cumplir con la enorme tarea que el poder me encomendó. Yo debía ser la última depositaria del saber sagrado y la que llevase hasta su culminación la consigna de Anáhuac, que pronunciara mi esposo el emperador Cuauhtémoc en Tlatelolco.

Aquí quedarán escritas las palabras que cambiaron el mundo que yo conocí para que las comuniques a tus descendientes. Medítalas, porque te ayudarán a comprender muchas cosas.

TIEMPO: 13 de agosto de 1521; tres casa, atado de flor en mano, trece lagartija.

Gran Tlatocán (consejo de la palabra). Esto sucedió. Esto pasó, durante lo que ha sido el tiempo del señor llamado Cuauhtémoc (lugar del descenso del águila). Huehuetlahtoani (gran portador de la palabra).

Nuestro sol se ha ocultado, nuestro sol ha desaparecido, y en absoluta oscuridad, nos ha dejado. Pero sabemos que otra vez volverá, que otra vez saldrá, y nuevamente vendrá para alumbrarnos. Pero mientras permanezca, allá en el Mictlán (región del eterno reposo), debemos muy rápido reunirnos, estrechándonos. Y en el fondo de nuestro corazón, escondamos todo lo que nuestro corazón aprecia y considera un tesoro. Y sabemos, como un gran *xalxihuitl* (brillo de arena), destruyamos, nuestros *teocalli* (recintos de energía), nuestros *calmécac* (recintos de estudios elevados), nuestros *tlachco* (campos de pelota), nuestros *telpochcalli* (recintos para jóvenes), nuestros *cuicacalli* (recintos de canto). Que vacíos se queden nuestros caminos y que nuestros hogares nos preserven; ahora no sabemos hasta cuándo. Ahora y hasta cuando nuestro nuevo sol salga, los papacitos, las mamacitas que nunca olviden el enseñarles a sus hijos. Los papacitos con los muchachos, las mamacitas con las muchachas. Y que les enseñen a sus hijos mientras vivan, precisamente cuán buena ha sido lo que ha sido hasta hoy nuestra amada Anáhuac, al amparo, la protección y el cuidado de nuestras costumbres y nuestro comportamiento, que recibieron nuestros venerados abuelitos y que nuestros venerados padrecitos, con empeño, sembraron en nuestra esencia. Ahora nosotros entregamos la tarea a nuestros hijos, que guarden nuestra escritura. Desde ahora nuestros hogares serán nuestros *teocalli* (recintos de energía), nuestros *calmécac* (recintos de estudios elevados), nuestros *tlachco* (campos de pelota), nuestros *telpochcalli* (recintos para jóvenes) nuestros *cuicacalli* (recintos de canto). No olviden informar a sus hijos intensamente cómo será, cómo se levantará y exactamente cómo su gran destino realizará. Y cómo cumplirá su gran destino nuestra preciadísima madrecita tierra Anáhuac.

Mi vida, desde entonces, ha sido un delicado equilibrio. Supe comprender y amar lo nuevo, lo español —esa era mi obligación—, pero nunca me olvidé de lo antiguo. Soy mexica y española. Tú, hijo, eres español y mexica. Esa es la ley de la historia. La colisión de dos poderes hace que uno eclipse al otro. Pero no ha de perderse del todo su brillo. Este ha de ser conservado para el futuro. Yo me impuse ese deber tiempo ha y en la medida de mis fuerzas fue cumplido; igualmente, me impongo hoy la obligación de recordar y escribir para ti y tus descendientes una parte de la rica historia del pueblo de tu madre, para que en la memoria del linaje perdure el conocimiento mexica.

Ese y no otro es mi particular legado, Juan. Junto a la mía recibirás otras dos más. La más antigua narra la historia de las edades del hombre en la tierra y la de tus antepasados desde el remoto lugar de origen en Aztlán, hasta su triunfo sobre los demás pueblos de Anáhuac. En ella se recoge la fundación de Tenochtitlán y la historia de nuestros antepasados, Acamapichtli, el fundador de la dinastía mexica, así como las de sus sucesores, Huitzilíhuitl, Chimalpopoca e Itzcóatl. La otra es la crónica del gran Tlacaélel, cihuacóatl de Tenochtitlán, un códice de una importancia extraordinaria, ya que él fue el forjador del pensamiento sobre el cual se basó nuestro dominio y ejerció su cargo de primer ministro con tus antepasados el emperador Moctezuma Ilhuicamina, tu bisabuelo el emperador Axayácatl, y su sucesor tu tío bisabuelo el señor Tízoc, que, espero, llene algún día de sueños las infantiles cabecitas de unos nietos que siento no haber llegado a conocer.

Tuyo es el presente y el futuro, hijo mío. Disfrútalos honradamente y recuerda siempre a tu madre mexica que te bendice y te desea lo mejor en toda empresa que emprendas. A ti y a los tuyos os envío mi amor para siempre, envuelto en la suave luz del valle de Anáhuac. ¡Que tu sol sea por siempre brillante, hijo mío!

Una vez escritas estas primeras frases, Tecuixpo Ixtlaxóchitl se levantó y se acercó a una arquilla cuya cerradura tenía un medallón de turquesa, con el emblema del dios Huitzilopochtli, el «colibrí del sur». La abrió casi con veneración y sacó un antiquísimo códice. Aquel en el cual su padre, Moctezuma, le enseñó a leer la vieja historia de su pueblo. Acercó el libro a la mesa donde estaban los pergaminos y lo desplegó. Ante sus ojos se mostraba la historia plasmada en exquisitos glifos y figuras coloreadas, sobre corteza de ficus. La antigüedad venerable del códice y su fragilidad la hacían manipularlo con suma precaución. Era una obra de una rara belleza. Su autor anónimo había tenido un exquisito cuidado al dibujar los pictogramas y había plasmado la hermosa leyenda de los orígenes del mundo de los hombres.

Al principio de los tiempos —lee la emperatriz—, cuando el mundo era joven, hace incontables eones, se reunieron los dioses allí, en Teotihuacán. Miraron hacia abajo, contemplaron la tierra que habían creado y se regocijaron. Había comenzado la primera edad.

Las pugnas de los dioses llevaron al mundo cuatro veces a la destrucción. Por fin, Quetzalcóatl, recogiendo los huesos de los hombres de la cuarta edad, los amasó, derramó sobre la masa unas gotas de sangre que sacó

de su miembro, punzándolo con una espina de maguey*
y les dio vida de nuevo. La tierra fue restaurada y el
hombre vivió su quinta edad. Bajo el sol, renovado por
la alianza de Quetzalcóatl y Huitzilopochtli, la tierra floreció y se pobló. De todos los pueblos en que los hombres
se dividieron, sobresalía uno, más sabio y noble que los
demás, el tolteca. Pronto fueron los favoritos de Quetzalcóatl que los llevó a morar en la sagrada Tula. Bajo su
protección prosperaron. Aprendieron a tallar la piedra y
la madera, desarrollaron la astronomía y las matemáticas
y acabaron dominando el valle. Fue una edad de oro para
los hombres, bajo el justo cetro de los emperadores toltecas. El idioma del valle fue, desde entonces, el náhuatl
y la ley y el orden guiaron, durante muchos siglos lumi-
nosos, la vida en el Anáhuac. Pero los poderosos soberanos toltecas no estaban destinados a perdurar. Su fe en
los dioses se debilitó y su nobleza se degradó. Poco a poco
fueron dejando de lado a Quetzalcóatl, la serpiente
emplumada, que tanto les había favorecido. Este, desilu-
sionado, decidió abandonarles a su suerte, tras reconve-
nirles duramente. Los toltecas, sin su apoyo iluminador,
decayeron del todo y su poder desapareció. Otros pueblos
se adueñaron de parcelas del antiguo imperio, en el vacío
de poder que siguió. Así fue como sobrevino una edad de

---

* El maguey es un cactus arbóreo de agudas espinas, uti-
lizadas por los aztecas para diversos usos, entre los cuales estaba el mortificarse y pincharse con ellas.

disensiones y guerras, entre pueblos que antaño habían tenido un solo señor y una sola ley.

Tras varios siglos de desorden, el señor Quetzalcóatl decidió encarnarse y nacer para volver a iluminar las vidas de los hombres.

Nació Ce Ácatl Topiltzin Quetzalcóatl en Tepoztlán, lugar que desde entonces fue conocido por todos los pueblos como el valle sagrado.

De allí se trasladó a Teotihuacán y durante años su reinado fue glorioso y pacífico. El valle de Anáhuac volvió a conocer la felicidad y la seguridad en este segundo imperio.

Quetzalcóatl recibió el homenaje de todos los pueblos de la tierra y su emblema, el caracol sagrado que portaba en una cadena en su pecho, fue reconocido como el emblema más sagrado de conocimiento y poder.

Durante los muchos años de su reinado eligió cuidadosamente a los espíritus más puros y evolucionados y los reunió en una orden sagrada cuyo distintivo era una túnica blanca. Les enseñó antiguos conocimientos de astronomía, ciencias y medicina y con la conciencia que fueron desarrollando, creció su humildad y su sabiduría. A su paso por los poblados y ciudades eran siempre bien recibidos, pues curaban de forma casi milagrosa muchos males y enfermedades. No obstante, eso no era más que una manifestación externa de su trabajo interior, que estaba fundamentado en la búsqueda de la armonía universal.

Hubo un tiempo en que Quetzalcóatl, obedeciendo un mandato cósmico, decidió partir de Teotihuacán.

Muchos optaron por marcharse con él, pero otros decidieron quedarse. Antes de la partida ocurrió algo extraño. El caracol de Quetzalcóatl, el sagrado emblema que este portaba siempre, se partió en dos. Interpretando esto como un augurio, el señor decidió darle una mitad del mismo al más iluminado de sus discípulos de la orden blanca. Con él partía la otra mitad. El conservador del emblema fue reconocido por todos, en adelante, como supremo sacerdote de la orden, que además tenía gran influencia en el gobierno. La otra mitad fue entregada por Quetzalcóatl al supremo sacerdote maya, con quien compartió también muchos antiguos conocimientos. Después, partió para el este, tras anunciar que algún día volvería.

Fuera del valle moraban los aztecas, adoradores de Huitzilopochtli. Era un pueblo que hablaba el náhuatl, el alto lenguaje del antiguo imperio tolteca, pues hasta estos remotos confines se había extendido la penetración cultural y el dominio de los antiguos señores. Habitaban en un lejano y paradisíaco paraje que se llamaba Aztlán. En una hermosa isla, en medio de una laguna de cristalinas aguas y fácilmente defendible contra posibles ataques, nuestros antepasados erigieron sus moradas lacustres. Allí se multiplicaron, bajo la mirada complaciente del dios Huitzilopochtli, su protector. Fue la primera edad de oro de los aztecas. Nuestra cultura era hija de la tolteca; quizás menos desarrollada y sofisticada que esta, pero la impronta de la antigüedad estaba sobre ella. Conocían la agricultura. Plantaban maíz y frijol, que garantizaban el sustento del pueblo en los duros inviernos, cuando la caza y la pesca escaseaban, lo cual posibilitó su rápida multiplicación. Con el número, llegó la conciencia de raza, apoyada por las visiones que el dios mandaba a los sacerdotes. La ciudad de Aztlán estaba empezando a crecer demasiado. Fue entonces cuando el dios Huitzilopochtli habló a sus elegidos. Una extraña profecía, que el dios les comunicó en sueños, iba a alterar el destino de los aztecas. El pueblo debía abandonar su solar inmemorial y, guiados por el poderoso espíritu, tras una larga marcha purificadora, llegarían a una tierra lejana, donde erigirían una ciudad que sería la señora y reina de toda la tierra.

Los aztecas recibieron el mensaje divino con dudas y resquemores. Se reunieron en asamblea una y otra vez y discutieron apasionadamente acerca de la necesidad de obedecer o no de modo inmediato el designio divino. Muchos decidieron hacerlo, llenos de fe, e iniciaron el camino siguiendo a los sacerdotes. Esto aconteció en el remoto pasado, hace más de ocho katunes.*

Así fue —lee Tecuixpo— cómo comenzó el largo peregrinar de nuestro pueblo. Los que quedaron en Aztlán se separaron con pena de sus parientes, a los que

---

* Hacia el año 1150.

nunca volverían a ver. Los cuatro sacerdotes, portando al dios en andas, partieron de la ciudad sin volver la vista atrás. Su camino los llevaba hacia lo desconocido.

Tecuixpo pasa la vista por la larga tira que recoge la fundación de la ciudad y el nacimiento de la casa imperial de Tenochtitlán. Luego la dobla cuidadosamente y la introduce de nuevo en la arquilla. Es uno de los pocos códices antiguos que sobrevivió a la destrucción provocada por el celo religioso de los primeros españoles. En la arquilla estará seguro, hasta que su confesor se la envíe a Juan.

Luego saca la segunda. Es mucho menos frágil que la anterior. La contempla con atención. Allí está expresado el sentir de una de las mentes más brillantes que jamás naciera sobre la tierra de Anáhuac. Un político excepcional, un hombre sabio, un iniciado, que tenía el respeto, cuando no el temor, de cuantos le conocieron.

Contempla con atención los glifos que hablan del triunfo de los mexica sobre los demás pueblos del valle. Se deja llevar, lee y recuerda la historia del gran Moctezuma I, y luego las de Tízoc y Ahuitzotl.

También dobla cuidadosamente el códice y lo introduce con el otro en la arqueta. Dejará que sus descendientes juzguen por sí mismos la historia de sus antepasados remotos. A ella le corresponde la tarea de plasmar la historia de su padre, Moctezuma Xocoyotzin. Lo sabe y lo asume. Entonces, con un suspiro comienza a escribir.

Murió Ahuitzotl en 1502, en la flor de la edad. El dios Huitzilopochtli, señor de la guerra, a quien había servido bien, quería tenerle a su lado y se lo llevó una noche, misericordiosamente, mientras dormía. El pueblo, transido de dolor por su muerte, guardó un luto riguroso por el monarca. Ahuitzotl había sido un gran guerrero. Los mexicas necesitaban a un gran soberano para que mantuviese el imperio que sus antecesores habían consolidado. El elegido fue Moctezuma Xocoyotzin, al que los españoles llamaron Moctezuma II. Un soberano muy especial para ella, pues, además de ser el emperador, era su padre.

La tarea que va a emprender se le hace ardua. No sabe bien cómo iniciarla. Se levanta de la mesa, dejando la pluma en el tintero. Necesita pensar un rato antes de iniciar su relato.

Decide dar un paseo y refrescarse las sienes en la fuente del patio. Su casa le trae recuerdos de antaño, tristes y alegres recuerdos. Debe ordenarlos para plasmarlos en el pergamino. ¡Es tan difícil separar al emperador del padre! No sabe qué hacer para ser fiel a la verdad. De improviso recuerda que tiene guardado un manuscrito de Tlacaélel II; una crónica que el «mujer serpiente» escribió durante su largo servicio como senescal del reino y que quizás pueda servirle de ayuda. Intenta recordar dónde la tiene guardada. Confiando en encontrarla, abre un arcón polvoriento y empieza a revolver las cosas que allí se encuentran; telas, regalos, privilegios de don Carlos V y sí, allí está. Un frágil y delgado códice plegado, escrito sobre corteza de ficus, con el sello de Tlacaélel II, cihuacóatl del imperio. Lo abre y lo estudia con interés. En efecto, ahí está lo que buscaba. Apasionadamente, empieza a leer:

A la muerte de Ahuitzotl se reunió consternado el consejo mexica. Debían elegir al nuevo tlatoani, cuando aún no se habían acostumbrado a la idea de la muerte del anterior. Había muerto un soberano glorioso, ¿quién debería sucederle?

Tecuixpo vuelve a la habitación, meditativamente, coge la pluma y llena de agridulces recuerdos comienza a escribir. Necesita vehementemente prologar la crónica de Tlacaélel. Quiere dejarle a su hijo un relato vívido de su abuelo; el padre de su madre. El último emperador mexica que poseyó realmente el alma de Anáhuac hasta que Huitzilopochtli fue destronado de los cielos mexicas y un dios extranjero vino a ocupar su lugar.

2

Moctezuma Xocoyotzin

Es mi deseo, hijo mío —comienza Tecuixpo—, darte una visión muy personal de lo que fue tu pueblo y lo hago a través de las viejas crónicas en las cuales podrás consultar la historia de sus soberanos, como antes de ti lo hicieron ellos mismos. No obstante, no deseo que el recuerdo de tu abuelo quede en tu memoria como uno más entre los emperadores mexicas.

Tú, hijo, no conociste el reverencial respeto que tu abuelo, Moctezuma Xocoyotzin, y tus antepasados suscitaban en el pueblo mexica. Hoy, contemplando los restos de nuestra civilización, es apenas posible comprender el extraño, mágico, sublime y pavoroso mundo en el que yo nací. Es un tiempo que se fue para no volver jamás. Tu abuelo, Juan, fue el último soberano incontestado de lo que hoy es la Nueva España. Y fue, como tantos soberanos mexicas antes que él, la encarnación del sentir de su pueblo y la personificación de su espíritu durante su trágico reinado. Yo podría hablarte horas y horas de su inmenso amor por mí, de su dulzura; de las innumerables atenciones con que siempre me regaló; de la luz que brillaba en sus ojos cuando yo, chiquitina y osada, me acercaba al estrado de su temible trono y llamaba su atención. Fue conmigo el mejor de los padres; el más tierno, el más amable, el más paciente. Nunca me levantó la voz. Nunca perdió la paciencia conmigo. Nunca me rechazó, sino todo lo contrario; más bien me buscaba. Desde siempre tuve la sensación de que mi presencia le relajaba, le animaba y le distraía de sus preocupaciones.

Era un gran hombre: justo, ponderado, fiel y compasivo. En otras circunstancias podría haber sido un gran emperador. Pero el destino tenía otros planes para él.

En efecto, su reinado estaba destinado a serlo de gloria y de muerte para el pueblo mexica. El imperio, que muchas generaciones de guerreros indómitos habían levantado, se disponía a caer. Pero esto que hoy es historia, en 1502, cuando subió Moctezuma Xocoyotzin al trono, si alguien lo hubiera pensado, hubiese sido considerado un demente o un idiota balbuceante, confundido por los vapores del pulque.

No quiero tampoco dejarme llevar excesivamente por mis sentimientos filiales. Debo controlarlos en la medida de lo posible, para intentar darte una visión de tu abuelo más objetiva que la de una hija amadísima. Acudo, pues, a la crónica que Tlacaélel II, cihuacóatl del imperio, escribió para sí mismo, mientras los acontecimientos se presentaban.

De nuevo abre el valioso documento y sopla cuidadosamente la corteza, para eliminar el polvo finísimo que el olvido había depositado sobre él. Como poseída por otro espíritu, su mano transcribe automáticamente, mientras lee, interesada, la crónica:

Hubo extraños sucesos a la muerte de Ahuitzotl —comienza a transcribir Tecuixpo—. Presagios contradictorios asombraron al pueblo. Un águila se posó en el balcón del palacio de Moctezuma Xocoyotzin y allí permaneció durante horas, chillando amenazadoramente a los que, asombrados, la contemplaban. Por fin, salió al balcón el futuro tlatoani y la rapaz se posó sobre su hombro antes de emprender el vuelo. El favor del dios parecía claro. Los ciudadanos de Tenochtitlán, e incluso el consejo, se sintieron impresionados por este hecho. Así fue que, habiendo varios posibles candidatos al trono, el consejo decidió elegir al que el dios parecía favorecer. Sin embargo, nada más producirse la elección, el sol perdió algo de luminosidad y su redondez fue mellada parcialmente durante algunos minutos, provocando un terror ciego en la ciudad, para luego volver a brillar como antes. Los sacerdotes no se ponían de acuerdo acerca de cómo interpretar el presagio, y el propio tlatoani, Moctezuma Xocoyotzin, a pesar de no ser un muchacho, ni un hombre sin valor, se atemorizó ante la posible desgracia que este signo podía anunciar, en un día tan señalado.

Entre sus defectos principales, cabría señalar su excesiva rigidez y su terrible meticulosidad, hasta el punto de rechazar todo aquello que no fuese nuevo y perfecto. Sus costumbres, ahora que era tlatoani, se convirtieron en normas. Era un soberano estricto y muy celoso de su majestad. Tenía la curiosa costumbre de nunca volver a ponerse dos veces la misma prenda, fuese cual fuese la riqueza de la misma. También era un hombre de una limpieza exagerada. Esto le llevaba a bañarse hasta tres o cuatro veces al día. Además, rechazaba toda posible comparación de su persona con el soberano anterior. Detestaba que le encontraran cualquier parecido con Ahuizotl, con quien nunca congenió. Reaccionaba violentamente ante cualquier comentario que él considerase inadecuado y las lenguas de sus cortesanos hubieron de aprender, muy rápidamente, a refrenarse.

Si bien no era un soberano de fácil trato, de todos modos, hay que decir, en honor a la verdad, que Moctezuma era el monarca que deseaban la gran mayoría de los príncipes y de los ciudadanos. Llegado a este punto, todos querían un emperador a quien adorar y de quien enorgullecerse; los príncipes deseaban un soberano que fuese un hombre adulto y que tuviese la suficiente experiencia como para saber llevar con dignidad y honorablemente la sagrada tiara y el cetro del poder. El tlatoani, cuya inteligencia era despierta, sabía esto y se dejó llevar al alto sitial de los emperadores aztecas con alegría y orgullo.

Moctezuma Xocoyotzin cumplió meticulosamente, meditadamente, todos y cada uno de los ritos prescritos, previos a su exaltación. Se sentía el auténtico sucesor del trono imperial tolteca, el ungido señor de toda la tierra, mientras realizaba el doloroso rito de perforarse la nariz, su rostro no sufrió la más mínima alteración y solo se distendió, en una breve y orgullosa sonrisa cuando Nezahualpilli, señor de Texcoco que, junto con Tlacopan, formaban la orgullosa confederación mexica, puso la diadema sobre su cabeza, una vez esplendorosamente vestido con la túnica y los ornamentos imperiales; las sandalias de pedrería, las tobilleras de oro con amuletos de los dioses protectores de la Casa de Acamapichtli, el cinturón que llevaba engarzadas las gemas más bellas del imperio; el pectoral de oro y turquesa, y el manto de quetzal, sujeto con un prendedor que era una escultura de preciosísimo jade que representaba un águila devorando una serpiente sobre un nopal; sus brazos fueron cubiertos de pulseras de oro, que llevaban grabados pictogramas propiciatorios; todo en él respiraba una profunda y consciente majestad.

Una vez vestido como tlatoani, acudió prestamente al templo para ofrecer al dios Huitzilopochtli unas gotas de su sangre y hacerse grato a sus ojos, en el día de su ascensión al trono. Luego realizó severamente el ayuno, como correspondía. Tampoco olvidó acudir a los otros templos, los de Tezcatlipoca y Quetzalcóatl, para propiciarse, igualmente, a los demás dioses importantes. Se sentía puro y preparado para asumir la pesada carga de reinar sobre un vasto imperio.

Lo primero que hizo fue ponerse inmediatamente al corriente de todos los asuntos pendientes del imperio. Revisó las actuaciones de todos los funcionarios públicos y, sin pensárselo dos veces, los destituyó en masa. Las razones que adujo fueron su falta de confianza en unos y la falta de merecimientos de otros. En cualquier caso, el resultado fue una revolución en el seno de palacio. Funcionarios que habían servido largos años se vieron jubilados de la noche a la mañana y el emperador empezó a cubrir los cargos vacantes con las personas cuyo rango, consideraba Moctezuma, les habilitaba para desempeñarlos. La tradicional costumbre de cubrir las vacantes con las personas más capacitadas y eficientes fue sustituida con Moctezuma por un sistema jerárquico-aristocrático.

A mí, su cihuacóatl, Tlacaélel II, me obligó durante muchas semanas a investigar en las genealogías de los cortesanos y príncipes, para hallar a las personas cuyos ascendientes les permitieran gozar del privilegio de asistir, personalmente, al monarca. Igualmente incrementó la rigidez del protocolo, sobre todo en lo relativo a su augusta persona. Por decreto, desde entonces, nadie podía jamás darle la espalda. Cada gesto debía ser medido. En su presencia, solo los príncipes de la sangre podían vestir lujosamente. Todos los demás, cuando graciosamente concedía audiencias, debían vestirse humildemente, con una manta lisa tapando todo posible adorno y acercarse al estrado del trono de rodillas y postrándose varias veces ante él como signo de sumisión. También estaba prohibido mirar directamente al rostro del tlacatecuhtli. El señor de los señores se colocaba así a solo un escalón de la divinidad, separando su sagrada persona lo más posible del común de los mortales.

Su gusto tenía fama de exquisito, incluso en las más lejanas tierras. Desde parajes muy alejados le mandaban las frutas más aromáticas y dulces, las aves de carnes más finas y sabrosas y las especias más preciadas, para enriquecer su cuidadísima mesa. Cientos de cocineros preparaban a diario variadísimos y riquísimos platos para la mesa del emperador. Este se acercaba a las largas mesas donde se le mostraban las vituallas, servidas en vajillas preciosas. Displicentemente seleccionaba un plato o varios, aunque solía ser frugal y luego se dirigía al comedor. El tlatoani acostumbraba a comer sentado en un sitial, dispuesto ante una mesa baja y larga, decorada a diario con los mejores trabajos de hilado del reino. Estos, como sus ropajes, solo eran usados una vez. Solo su familia, el consejo de los cuatro y yo, su cihuacóatl, podíamos gozar del supremo honor de verle mientras comía. A veces, él se dignaba a señalar que tal plato de lenguas de colibrí o tal otro de fina garza serían del agrado de uno de los consejeros. Este agradecía formalmente al monarca el raro privilegio que se le hacía y comía, de pie y respetuosamente, el plato que el soberano se había dignado elegir para él.

Acabada la comida, el servicio era diligentemente retirado y le llevaban, en un jarro humeante, el chocolate caliente que tanto le gustaba. Una princesa núbil se lo servía en un tazón de oro y el soberano se deleitaba paladeándolo y a veces, cuanto estaba alterado, fumaba las hojas del tabaco, una planta que tenía virtudes sosegantes.

Moctezuma Xocoyotzin, puedo asegurar, fue un gran dominador de hombres. Amparado en el ceremonial, utilizó este para controlar absolutamente los hilos del poder. Igualmente, sometió al poderío de Tenochtitlán a los soberanos de la coalición. El sabio Nezahualpilli era ya demasiado anciano para oponer resistencia a un soberano frío e inteligente, que estaba en el cenit de su vida. Por su parte, el joven señor de Tacuba admiraba de tal manera al tlatoani mexica que él mismo se colocó bajo la hegemonía tenochca. Moctezuma sabía cómo utilizar el poder y el peso de su ira era grande. Sin embargo, todo el mundo le consideraba un señor justo y no se equivocaban, pues lo demostró en numerosas ocasiones.

Una vez cumplidos los requisitos previos a la coronación y encauzada la nueva ordenación de la administración imperial, el soberano de Tenochtitlán preparó, según lo mandaba la tradición, su campaña guerrera para capturar los prisioneros que serían sacrificados en su coronación oficial. Meditadamente, eligió para su primera campaña la región de la costa de Oaxaca, donde había de continuar guerreando durante largos años. Allí enfrentó a sus expectantes tropas con las de la ciudad de Nopallán. Tras una dura batalla, consiguió la victoria y esto aseguró su ánimo, haciéndole olvidar el extraño presagio posterior a su elección.

La ceremonia de coronación fue de una absoluta solemnidad. Moctezuma quería que resultara perfecta. Bajo pena de muerte, exhortó a todos los responsables para que cuidasen hasta el último detalle del fundamental evento. Se cursaron las invitaciones a los cuatro puntos cardinales y se prepararon riquísimos regalos para cada uno de los soberanos asistentes. El día amaneció luminoso y el emperador apareció ante las masas de espectadores que se postraban a su paso. El trono imperial, donde Moctezuma iba sentado, estaba cubierto por un baldaquino, en cuyas cuatro esquinas brillaban los escudos de batalla del emperador, cubiertos de oro y piedras preciosas. Doce príncipes de la sangre portaban el dorado palanquín, que iba avanzando solemnemente entre la muchedumbre hasta llegar al *teocalli* mayor. Allí, a los pies de la alta escalinata, descendió solemnemente del trono, para subir, a pie, los altos escalones. Arriba le esperaban los sacerdotes de Huitzilopochtli, que se postraron ante él, como ordenaba el ritual, antes de iniciarse la ceremonia de la coronación.

El soberano se quitó entonces la hermosa diadema con la que había llegado hasta el templo. Los miembros del consejo y los soberanos de la confederación esperaban, sentados en sitiales más bajos, que yo, el cihuacóatl, sacase del santuario la sagrada tiara imperial y el poderoso bastón de mando. Fue un momento mágico. Cogí con veneración los supremos símbolos del poder que estaban dentro del templo y los saqué al exterior, donde el sol, al caer sobre ellos, los hizo destellar de modo deslumbrante. El soberano se levantó emocionado para recibir la tiara y yo la coloqué sobre sus augustas sienes. Era el símbolo de la alianza del cielo y la tierra. Después coloqué en sus manos el bastón de mando, símbolo supremo del poder. Moctezuma Xocoyotzin era ya, formalmente, el emperador coronado de los mexicas; el terrible señor todopoderoso, dueño de la vida y la muerte de sus súbditos. Ningún presagio extraño quebró el éxtasis del soberano. La ceremonia transcurrió con toda normalidad y los soberanos, aliados, los sometidos y los príncipes independientes invitados volvieron a su casa cargados de regalos. El dios parecía favorecer al emperador. Y este, feliz, se dedicó concienzudamente a ordenar el mundo conforme a su capricho.

Tecuixpo hace un alto en la lectura. Aunque no lo haya vivido, casi es capaz de imaginar la ceremonia de una forma tan real como si hubiera estado allí. Tras perderse un rato en sus ensoñaciones, vuelve a la crónica y continúa transcribiendo las palabras de Tlacaélel.

Ya he dicho antes, que al monarca no le gustaba compararse con su antecesor. Un día, cuando me convocó a su augusta presencia, le encontré meditativo y reconcentrado en sus pensamientos. Callé como mandaba el protocolo, para no perturbar la reflexión imperial y entonces, para mi sorpresa, el tlatoani decidió confiarse a mí. Así me habló:

—Tlacaélel, mi cihuacóatl, solo tú puedes comprenderme. Tú, que eres el segundo del reino y que compartes mi poder, como compartiste el de mi antecesor Ahuitzotl. —Un gesto de sorpresa debió dibujarse por un momento en mi cara. Moctezuma lo vio y me dijo—: Veo que te asombra que hable de él. Sabes que no gusto compararme con él y que no quiero que nadie piense en mi reinado como en una continuación del suyo. No quiero que tu yerres al no saber las razones que me animan y te las voy a exponer.

—No merezco tan alto honor, señor —le dije modestamente.

Él, inesperadamente, me aseguró su confianza y su aprecio y continuó diciéndome:

—Tlacaélel, tú, como yo, has dejado ya los ardores de la impetuosa juventud. Ambos somos, además, personas con claridad de juicio y capacidad de previsión. Como sabes, la historia siempre enseña a quienes saben leer correctamente en ella. Yo he meditado mucho. He leído mucho. He escuchado a los sabios y creo que nuestro pueblo se halla en un momento crucial. Desde el comienzo de nuestra expansión, en épocas de mi antecesor Moctezuma Ilhuicamina, los mexicas hemos superado diversas fases, alguna de las cuales pudo habernos llevado a la destrucción. La locura final de mi padre Axayácatl y la debilidad de mi tío Tízoc estuvieron a punto de derribar el edificio de nuestro poder y yo me he preguntado muchas veces por las causas de la fragilidad del mismo.

Yo asentí, dejando al tlatoani seguir el hilo de sus pensamientos. Este continuó su parlamento.

—He estudiado y meditado sobre la realidad de nuestro poder. Más aún, he visto como un emperador guerrero, mi tío Ahuitzotl, añadía a la corona inmensos territorios. No obstante, él no fue un administrador y, por tanto, no fue consciente de las necesidades básicas de la administración del imperio. Ahuitzotl era, y te lo reconozco, un genio militar y salvó a Tenochtitlán de la parálisis destructora, pero no tenía visión política. Toda su vida fue una gigantesca campaña en la que no tuvo tiempo de consolidar lo que conquistaba. Esta es, pues, la tarea que el dios me tiene destinada. Yo deberé considerar el imperio como un todo. Legislaré para todos. Regiré sobre todos y todo deberá estar sometido a mi dominio.

»Para ello, necesito incrementar al máximo mi poder; eliminar disensiones; incluso erradicar la mera posibilidad de las mismas. Solo así, con la seguridad de una obediencia absoluta del territorio bajo dominio mexica, podré llevar a cabo la ardua tarea de conquistar los principados independientes, que perviven, como islotes hostiles a nuestro poder, en el seno del imperio. Solo entonces podré proteger aquellos dominios distantes, como Soconusco, cuyos productos nos son vitales y cuyo acceso no nos pertenece plenamente. Será una tarea larga y difícil y necesitaré tu apoyo para realizarla. Por eso quiero que conozcas mi pensamiento para que, al menos tú, siempre sepas que obro conforme a la justicia e inspirado por el alto designio de Huitzilopochtli.

—Señor —le dije emocionado—, te conozco desde hace largos años y siempre te he apreciado, pero no te he comprendido hasta hoy. Me has honrado más allá de mis pobres merecimientos. Desde este día y hasta que uno de los dos muera, estaré en deuda con tu alta persona, pues decidiste confiar en mí. Nunca te decepcionaré, ni traicionaré tu confianza; y siempre que necesites mi apoyo o mi humilde persona, allí estaré, firmemente, mientras mis fuerzas me sostengan en pie.

Moctezuma, cuyo rostro era normalmente severo, me sonrió cálidamente. Era su modo de sellar nuestra alianza. Pero aún tenía algo más que decirme y siguió hasta el final:

—Tlacaélel, tú, como yo o casi como yo, conoces la soledad del poder. Aquí arriba los actos se ven como necesarios o innecesarios y las decisiones que tomamos suponen muchas veces vida o muerte para pueblos enteros. Tú has sabido capear los temporales de la vida sin romperte. Yo, por mi parte, quiero poder servir al pueblo mexica, como se me dijo en mi coronación, enriqueciendo nuestro dominio real sobre el territorio que se supone nuestro, para poder así legar a mis sucesores un imperio más firme y sólido que el que yo he heredado, que pueda florecer en futuras generaciones de luminosa y triunfante paz. Pero, para conseguir eso, hemos de luchar, dentro de nuestra propia casa y fuera de ella. Seguramente, nuestro combate habrá de ser mucho más duro de lo que ambos podamos imaginar. Pero, sin duda, el premio merecerá el enorme esfuerzo. De antemano te agradezco tu concurso a esta magna tarea que me ha de ser muy valioso.

Así me habló el tlatoani. Su fácil verbo me ayudó a comprenderle y desde entonces fui su confidente en momentos difíciles. La tarea que se había impuesto nos mantuvo muchas veces a ambos sin dormir. Administrar el imperio se revelaba más difícil que conquistarlo. Su carácter, de naturaleza moderado y frío, se agrió muchas veces en aquellos tiempos. Quería crear unas leyes justas y que fueran aplicadas con justicia. Mandaba revisar las sentencias e incluso, más de una vez, se personó de incógnito en los tribunales para observar cómo sus jueces impartían justicia. Si alguna vez veía síntomas de corrupción entre estos, su reacción era de una ira desmedida. Muchos altos funcionarios y jueces que no habían cumplido bien fueron ajusticiados durante el principio de su reinado. Así, poco a poco, su sueño empezó a cobrar forma y su gobierno alcanzó un grado de concentración de poder impensado solo pocos años atrás.

El ámbito de las obras públicas tampoco le fue ajeno. Decidió mejorar los diques de contención de las aguas de la laguna y embelleció los canales de la ciudad con puentes hermosos y ligeros. Ordenó también la renovación de las fortificaciones de Tenochtitlán. Las diseñó sólidas y poderosas, pero bellas, y las tres calzadas que unían Tenochtitlán con el valle, la de Tepeyac al norte, la de Tacuba al oeste y la de Ixtapalapa al sur, quedaron respectivamente a cargo de los guerreros águila la primera, de los guerreros jaguar la segunda y la tercera a mi cargo personal.

Fue en esa época cuando el tlatoani comenzó a reunir en torno a él a los mejores augures y adivinos del imperio. Guiado por el soberano de Texcoco, cuya esposa principal era una hermana muy apreciada de Moctezuma, aprendió los rudimentos de las artes del encantamiento y la brujería, en las que Nezahualpilli tenía fama de estar muy versado. Imbuido de la misión que le poseía consultaba a los augures continuamente, para ver cuándo eran propicias las estrellas para legislar y para guerrear. A diferencia de Ahuitzotl, sus ímpetus guerreros se concentraban en una misma zona durante varias campañas hasta pacificarlas totalmente o exterminar la resistencia.

Primero dirigió sus miras a la región de Oaxaca. Allí, impulsadas y apoyadas por el principado independiente de Tototepec, las ciudades vasallas intentaban escapar de la soberanía azteca. El tlatoani mexica no pensaba consentirlo. A marchas forzadas, dirigió sus fuerzas contra la ciudad de Yanhuitlán. Sus habitantes, respaldando a su señor, rehusaban altivamente reconocerse vasallos de Moctezuma. Cuando se negaron a mandar los tributos a Tenochtitlán, el emperador sufrió uno de sus accesos de furor y envió las tropas al asalto. La ciudad cayó tras una dura batalla y los vencidos pidieron clemencia. Era demasiado tarde. Moctezuma ni siquiera los escuchó. Ordenó su destrucción total y la ciudad fue ferozmente saqueada; sus casas demolidas y su templo arrasado. Cuando los mexicas la abandonaron, apenas se podía adivinar que las humeantes ruinas hubieran sido un día un populoso asentamiento humano.

Esta fue una dura lección para las demás ciudades levantiscas. Rápidamente comprendieron que el tlatoani no era un viejo pusilánime y la región de Oaxaca, atemorizada, se sometió a su poder. Pero su afán de dominio iba más lejos. Ante la mera sospecha de una posible rebelión, Moctezuma Xocoyotzin mandaba a sus tropas en campaña preventiva. Así, las ciudades supieron que el soberano las vigilaba de cerca y, poco a poco, fueron asumiendo su condición de tributarias del imperio azteca.

Paso a paso, Moctezuma Xocoyotzin iba logrando sus propósitos. En el norte, redujo el principado de Metztitlán a un pequeño territorio libre, muchas de cuyas ciudades se vieron obligadas a pagar tributo a los mexicas.

Sin embargo y a pesar de sus esfuerzos, aún quedaba una peligrosa espina clavada en el corazón del imperio: el valle de Tlaxcala, a la sombra del volcán Popocatépetl. En ese primer trimestre de su reinado, el tlatoani decidió revisar el sistema de «guerras floridas» establecido desde hacía generaciones. Este consistía en la celebración de unas batallas rituales entre Tenochtitlán y Tlaxcala, cuyo fin era capturar prisioneros del otro bando, que luego eran sacrificados a sus respectivos dioses.

Su idea de un imperio sólido y redondo era incompatible con la existencia de un doble principado, el de Huexotzinco y Tlaxcala, que orgulloso e independiente, eludía la dominación mexica, cerca del mismísimo centro del territorio del imperio. Moctezuma, astutamente, intentó aprovechar la rivalidad de las dos ciudades del principado en su beneficio. Huexotzinco fue invadida por Tlaxcala y esta, acuciada por la necesidad, acudió a los aztecas en busca de ayuda. Era el momento indicado. Moctezuma envió un ejército esperando conseguir una gloriosa victoria con la cual celebrar el fin del ciclo que se aproximaba. Ofreció sacrificios a Huitzilopochtli, pero el dios no le fue propicio. Cuando recibió la noticia de que su ejército había sufrido una severa derrota, se enfureció y reunió una fuerza aún mayor, que envió de nuevo contra la orgullosa y valiente Tlaxcala. Fue en vano.

Los tlaxcaltecas, que eran unos magníficos guerreros, resistieron.

Se acercaba el fin del siglo azteca y una serie de horribles presagios se sucedieron en el cielo, justo antes de que este finalizase. Moctezuma, atemorizado, reunió a cuantos astrólogos y adivinos famosos había en el imperio. Un cometa había surcado los cielos de Tenochtitlán iluminando sus noches como si fuese de día, durante más de una semana. Fueron consultados los anales y crónicas antiguos y se informó al soberano de que la aparición del cometa en el pasado siempre había traído una terrible carga de destrucción. Las aguas de la laguna se encresparon sin viento y sobrepasaron los diques, inundando las casas más bajas. Extraños gemidos se oyeron en la noche y una voz descarnada anunció, para terror de los tenochcas, la caída de la ciudad y el fin del imperio mexica.

Entonces empezó a manifestarse el fanatismo religioso del tlatoani. Moctezuma multiplicó las expiaciones y ayunos para evitar el fin, que parecía próximo. Por fin llegó el último día del ciclo. Los fuegos se extinguieron. La comida fue guardada. Los niños volvieron a callar. Las mujeres embarazadas fueron protegidas de los malos espíritus y el pueblo y su soberano esperaron expectantes y atemorizados el fin de los tiempos. Pero la muerte no llegó. De nuevo se encendieron los fuegos y la vida retornó a la ciudad. Los dioses les permitían misericordiosamente continuar viviendo. Los augurios cesaron y Moctezuma recobró la calma, por un tiempo.

Fue en aquellos días cuando un campesino, que vivía en las lejanas tierras bañadas por el mar, al este, vino a Tenochtitlán con un extraño cuento. Aseguraba haber visto una montaña moviéndose en el mar. Tal historia llegó a oídos del monarca el cual, indignado ante lo que pensó no era sino una invención que podía avivar los miedos de la población, mandó encarcelar al fantasioso.

Tecuixpo decide descansar durante unos momentos. Le resulta fascinante la lectura de la vieja crónica. Su padre no pudo entender lo que ella ahora comprendía perfectamente. Aquellas montañas no eran sino los barcos de los españoles que iniciaban su acercamiento al continente. Eran el aldabonazo primero de una fuerza que pondría en jaque al imperio mexica.

Abandona estos pensamiento lúgubres y se entrega a recuerdos más dulces. Intuye que ahora le toca ser protagonista de la crónica de Tlacaélel II y se siente orgullosa de que su nombre figure entre los de sus antepasados. Picada por la curiosidad, vuelve de nuevo al trabajo y continúa transcribiendo.

Doña Isabel se para a calcular la fecha a la que corresponde el relato. En el calendario corresponde a 1508. Aquel fue un año decisivo en la trayectoria del tlatoani. Huexotzinco, renunciando a la protección mexica, volvió a la alianza con Tlaxcala; así se inició otra guerra que, con breves interludios, siguió durante cinco años. La falta de resultados positivos de la campaña enfurecía al tlatoani y esto le llevó a dictar las más duras ordenanzas castrenses. Decidió ascender de categoría a todo aquel que demostrara descollar en los combates y suspendió los privilegios de los guerreros que se habían mostrado incapaces de vencer al enemigo. Se incrementaron las penas por la desobediencia en campaña, llegando en casos graves a la condena a muerte.

Era extrañamente fascinante contemplar cómo la más mínima contrariedad militar era interpretada por el soberano, entonces, como un castigo divino. Así, súbitamente, pasó de utilizar los signos y presagios en su favor a un ciego fanatismo fatalista, que le hizo progresivamente ir perdiendo su confianza en sí mismo.

El fracaso de sus planes respecto de Huexotzinco le llevó a un estado extremadamente meditabundo y melancólico, tras su arranque de ira inicial. Su melancolía dio paso a una exaltación mística que me hizo temer lo peor, dado el antecedente de su padre Axayácatl. No obstante, mis temores se mostraron infundados. Al tercer día de silencio, penitencia y meditación, su actitud errática desapareció. Se dirigió resueltamente a mí, mientras me acercaba a preguntarle si algo necesitaba, y me habló de esta manera:

—Tlacaélel, mi cihuacóatl, muchos días me has visto callar y meditar, pero es que las palabras no acudían a mi boca, y mis pensamientos no acertaban a serenarse. Hace tres noches me acosté furioso. Meditaba acerca de la campaña contra Tlaxcala cuando el sueño me sorprendió y me quedé dormido. De repente, me vi andando por un paraje florido y hermoso, pero desconocido. Miré a lo alto y a mi alrededor, pero nada me resultaba familiar. Las montañas lejanas me guiaban y yo seguía un extraño camino empedrado que parecía estar construido con las piedras ceremoniales de miles de templos. Avancé con cuidado. No había brisa y el silencio absoluto del paisaje hacía que mis pisadas y el ruido del latir de mi corazón atronasen mis oídos. Iba mirando, pero sin ver. Caminaba con aprensión, pero cada vez más deprisa. Súbitamente se dibujó ante mí una silueta venerable. Me postré en el suelo ante su aparición. La fuerza y el poder que emanaban de su mera sombra me hicieron saber que estaba ante un dios. Habló y mientras se acercaba, un sinnúmero de siseos horadó mis oídos. Comprendí que me hallaba ante Coatlicue, «falda de serpientes», la madre de Huitzilopochtli. «Diosa», empecé a decirle, pero ella con un bufido y sus serpientes silbando furiosas me hicieron desistir de hablar. Coatlicue empujó mi cuerpo inclinado y me habló con palabras muy fuertes. Me llamó diciéndome: «Venga, arrástrate ante mí, altanero y prepotente emperador. Ven e intenta hablarle de nuevo a quien parió al sol. Quizás no te arranque tu vil lengua, rastrero». Su voz me hizo estremecer. Ella siguió hablando:

»—Está visto que no podemos acercarnos a vosotros los mortales. Incluso tú, el todopoderoso soberano mexica, tiemblas ante mi más suave insulto —dijo con ironía—. La carne perecedera no puede entender el sentir de los dioses, pero yo he decidido mostrarme ante ti, inmundicia mortal. Me lo pidió mi hijo Huitzilopochtli y he accedido a su súplica, para hacerte dos advertencias. Las dos son verdad, pero la verdad puede ser solo el continente. Puede que no lo comprendas ahora, aun cuando realmente podrás entenderlo en su momento, si tu corazón no te falla. En caso contrario, al final se hará la luz en ti, cuando las luces se hayan ido de tu lado. Esto es una profecía que ha de cumplirse, si bien tu pobre mente no puede captar su importancia. No obstante, y aunque me esforzaré para que mi mensaje llegue claro a tus oídos, dudo que tu limitada capacidad te permita captar plenamente su significado. ¡Escúchame con atención, emperador de los mexicas!

»Quiero decirte en primer lugar, que esta guerra que comienzas no tendrá éxito ni tendrá final, pero acabará y todos serán vencidos y el que crea haber ganado será el más oprimido.

»En segundo lugar, Moctezuma Xocoyotzin, hemos apreciado tu intento de honrar con fidelidad y celo, con piedad y devoción a los dioses. Quiero, en nombre de Huitzilopochtli y de los demás poderes de los cielos, confirmarte como último descendiente de Quetzalcóatl, rey de Tula, y te convoco bajo la luz de la luna a una reunión que tuvo, tiene y tendrá siempre lugar, en la memoria o en el olvido de los hombres; donde los dioses lloramos y reímos; donde siempre habitamos desde el principio del mundo: allá en Teotihuacán, la ciudad sagrada».

—Dicho esto —siguió Moctezuma contándome—, la envolvió una nube de manos y corazones humanos, como los de su collar sagrado y desapareció en lo alto. La impresión me hizo despertarme y desde ese momento hasta hoy no había podido volver a articular palabra. Ya sabes, pues, lo que el destino nos depara. Una verdad incomprensible y una cita en el lugar donde solo se han citado, desde que los toltecas la abandonaron, los dioses. Esto me asusta profundamente Tlacaélel. —Se notaba la aprensión en su voz—. Nunca nuestros dioses convocaron a nadie a su cónclave. Nunca nos hablaron más de lo imprescindible. Esto es algo tan extraño e inhabitual, que solo de pensarlo me estremezco. Has de saber que dentro de dos días será luna llena y que indefectiblemente debo acudir a la cita.

Dicho esto, subió a lo alto del templo y empezó a mortificarse y a ayunar. Lo hizo a conciencia, como siempre, pues no quería presentarse ante los señores de la creación sin preparación.

La luna creció y la noche en que se hacía llena, llegó Moctezuma Xocoyotzin a Teotihuacán. Esta ciudad era el lugar divino más venerado de todos los territorios conocidos. Antigua capital y supremo y reverenciado santuario, nadie la asaltó nunca; nadie violó su sagrada tierra; nadie, salvo los toltecas, pudo sobrevivir tampoco durante mucho tiempo en este lugar donde los dioses se manifestaban en forma visible. Progresivamente, expulsados por los dioses, los humanos habían huido aterrados, abandonando el suelo sagrado que quedó lleno de silencio.

Era noche cerrada cuando los pies de tlacatecuhtli pisaron la antiquísima calzada. Se vistió totalmente de blanco para la ocasión. Ninguna pluma adornaba su pelo; ninguna joya su manto. Ningún tintineo de oro sonaba cuando sus brazos y piernas se movían. Estaba solo, sin adornos ni símbolos de su poder terrenal que allí no significaban nada y acudía humildemente a la cita, en busca de lo que los dioses quisieran darle.

Lentamente, llegó al centro ceremonial de la antigua ciudad. Encima de cada una de las sagradas y poderosas pirámides se alzaba, gloriosa, la figura de su dios tutelar y, para su espanto, no eran estatuas lo que contemplaba, sino los mismos dioses que se le manifestaban en su plena majestad. Su voz se marchitó en su garganta. Solo le quedaba la capacidad de ver y de oír. Sintiéndose frágil y pequeño, se postró ante ellos poniéndose por entero a su merced. Una voz que parecía un trueno le dijo:

—Moctezuma Xocoyotzin, intenta olvidar tus temores. Debes serenarte. Te puedo decir que hay una razón para que estés aquí. Has de mirar y comprender lo que vamos a mostrarte, pues vendrán tiempos en los que las cosas no volverán a ser como eran.

Mientras hablaba, Moctezuma miró de refilón a los dioses. En el cielo y a una velocidad casi increíble, vio reflejarse toda la historia pasada. Le mostraron imágenes de hechos y seres que conocía, pero también vio hechos oscuros y extraños que le asombraron y aun otros que señalaban al futuro y que él era incapaz de comprender. Hombres con cabezas de animales, hombres con cuatro pies, de cuyos talones salían truenos y fuego. Hombres barbudos que viajaban en amplias casas de madera por encima del mar. El soberano estupefacto creyó comprender al fin. Eran imágenes del regreso de Quetzalcóatl, como jurara a su pueblo, hace muchos siglos. Y volvía, como prometió, para asumir la corona de toda la tierra.

Su visión se apagó y de nuevo se vio solo, en medio de la vacía y muerta ciudad. En sus oídos quedó el eco de unas risas divinas y una última frase que se había grabado en su mente: «No comprende nada. Este pobre mortal es incapaz de ver lo que se avecina».

Moctezuma se levantó, y de su garganta, liberada, salió un grito aterrador que resonó en las mudas piedras. Ya más sereno decidió abandonar la campaña a su suerte y retirarse hacia Tenochtitlán. Cuando llegó a la ciudad estaba sumido en un estado de melancolía, que, en adelante, se repetiría frecuentemente. Yo no sabía qué hacer para animarle, pues se había encerrado en sí mismo. En ese momento, una afortunada circunstancia vino a ayudar al soberano a salir de su ensimismamiento: un augurio de felicidad.

Entre tantas cosas extrañas como acontecieron en aquellos días, no todas fueron oscuras —sigue Tlacaélel II narrando—. Hubo un suceso maravilloso que dio mucha luz al decaído soberano; un suceso de profundas y ricas consecuencias.

Paseaba Moctezuma, tristemente y sin interés, por su jardín de aves tropicales, cuando, de repente, le llamó la atención una planta desconocida y hermosa que crecía a sus anchas en un rincón soleado. Preguntó a los jardineros, los cuales acudieron presurosos, deseando satisfacer al augusto señor acerca de su procedencia. Para su sorpresa, ninguno supo darle explicación sobre la misma y, mientras hablaban, una envolvente melodía surgió como de ningún sitio. Escucharla alegraba los corazones y hasta el mismo tlatoani sintió que sus tensas articulaciones y sus preocupaciones se desvanecían con los melódicos acordes. Y mientras la música sonaba, la planta desarrolló un hermoso capullo blanco que creció ante los ojos del asombrado monarca. Maduró, se abrió y entonces cesó la música y una fragancia incomparable se expandió por el aire perfumando el jardín. Moctezuma mandó llamar a los augures para que interpretaran el prodigio. Incluso acudió a Nezahualpilli, el rey de Texcoco, cuyo saber en la interpretación de estos fenómenos era muy respetado en todo el imperio. Este, que era de natural frío y contenido en general con los augurios y signos, acudió interesado al jardín de Moctezuma Xocoyotzin, y después de oír el relato de lo que había acontecido, sin dudarlo, le dijo:

—Mi querido hermano, has presenciado el augurio. Este indica claramente el nacimiento de una vida blanca; una planta hermosa y fuerte que está destinada a nacer en tu jardín. Tendrás una hija de gran belleza y fortaleza que ha de colmar tu vida de alegría y paz. Eso significa el capullo blanco, una princesa que como un copo de algodón prosperará. Por otra parte, la fortaleza de la planta y su origen, extraño a nuestra tierra indican que será madre de otra raza. Así, ella está destinada a ser flor de dos mundos. Y habiendo nacido en el jardín imperial y florecido en presencia del emperador, el augurio no puede ser más claro. Será la luz y la música que anime tus horas oscuras. Será emperatriz, porque se abrió ante un tlatoani. Y su aroma reunirá en torno a sí lo mejor de la raza. Además —siguió interpretando Nezahualpilli—, intuyo que será una princesa de una belleza que eclipsará a toda otra belleza nacida en el Anáhuac, puesto que su nacimiento ha sido anunciado por los dioses.

Moctezuma se alegró mucho ante el feliz augurio. Su espíritu abandonó la melancolía y le entraron nuevos bríos. En ese momento de singular beatitud estaba cuando llegó la invitación de Totoquihuatzin, tlatoani de

Tacuba. Este anunciaba a todas las naciones aliadas la celebración de un festival en honor de Quetzalcóatl, la serpiente emplumada. Moctezuma, en un acceso de buen humor y deseando distraerse de sus preocupaciones, le envió un mensajero confirmando su presencia.

Al cabo de pocos días, la comitiva azteca emprendió el camino del noroeste. Moctezuma, el señor de los señores, portado en un palanquín dorado que llevaban cuatro príncipes, fue aclamado y agasajado en las ciudades por donde iba pasando. Dos esclavas le abanicaban, mientras avanzaba lentamente rodeado de la élite de los escuadrones de guerreros águila y jaguar. Por fin llegaron a Tacuba. La ciudad era rica y populosa. Sus soberanos eran aliados; de hecho, eran la tercera ciudad de la confederación mexica. Habían conservado una cierta independencia y, como consecuencia, la ciudad había prosperado ante la gran expansión azteca. Sin embargo, la esperada presencia del soberano de la gran coalición, el tlacatecutli Moctezuma, había provocado una auténtica expectación y un cierto nerviosismo en los ciudadanos y en su rey. Este se había afanado durante días, sin darse un momento de respiro, para organizar una recepción digna de su emperador. Más aún sabiendo, como era de dominio común, la exquisitez del gusto del soberano. Finalmente, tras muchos desvelos, consideró que todo estaba adecuadamente preparado. Fue justo a tiempo, pues los heraldos imperiales se hallaban casi a las puertas de la ciudad.

Tacuba se volcó materialmente sobre las calles al paso de Moctezuma. Las flores más aromáticas eran lanzadas desde balcones y ventanas, bajo los cuales iba pasando la comitiva imperial. Una alfombra de pétalos de flor le guio desde la entrada de la ciudad hasta el centro ceremonial. Totoquihuatzin salió a recibir al emperador. Humildemente se postró ante el palanquín que portaba al soberano de todos como establecía el ceremonial. Moctezuma le autorizó graciosamente a ponerse en pie y acompañarle. Totoquihuatzin, emocionado por el honor dispensado, lo condujo, con suma deferencia, hasta la pirámide del sacrificio y ofició como ayudante del tlatoani mexica.

Moctezuma estaba de un humor afable. Los augurios que, como era su costumbre había consultado, eran extremadamente favorables. Se vistió meticulosamente. Primero se puso un taparrabos cuajado de turquesas. Después se enjoyó cuidadosamente. Eligió para la ocasión un pectoral de oro y turquesas, pulseras de turquesas talladas con la forma del águila y el jaguar, tobilleras que habían sido bendecidas por los más poderosos magos y unas sandalias de oro, adornadas con figuras de finísimo jade. Encima de los hombros se colocó un maravilloso manto que los mejores artistas y tejedores de Tacuba habían fabricado como presente para el soberano. En el mismo habían plasmado con las plumas más preciadas y las piedras más bellas una alegoría del dominio del gran señor. La filigrana y la orla del manto eran un prodigio de preciosismo, trabajadas en oro y plata, con el emblema del águila y la serpiente de Tenochtitlán. Una vez vestido, Moctezuma ordenó llamar a su aliado para que lo acompañase durante el banquete ceremonial en el cual comerían la carne de los prisioneros sacrificados. Totoquihuatzin acudió presto a la llamada. No obstante, aún tenía algo más que quería mostrar al emperador, antes de la comida.

Con suma cortesía, invitó al gran señor a visitar su recién concluido jardín, orgullo de la ciudad. El soberano azteca, que amaba mucho las plantas, aceptó gustoso la idea de disfrutar con la contemplación de los especímenes que el tlatoani de Tacuba había trabajosamente reunido para su solaz. Hizo a Totoquihuatzin el supremo honor de pasear a su lado por el jardín, interesándose en los cuidados que necesitaban las especies que le llamaron la atención.

Caminando por los primorosos senderos, se acercaron al estanque central, donde Totoquihuatzin había reunido una singular colección de rarísimas plantas acuáticas de exquisitos aromas. Y al aproximarse al borde del mismo, descubrieron, sorprendidos, a una hermosa doncella, de cabello oscuro y largo, que dormía silenciosamente arrullada por el murmullo cristalino de las fuentes. Era joven, como de quince o dieciséis años y vestía un huipil de extremada riqueza. En blanco, rojo y oro se trenzaban sus hilos en una trama de cálida armonía. Su cutis era pálido y delicado. Sus facciones sonrientes estaban distendidas en un dulce sueño y eran muy hermosas. Sus manos, exquisitamente cuidadas, abrazaban un lirio oloroso que tenía amorosamente recogido sobre su regazo.

Moctezuma se quedó inmediatamente prendado de la hermosura de la joven dama. Su natural, frío y reservado, se derretía por momentos. Para su propia sorpresa, se vio sacudido por una fortísima pasión que le empujaba a conocer y a poseer a la belleza durmiente que reinaba en el jardín. Totoquihuatzin, que en ese momento vio a la niña dormida, se horrorizó y se deshizo en excusas ante el emperador.

—Disculpad, señor, a este pobre soberano que, por lo visto, no puede ni controlar a sus hijos —le dijo—. Esta que duerme felizmente ante vuestros augustos ojos es mi hija Teizalco. Os ruego que no toméis en cuenta su falta, pues no ha sido intencionada. Es joven y apasionada y su amor a las flores la retiene muchas horas, ayudándome en el perfeccionamiento de mi obra. El cansancio debe haberla vencido haciéndole, sin querer, desobedecer mis órdenes de dejar el jardín despejado para vuestro paseo.

—No solo la disculpo, Totoquihuatzin —dijo Moctezuma—, sino que la admiro como la más hermosa y exquisita de las flores que soberano alguno pueda poseer. Comprendo que duerma en el jardín, pues es su señora natural y reina armoniosamente sobre la belleza que habéis creado aquí. Te ruego que tengas a bien despertarla para que pueda contemplar, además, la belleza de sus ojos y oír la melodía de su voz.

Totoquihuatzin se quedó sorprendido ante el evidente apasionamiento de Moctezuma. Rápido e inteligente como era, comprendió lo que ello podía suponer para Tacuba y, nerviosamente, despertó a la doncella.

—Levántate, Teizalco. Despierta —le dijo su padre. La doncella abrió unos enormes y oscuros ojos risueños. Miró a su padre con dulzura. Este insistió—: Teizalco, álzate. El emperador quiere conocerte.

La princesa se despertó de golpe. Se puso en pie a toda prisa, bajando tímidamente los ojos. Luego hizo la postración ante el emperador, como su padre le había enseñado. Este sonrió por primera vez abiertamente.

—Álzate sin miedo, reina del jardín de Tacuba —le dijo amablemente—. Agradezco al dios que te haya hecho dormirte entre las flores, para que yo pudiera conocerte. Ahora, me gustaría oír tu voz que ha de ser tan fina como el más puro jade.

Teizalco pasó del temor a la sorpresa, ante el tono inesperadamente afable del emperador, famoso por su rigidez y por su dureza con las faltas de protocolo. Comprendió que su destino y el de su ciudad estaban en juego. Miró por el rabillo del ojo para comprobar el risueño talante imperial y se quedó favorablemente impresionada ante el buen porte del emperador. No lo había imaginado tan apuesto. La sonrisa le daba un aire magnético y atrayente. Sin saber casi qué decir, habló:

—Señor, disculpad el atrevimiento que me hizo desobedecer las órdenes de mi padre y salir al jardín. Os agradezco vuestra magnanimidad y el aprecio que de mi indigna persona hacéis. Es un honor tan alto para mí, que casi no puedo creerlo y que desde luego no merezco.

Moctezuma, preso de la música de su voz y encantado con el candor de las palabras de la joven, se sintió enamorado. Esto era lo que sus sueños y los augurios predecían. Desde el momento en que la vio, supo que al fin había encontrado a la mujer que reinaría sobre el mundo a su lado.

La fascinación del uno por el otro se hacía evidente y Totoquihuatzin, inteligentemente, facilitó al monarca la situación, pidiéndole permiso para retirarse. Moctezuma se lo dio graciosamente y se dedicó complacido a escudriñar los rincones del alma joven y hermosa que lo estaba encandilando. Y con el conocimiento, su deseo creció. Supo que su corazón había acertado y que ella era la que el dios le había anunciado que vendría, para su solaz y tranquilidad. Por primera vez en su vida se entregó sin límites a una persona. Sus dudas se llenaron de amor; las noches oscuras y solitarias se desvanecieron, en la nueva luz que animaba su ser. Moctezuma Xocoyotzin, el poderoso y temido señor de Tenochtitlán, estaba enamorado.

Terminó el festival de Tacuba y el tlatoani mexica seguía en la ciudad, ante el asombro de propios y extraños. En todo el imperio se preguntaban el porqué de tan inexplicable conducta, pues contradecía las rígidas y ceremoniosas costumbres del alto señor. Este, por su parte, empezó a llamar a su lado a los más renombrados artistas y joyeros de Tenochtitlán, haciéndoles preciosos y exquisitos encargos. El tlatoani se entregaba al amor de su princesa. Nada le parecía suficiente para ella. Su precisión y meticulosidad habituales las dedicó a cuidar de cada detalle de su relación con Teizalco y esta se sintió abrumada ante el enorme homenaje que su pretendiente imperial le hacía.

Un día, Moctezuma recibió una preciosa joya. Era un quetzal de jade finísimo que había encargado a Tlálocayotl, «brisa de la mañana», el más brillante artífice de la corte. El soberano contempló emocionado el primoroso tallado de la piedra y los minúsculos y perfectos engarces de esmeralda de los ojos. Le había hecho muchos presentes a Teizalco pero ninguno como este. El quetzal era el símbolo imperial mexica y solo podían poseerlo el emperador y los príncipes imperiales. Ella comprendería su significado. Era un regalo de futura emperatriz.

Mientras tanto, habían llegado a Tacuba los consejeros del monarca que este había convocado. Reunidos en la gran sala del consejo de la ciudad les fue comunicado el deseo de Moctezuma de contraer solemnes nupcias con la princesa Teizalco. A mí, Tlacaélel, como cihuacóatl, me encargó el emperador la negociación del contrato matrimonial con Totoquihuatzin.

Este, que ya intuía los designios imperiales, me invitó a sus aposentos, facilitándome la tarea de comunicarle el deseo de Moctezuma. Pero no esperaba, sin embargo, recibir el supremo honor que se le iba a hacer. Él había pensado que el emperador deseaba a Teizalco como concubina y ello ya era alto honor. Cuando le comuniqué que su hija sería la primera y legítima mujer del emperador y, por tanto, emperatriz reinante de las vastas tierras sometidas a los mexicas, su rostro palideció. Tan abrumado estaba por mis palabras que sus ojos se cubrieron de lágrimas. Se quedó mudo por unos instantes, para luego entrar en febriles agradecimientos y plácemes que hube de frenar.

El soberano de Tacuba se comprometió en una alianza perpetua con Tenochtitlán. Su ciudad, por gracia imperial, quedaba liberada de toda contribución no voluntaria a Tenochtitlán y su señor accedía al rango de pariente del emperador, siendo recibido en el seno de los guerreros águila aztecas.

Una vez concertado el matrimonio, me dirigí a cumplir un encargo de otra índole. Moctezuma me pidió que le llevase yo, en persona, el broche del quetzal a Teizalco, y así lo hice, obedeciendo con alegría sus órdenes.

La mañana en que conocí a Teizalco era radiante. Brillaba un sol cálido en lo alto del cielo, de un límpido azul sin nubes y una suave brisa alegraba los árboles y esparcía los aromas del jardín de palacio allende los muros.

Le pedí audiencia, como mensajero del emperador, y me hicieron pasar rápidamente, instalándome en una hermosa terraza que miraba a la florida arboleda. En esa ala de palacio, todo hablaba de gracia y de femenino buen gusto. Las telas que cubrían los asientos llevaban los colores de Teizalco, blanco, oro y rojo, sabiamente mezclados, que se complementaban con el verde del jardín. Al fin, llegó ella. El sol palideció cuando la vi. Entonces supe que sería por siempre su esclavo, su protector, su paladín. Llevaba los cabellos trenzados de oro. Su cutis pálido brillaba a la luz del día y sus ojos irradiaban una luz tan deslumbrante que me hizo bajar los míos. Sin palabras, le ofrecí el presente de Moctezuma: el quetzal imperial. Ella supo inmediatamente que todo estaba consumado. Prendió el maravilloso broche en su hombro y me agradeció con majestuosa dulzura que yo, cihuacóatl de Tenochtitlán, me hubiese apresurado tanto para traerle la buena nueva. Nos miramos un solo intenso instante. Ella me traspasó con su dulce mirada y comprendió que podía contar con mi apoyo en su nuevo camino. Me sonrió con dulzura. Me honraba con su confianza. Me incliné ante ella como si ya fuera mi soberana y me retiré tras pedirle permiso. Una nueva y brillante estrella venía a brillar en Tenochtitlán y yo me encargaría, me juré a mí mismo, de que nada ni nadie apagase ese brillo.

Tecuixpo cesa de escribir, sorprendida ante lo que acaba de intuir. Nada había sabido acerca de los escondidos sentimientos del cihuacóatl. Verdad es que siempre trató a Teizalco con el máximo cariño; que siempre estaba a la disposición de la emperatriz para cualquier tarea. A ella, la pequeña princesa Tecuixpo, ajena a los sentimientos escondidos del cihuacóatl, siempre le había parecido natural la enorme devoción de Tlacaélel por sus padres. Ahora, muchos años después, el azar le hacía comprender muchas cosas. Los enormes desvelos del cihuacóatl para que ella y Axayácatl, su hermano, salieran de Tenochtitlán, convertida en un nido de fanáticos religiosos. Sus caricias repentinas, su preocupación por la educación de los niños, que a veces le hacía ponerse tan pesado.

«Tlacaélel II pareció intuir que algo extraño se avecinaba sobre nosotros y quiso protegernos de todo, especialmente cuando la salud de mi madre empezó a decaer —pensó—. ¡Cuántas noches pasó velando, con mi padre, el lecho de mi madre doliente! ¡Cómo buscó los más famosos curanderos para sanar su mal! Y yo, Tecuixpo, no podía darme cuenta del profundo y platónico amor que regía su conducta. A veces, es curioso cómo los seres humanos nos cegamos ante lo que es absolutamente evidente, quizás por la propia evidencia de los hechos. Ninguno supimos ver la verdad y él siempre la calló. Ahora puedo comprender su decaimiento con la enfermedad de su inconfesado amor. Su rápido envejecimiento que le llevó a la aceptación del fatalismo que invadió Tenochtitlán, parejo con el que invadía su espíritu, sin lucha. Y es que él también había caído en la oscura trampa de vivir sin ilusión».

Tecuixpo continúa leyendo a Tlacaélel. Su interés en el relato se incrementa mientras transcribe.

Regresamos todos a Tenochtitlán para preparar el feliz evento de la boda del emperador. Todo eran risas y alegría. Los enanos y bufones que nuestro señor tenía relegados volvieron a hacer de las suyas para delicia de todos, y la terrible rigidez de la corte se relajó un tanto. Incluso el terrible fanatismo sacerdotal pareció pasar a un segundo lugar en la consideración general. El emperador era feliz y Tenochtitlán debía serlo con él. Nada perturbó la alegría de Moctezuma entonces. Incluso la campaña militar contra Huexotzinco, que había comenzado el año anterior con dudosos augurios iba bien. Las tropas tenochcas volvieron en 1509 con un rico botín de prisioneros para sacrificar al dios.

La ciudad se engalanó, como una novia, para recibir a la que sería su emperatriz. Las fortalezas se llenaron de escudos de flores rojas y blancas, atadas con cintas doradas. De los balcones de la ciudad se colgaron hermosos tapices y todos se prepararon para el alegre acontecimiento. La llegada de la novia sobrepasó en esplendor a la de ninguna otra anterior. Fue la sublimación de todo lo hermoso y grande que las viejas culturas del valle llevaban en sí. Las mujeres prepararon las más exquisitas mazorcas para honrar especialmente a las diosas del panteón mexica. Chicomecóatl las recibió y los augurios fueron buenos. También honraron a Chalchiuhtlicue, hermana de Tláloc Tlamacazqui, dios de la lluvia. A ella le ofrecieron las aguas de la laguna, de los canales y del lejano mar, para que bendijera la unión imperial. Los augurios de las aguas fueron limpios. Las diosas daban su bendición también. Le ofrecieron a la diosa Tonantzin, «nuestra madre sagrada», los más ricos frutos, para que no les diera pobreza ni adversidad al soberano y a Teizalco. La diosa no se manifestó, lo cual se consideró un buen augurio.

Moctezuma fue informado puntualmente de todos estos hechos y su corazón se regocijó. Invitó a todos los soberanos de la tierra a presenciar el acontecimiento y preparó valiosos regalos para agasajarlos. Encargó a Nezahualpilli que se ocupase de la organización de todos los espectáculos, pues el rey de Texcoco había cobrado fama de ser el más espléndido e imaginativo anfitrión del valle. El exigente emperador deseaba que todo fuese absolutamente perfecto y encomendó a cada uno de sus cortesanos que se ocupasen de que todo fuera inmejorable. Así, cuando llegó la futura emperatriz ante las puertas de la ciudad, todo estaba meticulosa y perfectamente programado, hasta el más mínimo detalle.

Teizalco entró en Tenochtitlán, en compañía de la reina de Tacuba, por la calzada que comunicaba esta ciudad con la capital mexica. Desde lo alto del camino, la ciudad se mostró a la princesa en su máximo esplendor. Los victoriosos estandartes mexicas desplegados a cientos en la suave brisa de la mañana hacían del camino un bosque multicolor de plumas y algodones bellísimos. Y a lo lejos se divisaba el perfecto trazado cuadrangular del centro de la ciudad. Los canales parecían de plata. A la luz del sol, los techos de los templos destellaban con sus cubiertas de reflejos dorados; la ciudad, engalanada, se desplegaba orgullosa ante la novia mientras un incesante y atronador redoble de tambores retumbaba en el aire. En un palanquín de oro incrustado de piedras preciosas, la futura emperatriz fue transportada hasta el corazón de la ciudad del lago.

Teizalco se enamoró de la ciudad que abrazaba amorosamente el lago y la ciudad se prendó de ella. Nunca Tenochtitlán brilló como ese día y nunca volverá a hacerlo. Era la culminación de su grandeza y la manifestación de su poder bajo el influjo del amor.

Las ceremonias que siguieron fueron, cada una en su género, únicas. Los guerreros águila y jaguar bailaron para ella la danza del triunfo de la vida. Las bailarinas imperiales prepararon una alegoría que representaba la dicha futura de la emperatriz; y su danza fue considerada como un magnífico agüero. Los escalones del *teocalli* mayor fueron cubiertos de flores blancas, amarillas y rojas, los colores de Teizalco y el sacrificio de una única víctima humana a Huitzilopochtli fue propicio. Se ofrendaron flores a todos los templos de la ciudad y mil palomas blancas, que iban a ser sacrificadas, en homenaje a Teizalco, por su expreso deseo fueron liberadas de su cautiverio y surcaron los cielos alegremente. En su lugar, Quetzalcóatl recibió mil palomas de oro con ojos de turquesa. Por fin llegó la novia al centro ceremonial y el emperador en persona la recibió levantándose de su magnífico trono. Por una vez, el severo soberano rompía con el estricto ceremonial; además de emperador, era un hombre enamorado.

Sus sagrados pies pisaron el suelo cubierto de flores y, sonriendo, tendió la mano a la nerviosa princesa. Esta, animada por su gesto, bajó con delicada elegancia del palanquín y subió de la mano del monarca los empinados escalones de la pirámide mayor. Al llegar arriba, los sacerdotes, vestidos con sus tradicionales andrajos se postraron ante ellos y Moctezuma, lleno de una dulzura desconocida en él, entró con Teizalco en el templete de la cumbre, donde ambos se postraron ante el dios Huitzilopochtli, implorándole que bendijese su unión. Un hermoso capullo blanco que estaba a los pies de la imagen se abrió repentinamente y su aroma inundó el santuario. Era la confirmación divina del primer presagio. Moctezuma, emocionado por el feliz augurio, punzó su oreja derecha con una espina de cactus maguey y vertió unas gotas de su sangre sobre el dios. Después, cogió con mano firme el cetro del poder sintiéndose inundado de felicidad, y salieron del sagrado recinto. Un sacerdote se plantó ante ellos, anudándoles los mantos. Ya podía considerarse culminada la ceremonia. Los felices emperadores salieron al exterior con un júbilo emocionado. Los mexicas ya tenían nueva emperatriz. Moctezuma la amaba profundamente y ellos también deseaban quererla. Teizalco tenía la ciudad a sus pies.

Después tuvo lugar el primero de los banquetes ceremoniales que se sucederían en los días siguientes. Fue una semana de celebraciones y alegría. El emperador dio una amnistía para todos los presos por delitos menores y redujo a la mitad las penas por los delitos graves. Todo el que había sido exiliado recibió el perdón y autorización para volver al hogar. Moctezuma quería que su felicidad fuese compartida por sus súbditos.

La famosa generosidad del emperador fue inagotable durante la semana que duraron las fiestas. Repartió millares de mantas bordadas, de ricos mantos, de sandalias con pedrería y de adornos de toda índole. Los regalos que Moctezuma hizo a sus invitados y a los ciudadanos durante esos días tenían un valor equivalente a dos años del tributo que las provincias del imperio pagaban a Tenochtitlán. Los reyes y príncipes invitados volvieron a sus ciudades esta vez con el mejor estado de ánimo. Los mexicas parecían haber encontrado su lugar de honor y gloria entre las naciones. Esto les hacía más tolerables para los pueblos dominados. La magnitud de la celebración impresionó vivamente a todo el valle. La palabra mexica, desde entonces, sería identificada con el esplendor, la riqueza, el lujo, la belleza y la sofisticación. De este modo, el valle había aceptado por fin la idea de tener un nuevo soberano supremo. De ello podían derivar grandes ventajas para todos.

Tecuixpo deja la crónica. Recuerda con orgullo a su madre. Era tan bella y tan serena. Nunca se alteraba por nada y sabía llevar a su padre, siempre con dulzura, a razonar cuando este perdía los estribos. Fue una emperatriz maravillosa para un pueblo difícil y supo nadar en aguas peligrosas y salir con bien. Si hubiera tenido mejor salud… quizás las cosas hubieran sido diferentes. Pero su destino era como el de las más bellas flores. Abrirse, en una apasionada y exuberante floración, para extinguirse después, lentamente, dejando en el corazón de quien la contempló el recuerdo fragante e imborrable de su inmaculada hermosura.

3

Tecuixpo Ixtlaxóchitl

Poco después de la boda imperial —sigue la crónica de Tlacaélel—, la emperatriz Teizalco se quedó encinta. Moctezuma Xocoyotzin reía como un imberbe cuando me dio la noticia. Él, que era ya padre de más de veinte hijos, habidos de sus concubinas, reaccionó ante el embarazo imperial como un primerizo. Ordenó que veinte doncellas dedicaran sus días y sus noches a satisfacer el menor de los caprichos de la emperatriz. También se ocupó de embellecer notablemente el templo de Coatlicue, la diosa madre de Huitzilopochtli, y bajo su amparo poderoso puso a la emperatriz. A primeros de julio de 1510, se hizo evidente que la emperatriz daría a luz de un momento a otro. El tlatoani paseaba nerviosamente por los jardines de aves marinas, que tan gratas le eran, sin fijarse apenas en ellas. Los últimos días antes del parto se dedicó plenamente a ocuparse del estado de la emperatriz. Era su única preocupación. Su capacidad organizativa se manifestó aquí una vez más. Convocó a las cien mejores parteras de la ciudad, y tras examinar sus horóscopos, eligió a cuatro de ellas que a su vez contaron con otras cuatro como ayudantes. Mandó preparar los más finos pañales y los primeros y llamativos juguetes para el principito o la princesita que iba a nacer y encargó una cuna de oro y otra de plata para que el bebé durmiese protegido por el sol y por la luna.

Por fin, tras largos días de espera nació la criatura. El parto, que tanto se había retrasado, fue rápido y fácil. La emperatriz sonrió y se quedó dormida cuando le dijeron que había nacido una niña hermosa y sana. Las parteras la lavaron y presentaron al emperador. Yo estaba con él cuando llegaron hasta la augusta presencia con su rica carga. Moctezuma la cogió con una delicadeza infinita en sus brazos y la abrazó con ternura. Había intuido que tendría una niña, por los augurios. Su cara se distendió en una sonrisa inefable, mientras, con exquisito cuidado, la desnudaba, para contemplar el cuerpecito arrugado de la recién nacida princesita. Era una niña de hermosas proporciones. Su piel era más pálida de lo común, como la de su madre. No protestó ante los manejos de su padre y cuando la acarició suavemente, sonrió.

—Se llamará Tecuixpo —dijo su padre—, pues es un copo de algodón que crecerá hermoso.

—Sí —asentí—, e Ixtlaxóchitl, «capullo blanco», sería un nombre de buen augurio, pues nació protegida y anunciada por los dioses.

—Me gusta, Tlacaélel —dijo el emperador.

—Su nombre será Tecuixpo Ixtlaxóchitl, Copo de Algodón, Capullo Blanco. Es mi primogénita y está llamada a un alto destino, como predijo el augur. Ella será ese capullo blanco de mi sueño, crecerá en mi jardín y glorificará mi nombre. Y si el dios así lo decide, también será emperatriz.

Mientras esto decía, un águila voló repentinamente sobre el jardín. Se posó un momento sobre un árbol y se fue rápidamente. Estábamos atónitos ante el prodigio, cuando otra, que volaba más despacio, también descendió del cielo y se posó sobre el mismo árbol que la anterior. Allí se mantuvo mientras nos acercábamos, y vimos que llevaba un pequeño capullo blanco en el pico. Nos miró valientemente y aunque nos acercamos mucho no levantó el vuelo.

El tlatoani se quedó profundamente admirado. Era un claro augurio de poder relacionado con Tecuixpo enviado por el dios Huitzilopochtli. Debía ser cuidadoso al interpretarlo. Creía poder hacerlo solo, pero acudió a sus mejores augures para asegurarse del significado del mismo. Incluso, aprovechando uno de los ya escasos viajes a Tenochtitlán del anciano Nezahualpilli de Texcoco, lo consultó con él. Todos confirmaron lo que él ya había podido deducir. Tecuixpo sería emperatriz de los mexicas. Primero de un modo fugaz; después, por un periodo más prolongado. Y en ninguno de los dos casos sería desflorada. En esto todos los intérpretes estuvieron de acuerdo. El augurio era claro. La niña sería dos veces emperatriz de los mexicas, pero no llegaría a hacer vida marital con ninguno de sus dos maridos.

Moctezuma se quedó asombrado al ver que todos interpretaban el augurio del mismo modo. Sin embargo, ninguno acertaba a explicarse el porqué de la virginidad de la futura emperatriz. El emperador pidió a Nezahualpilli que no hiciese público el augurio y ordenó, so pena de muerte a los adivinos, que nunca revelasen el extraño futuro que esperaba a la princesa imperial.

Esto no hizo sino acentuar el enorme cariño que su padre Moctezuma tuvo por ella desde el instante mismo en que la vio.

El nacimiento de la princesa Tecuixpo constituyó en el mundo azteca un auténtico acontecimiento. El tlatoani celebró el evento con la pompa y esplendor que correspondía al rango de la recién nacida. Se siguió estrictamente el rígido protocolo mexica. Cada uno de los parientes de la princesa la saludó formalmente en el salón del trono, dedicándole un largo y cariñoso discurso de bienvenida. Estos, evidentemente, se hicieron con el tono entusiasta que correspondía para agradar al tlacatecuhtli. Moctezuma agradecía los floridos plácemes de sus parientes, en nombre de su hija que gorjeaba felizmente ajena a tanta ceremonia.

Desde el día de su nacimiento y durante tres semanas seguidas fueron llegando, de todos los lugares del imperio, vestidos, mantos, plumas y regalos de toda índole para la princesa, en tal cantidad que, por larga vida que tuviese, le sería imposible usarlo todo incluso cambiándose varias veces de vestido cada día.

Una vez finalizadas las celebraciones, el soberano empezó a organizar una pequeña corte para su hija, acorde con su rango. Le asignó un ala de palacio como vivienda y encargó los más preciosos y delicados muebles para decorarla. Su madre, Teizalco, se ocupó de seleccionar entre las damas jóvenes de palacio, cientos de las cuales se ofrecieron para ello, a las dos nodrizas principales y a las cincuenta secundarias que se encargarían del cuidado de la niña. Teizalco meditó mucho antes de entregar el codiciado cargo de nodriza principal. Sopesó los caracteres de muchas jóvenes damas y cuando tenía dudas acerca de la seriedad y responsabilidad de alguna nos lo consultaba, al emperador o a mí. Finalmente, se decidió por dos hermanas de magnífica familia: Xuchil y Xochiquétzal, hijas de una de sus damas. Estas juraron por todos los dioses dedicarse en cuerpo y alma al cuidado de la princesa. Su responsabilidad era grande. El cargo suponía para las jóvenes damas renunciar, hasta la mayoría de edad o el casamiento de la niña, a contraer matrimonio. Igualmente suponía dejar sus casas y vivir en el palacio imperial. Entre sus obligaciones estaban las de cuidar de que la princesa estuviese seca y alimentada en todo momento; vigilar la abundante servidumbre de la casa de la princesa, cuidar de que todo estuviese a punto para que la princesa pudiese recibir a sus parientes cuando la visitasen y otras muchas cosas de las que habían de ocuparse para que en la tierra y en el cielo la niña tuviese el entorno más agradable y las influencias más benéficas.

Todas las mañanas debían informar sobre el estado de la princesa y de su casa a la emperatriz en persona. Esta los recibía puntualmente y se los pasaba al tlatoani, el cual los oía con atención antes de empezar a revisar los asuntos de estado.

Todas las tardes, el emperador entraba a visitar a su hija. Allí, a solas con ella, su espíritu descansaba de la pesada carga del poder.

Pasaron dos años, los más tranquilos y felices del reinado de Moctezuma. Fueron días de paz en el imperio, salvo el conflicto, ya largo, con Huexotzinco que no se decantaba en uno u otro sentido. La paz azteca reinaba en el país y todo él se vio enriquecido por la seguridad que suponía el dominio de un solo señor; con la paz vino el florecimiento del comercio; los dioses favorecieron la riqueza de las cosechas y como consecuencia se produjo un notable crecimiento de la población. Moctezuma ordenó, entonces, que se realizase un censo de los habitantes del valle, para así poder conocer mejor el número de súbditos del imperio y para la mejor administración del mismo. Con esta y otras medidas quería hacer crecer en los pueblos del valle la idea de que pertenecían a una entidad mayor, que, no obstante, reconocía y respetaba las autonomías locales. Esto quería decir que, salvo un conjunto de obligaciones para con el soberano, las ciudades mantenían competencias legislativas y ejecutivas en todo lo que no fuese contrario a las leyes dictadas por el poder central, en Tenochtitlán.

El emperador asumía las competencias de política exterior de la confederación. Igualmente le correspondía el poder recaudatorio y el poder de vida y muerte sobre sus súbditos. Como contrapartida, el tlacatecuhtli debía asegurar los derechos de los ciudadanos; la libertad de los confederados; garantizar las comunicaciones y solucionar las diferencias que surgieran entre ciudades y ciudadanos.

Todo el edificio que comenzara Acamapichtli estaba próximo a ser concluido. Tlaxcala era el único poder enemigo y rival de Tenochtitlán que restaba dentro de los límites del imperio. Metztitlán, que también estaba enclavado en el mismo, rodeado de tierras aztecas decaía visiblemente y su territorio no dejaba de disminuir cada año, en favor de los mexica. Al sur, Yopitzinco controlaba una estrecha faja de costa y se extendía como una largar serpiente hacia el interior. Era como una bolsa que progresivamente iba siendo vaciada por los ataques aztecas. Por último, estaba Tototepec que era el más grande de los principados del sur y que seguía siendo independiente.

Tras los diversos esfuerzos realizados por su soberano Xochipitli para liberarse del cerco azteca, siguió un periodo de depresión durante el cual, tras las campañas de Moctezuma Xocoyotzin, los soberanos tototepecas firmaron una desventajosa paz con los mexicas que les privó de una porción de costa; les supuso ceder varias ciudades al ejército azteca y les obligó a no apoyar los intentos de sublevación de las ciudades del valle de Oaxaca. Esto suponía el fin de la influencia tototepeca en la zona.

El emperador estaba contento. Había conseguido algunos de sus objetivos principales en solo diez años de reinado. La toma de Tlaxiaco coincidió con el décimo año de su elevación al trono y fue considerada un signo favorable para los siguientes. Además, para alegría de Moctezuma, Teizalco volvió a quedarse embarazada. Tras un cómodo embarazo, nació el príncipe Axayácatl, el único hijo varón legítimo del emperador. Los augurios en su nacimiento fueron tristes, pero el niño nació sano y fuerte y los temores de sus padres se disiparon un poco, esperando que los augures se hubieran equivocado en sus interpretaciones.

Poco después del parto, Teizalco cayó repentinamente enferma, presa de unas fiebres malignas. Los físicos y curanderos que la examinaron recomendaron un cambio de ambiente pues la humedad de Tenochtitlán, decían, la perjudicaba e impedía su restablecimiento. El emperador, preocupado, decidió mandarla a Texcoco, cuyo soberano Nezahualpilli tenía fama de ser un gran sanador. Salió el cortejo imperial con sigilo de la ciudad. La emperatriz se obstinó en llevarse a Tecuixpo consigo, en contra de los deseos del emperador. Este, que nunca torcía su voluntad ante nadie, ante ella cedió, y Xuchil y Xochiquétzal hubieron de hacer apresuradamente el equipaje de la princesita.

Moctezuma decidió acompañarlos hasta la ciudad de Texcoco, pues no podía acostumbrarse aún a la idea de la separación. Era de noche cuando embarcaron en las canoas imperiales y salieron discretamente de la ciudad. Al llegar a la costa este del lago, ya estaban esperándoles en la orilla los porteadores de Texcoco, los cuales condujeron a la augusta familia imperial velozmente a la bellísima Texcoco.

Nezahualpilli se sorprendió de la visita de Moctezuma. Este, que antaño acostumbraba a consultarle y le hacía frecuentes visitas, ahora, viéndole próximo a la senectud, se había alejado progresivamente de él y aunque mantenía con el texcocano lazos de sangre y de amistad, su relación se había enfriado. No obstante, el tlatoani de Texcoco le comprendía bien y admiraba el esfuerzo que estaba realizando para dominar la confederación y transformarla en un imperio organizado. Además, la reina de Texcoco era hermana de Moctezuma y eso aseguraba a la ciudad un lugar de privilegio, aun sin poder territorial efectivo, en la idea imperial tenochca. Texcoco era lo más puro de la civilización mexica; el lugar donde el pensamiento volaba a mayores alturas; la cuna de los principales artistas; la ciudad más intelectual y liberal de la confederación, donde el sentido de *tzemanahuaca-yotl*, la universalidad, había sido más ampliamente desarrollado.

✧

Tecuixpo deja de lado la pluma durante un momento. Sus primeros recuerdos afluyen a ella de golpe. Tenía alrededor de tres años y recuerda a Xuchil y a Xochiquétzal afanarse en torno a ella, vistiéndola y abrigándola para un viaje. Recuerda con ilusión la aventura maravillosa que para ella fue ese primer viaje en canoa con su padre y su madre. ¡Cuán vastas le parecieron las aguas del lago! ¡Cuán hermosos los reflejos de la luna llena, rielando sobre lo que le parecía un inmenso mar!

También recuerda el camino de Texcoco y el sonriente semblante de su anciano tío Nezahualpilli, cuando la saludó cariñosamente.

«Desde el primer momento sentí por él un afecto inexplicable —pensó—. Siempre me fascinó con extraños relatos, algo inadecuados para mi corta edad y con profundas reflexiones, algunas de las cuales nunca se me olvidarían».

«Era el comienzo de mi vida consciente y la inicié con entusiasmo», se dice a sí misma. Dándose cuenta de que está comenzando a divagar, decide frenar sus recuerdos. Debe seguir disciplinadamente la tarea que se ha impuesto y haciendo un esfuerzo, retoma la crónica de Tlacaélel.

Moctezuma y Nezahualpilli se saludaron informalmente y el primero explicó al segundo el diagnóstico de los físicos tenochcas. El anciano soberano asintió con severidad y tras breve meditación, dio unas rápidas órdenes a un servidor para que fuese a buscar a varios afamados curanderos y dejó a sus huéspedes, cómodamente aposentados, mientras se iba a preparar un remedio para cortar lo más rápidamente posible la persistente fiebre de Teizalco.

Varios días con sus noches duró la crisis de la enfermedad de la emperatriz. Moctezuma y yo nos turnamos para velarla, mientras Nezahualpilli se ocupaba de preparar las pócimas curativas. Cuando mejoró un poco su estado, sentimos un alivio inmenso, pues durante algunas horas nos habíamos temido lo peor. El emperador pudo al fin descansar y el estado de la emperatriz se hizo estacionario, pero fuera de peligro. Ya era tiempo, pues los asuntos de estado no podían esperar.

La guerra con Huexotzinco reclamaba la atención urgente del emperador. La mejoría de la emperatriz le dio coraje para ocuparse de ello. Los preocupantes informes le decidieron a emprender el camino para unirse a las tropas. Antes de partir, me confió el cuidado de la emperatriz y de la princesa Tecuixpo. Tenía que marcharse apresuradamente. Lo hizo con pesar y con el ánimo intranquilo. La emperatriz se iba recuperando poco a poco. La enfermedad había minado sus fuerzas, pero su belleza era, si cabe, más etérea, más preciosa, más frágil.

Los poetas de Texcoco empezaron a cantar fascinados la belleza inmaterial de Teizalco y hasta el excéntrico y difícil Nezahualpilli se dejó, sin quererlo, seducir espiritualmente por sus encantos.

Mientras, Tecuixpo crecía pareciéndose cada vez más a su madre, pero con una fuerza vital de la que esta carecía. Paseaba incansable por los jardines, lo preguntaba todo y volvía locos a cuantos la rodeaban con su imparable energía. Su primo Cacama, el príncipe heredero de Texcoco, fascinado por la criatura, le juró su amistad eterna, ante la sonrisa general de la cosmopolita corte, y la princesita se sintió muy ufana de su conquista. Siempre que cometía alguna travesura allí estaba Cacama para protegerla y entre la niña y el príncipe surgió un lazo tan fuerte que nada ni nadie lograría jamás romper.

Nezahualpilli también gustaba de la compañía de la pequeña. Le divertía la osadía de la niña; la naturalidad con que asumía todo lo que a su alrededor pasaba, y además seguía fascinado por el extraño y magnífico augurio con que estaba marcado su nacimiento. En ella, el viejo soberano vio con claridad la condensación de las virtudes más preciadas de nuestra raza y desde que era muy pequeña, intentó inculcarle altos valores a los cuales ella, seriamente, no parecía ajena.

El excéntrico príncipe decidió, una vez consultados los augurios, poner a la princesa unos tutores especiales que impartiesen unas excepcionales clases a Tecuixpo. Así, el destino acercaba a la niña al conocimiento más sagrado guardado por nuestro pueblo: la búsqueda del crecimiento interior y de la armonía cuya expresión última es *tzemanahuacayotl*, la universalidad.

En el joven y sensible espíritu de la princesita germinaron con fuerza estas semillas plantadas con devoción. Así, al poco tiempo de haber comenzado su sagrado aprendizaje, comenzó a percibirse un sutil cambio en la niña que irradiaba una luz especial que fascinaba a cuantos la rodeaban.

Transcurrieron felizmente varios meses. Poco a poco, la emperatriz iba recobrando sus fuerzas y con ellas el deseo de volver a Tenochtitlán, donde su hijo Axayácatl había permanecido con sus nodrizas y donde el emperador la esperaba con impaciencia. Un día llegó un mensajero de Moctezuma que le enviaba una dulce carta, acompañada de una piedra preciosa que brillaba de un modo sublime bajo los rayos del cálido sol. Dulce y nostálgico debía ser su contenido, pues la emperatriz decidió en ese instante regresar a la ciudad de los canales.

Grande fue la tristeza de Tecuixpo cuando le anunciaron que debían volver a su ciudad natal. Se empecinó en permanecer en Texcoco, y solo, tras una ardua argumentación y una reprimenda del tío Nezahualpilli que tuvo que recordarle el sentido de la responsabilidad, entró en razón. Hábil negociadora como era, pese a su corta edad, consiguió arrancar una preciada condición del anciano tío Nezahualpilli: su primo Cacama, el hijo y heredero del soberano de Texcoco, sería el que guiara la comitiva de la emperatriz hasta Tenochtitlán.

La princesita se despidió afectuosamente de su tío y de sus preceptores, pero Nezahualpilli decidió que uno de los sabios maestros la acompañara para seguir enseñándole el sagrado tesoro del desarrollo interior. Era un venerable anciano de la orden blanca de Quetzalcóatl llamado Ehecateotl. A muchos les asombró el alto honor que recibía la niña, aunque nadie lo expresó. Así, desde entonces, la insondable mirada del anciano y su armoniosa contención nos acompañaron. Moctezuma estaba visiblemente emocionado por el apresurado regreso de la emperatriz. Debía haberla echado mucho de menos, pues, tras darles la bienvenida, se retiró a sus habitaciones con ella durante largas horas.

Había problemas. Se notaba en el ambiente de la ciudad. La guerra con Huexotzinco había ido mal durante la última campaña. La ciudad había regresado a su tradicional alianza con Tlaxcala. El soberano, exiliado en Tenochtitlán, había sellado un acuerdo secreto con los tlaxcaltecas a espaldas de Moctezuma. Este se sintió decepcionado y traicionado por Huexotzinco. Siete años de campaña no habían dado prácticamente fruto alguno y esto enervaba al monarca y deprimía los ánimos de la ciudad.

El espíritu animoso del emperador se estaba empezando a oscurecer de nuevo. Extraños presagios volvieron a verse en los cielos. El templo de Huitzilopochtli se incendió repentinamente, de modo inexplicable, y los sueños de angustia volvieron a poblar las noches del monarca. Desesperado, ordenó degollar a los encargados de vigilar el templo, a los que atribuyó la culpa del incendio, pero el dios no mostró señales de haber sido aplacado. Para agravar más aún el intranquilo estado de ánimo del monarca, unos pescadores llevaron a Tenochtitlán un extraño pájaro gris que se había enredado en sus redes y que lucía un espejo en la frente. Examinado el prodigioso ejemplar por los augures, estos consideraron que era un presagio funesto.

Poco después murió Nezahualpilli, y su óbito dejó a Moctezuma como soberano supremo e incontestado de la confederación. Como pariente del rey muerto, acudió a Texcoco e influyó decisivamente en el consejo que debía elegir al nuevo tlatoani. Presionó para que se respetase el deseo del soberano anterior. Su candidato al trono era Cacama, hijo del tlatoani muerto y de la hermana de Moctezuma; Nezahualpilli quería que este le sucediera y Moctezuma apoyó su elección. Sin embargo, no todos quedaron contentos ante esta manifestación de poder imperial. El príncipe Ixtlilxóchitl «flor negra», instigó una revuelta contra el consejo al no aceptar el nombramiento, exiliándose de la ciudad con sus fieles partidarios.

No obstante, la mayoría acató la elección. El príncipe Cacama era un soberano joven y romántico. Mezcla de mexica y texcocano, era valiente y emprendedor, astuto y fuerte, justo y sofisticado. Un rey que cuadraba a la ciudad.

Su elección fue el único suceso memorable del año para Moctezuma. La emperatriz Teizalco recayó en una nueva crisis con fuertes fiebres, pero ya no estaba Nezahualpilli para curarla. Se trajeron los mejores físicos texcocanos. Cacama en persona los condujo a la ciudad. Esto alegró profundamente a la pequeña Tecuixpo, que apreciaba mucho al joven tlatoani. Este la alejó del lecho de su madre y la distrajo de la opresiva atmósfera que envolvía el palacio. Moctezuma, su padre, no podía sustraerse de la ominosa sensación que le presionaba mucho más que a los demás. Así, no teniendo fuerzas para ocuparse de todo, delegó en el joven tlatoani y en el sabio Ehecateotl el cuidado de Tecuixpo.

La princesa deja la pluma emocionada. La distancia le permite ahora examinar los acontecimientos que se sucedieron tan velozmente cuando era niña y que se le ocultaron durante mucho tiempo. En efecto, ella recuerda la visita de su primo Cacama a Tenochtitlán cuando tenía cinco años. Cuidadosamente le ocultaron la gravedad del estado de su madre y ella, alocadamente, se dejó llevar por el orgullo y el placer de tener a su amigo querido, que ya era rey, sometido a su infantil tiranía. ¡Cuán gratas para ella fueron aquellas semanas en que le ocultaron la enfermedad materna! ¡Cuánto agradece ahora los desvelos de todos para evitarle sufrimientos! En el jardín de las aves azules, conoció la poesía del rey Nezahualcóyotl de Texcoco, el abuelo de Cacama, y su espíritu precoz se sintió sublimemente elevado por los tristes versos del soberano exiliado. Cacama, definitivamente prendado de su jovencísima prima, la llevaba y la traía, eludiendo la cargadísima atmósfera del corazón del palacio.

Embargada por estos recuerdos en los que se mezclan la tristeza y la dicha, Tecuixpo continúa leyendo y transcribiendo, a través de las palabras de Tlacaélel, la historia de su pueblo, que es la suya propia.

Un día, Moctezuma pidió a su sobrino que se llevase a la niña de la ciudad. No quería que su espíritu abierto e inteligente se ranciara con el aroma a muerte que se sentía por doquier en torno al lecho imperial.

Solo tiempo después supo la niña de seis años que su madre estaba muy enferma y que el dios que regía el destino de los mortales había estado a punto de llamar a la alta dama a engrosar las filas de los que habitan en el paraíso. Así se lo dijo Cacama, ya en Texcoco, adonde la había llevado por deseo de Moctezuma.

Los físicos aconsejaron, como último recurso, que la emperatriz abandonase la ciudad durante un periodo prolongado. Debía trasladarse a un lugar de clima menos húmedo, si no, seguramente moriría.

Moctezuma, sintiéndose profundamente desgraciado, aceptó la cruel separación. Teizalco, muy debilitada, partió hacia el hogar paterno donde fue recibida con cariño y compasión por su padre Totoquihuatzin.

La niña encajó con entereza el hecho de que su madre desapareciera por un tiempo de su vida, pero sus juegos cesaron y su espíritu creció alimentado por la luz que sabiamente vertió en él su preceptor. Entonces pidió a Cacama que la llevase a Tenochtitlán. Supo instintivamente que su padre la necesitaba y apoyada por Ehecateotl, convenció a su tío, que la escoltó de nuevo a la ciudad de los cien canales.

Todos se admiraron ante la madurez que había adquirido la joven princesita. Su llegada a la ciudad fue un bálsamo de luz para su triste padre. Tecuixpo intentó hacer cuanto pudo para sacar a su progenitor de su pena, pero si bien con ella seguía siendo dulce y bondadoso, algo dentro de él se había roto en pedazos y era imposible sustituirlo.

En aquellos momentos el soberano se entregó al estudio de los antiguos códices, intentando evadirse de su triste presente. Fue cuando encontró los glifos transcritos por Tlacaélel, mi antecesor, en la antigua pirámide maya.

Su descubrimiento lo ensimismó durante días. Estuvo estudiando intensamente su contenido y las revelaciones que recibió lo anonadaron. En aquellos antiguos signos estaba claro el final de los antiguos tiempos y sus cálculos le hicieron saber que la caída del imperio se produciría irremediablemente durante su reinado.

Consultó a los más sabios estudiosos de las estrellas; a los más versados en el conocimiento de los mensajes del cosmos y todos le dijeron que su interpretación había sido correcta.

Convocó en una sesión extraordinaria al gran consejo para discutir acerca de las medidas que habían de adoptarse. En silencio, los venerables padres recibieron el angustiado mensaje del soberano. Para sorpresa de este, el sagrado consejo ya estaba enterado de los acontecimientos que habían de sobrevenir.

Uno de los más reputados videntes habló entonces al emperador y le dijo que debía fortalecer su espíritu para poder preparar el tránsito de la luz a la oscuridad. Moctezuma tenía un sagrado deber que cumplir: debía saber entregar su poder para evitar que el antiguo camino del espíritu se perdiera. También era su tarea encontrar lugares remotos donde la tradición mexica pudiera conservarse para florecer de nuevo cuando concluyese la oscuridad. Además, finalizó diciéndole el vidente, su hija Tecuixpo cumpliría un mandato igualmente importante en este sentido.

Estas sabias y oscuras palabras apesadumbraron el ánimo del monarca, en lugar de enaltecerlo.

Se entregó progresivamente a un fatalismo negativo que ensombreció su carácter. Los presagios siguieron empeorando con los años, lo cual le llevó a una amargura vital que le dañaba profundamente y que le transformaba en un ser paralizado de terror ante los caprichos de los dioses. No obstante, comenzó a enviar valiosos códices a lugares lejanos y escondidos para que no desaparecieran.

En ese tiempo oscuro, los presagios fueron terroríficos. El agua de la laguna se puso a burbujear sin viento ni razón aparente. Noche tras noche, una mujer invisible iba recorriendo las calles de la ciudad, gritando palabras de ruina y destrucción. Un estandarte imperial cayó en un canal poco profundo y no pudo ser hallado por más que lo buscaron. Por fin, el más nefasto: se hundió en un canal la gran piedra de sacrificios, destinada al templo mayor.

Los adivinos se reunieron, convocados por el soberano. Este pasaba del terror a la ira. Furioso con ellos, por los males que presagiaron, mandó ejecutar a varios. Sin embargo, el augurio era claro. Los adivinos recordaron la vieja profecía del retorno del dios Quetzalcóatl. El dios blanco y barbudo se había alejado de los hombres cuando rechazaron el camino del bien. Su hermano Tezcatlipoca, que había destruido cuatro veces el mundo, había mancillado su trono vacante. Huitzilopochtli, el poderoso «colibrí del sur», sería dominado cuando el señor Quetzalcóatl volviera en su esplendor, y Tezcatlipoca, el engañador, encadenado. Así el dios bueno reinaría a su retorno sobre los hombres y el emperador debería cederle su trono.

Ya me queda muy poco tiempo —acaba diciendo la crónica de Tlacaélel—. He intentado seguir con fidelidad el juramento que hice a mi soberano, pero me fallan las fuerzas y mi corazón me dice que cosas terribles van a acontecer. Quiero que permanezcan en la memoria de los míos estas vivencias de unos tiempos de gloria y de batalla. Ahora, cuando las cierro, la luz ya no brilla en la tierra, pues Teizalco, mi emperatriz, se ha ido lejos de nosotros y en el cielo nuestro destino se dibuja ominoso. Sé que el futuro del imperio está en juego y Moctezuma Xocoyotzin también lo sabe. Espero que sepa guiar con la firmeza de antaño el timón poderoso de la nave mexica y, si no fuera así, si hemos de extinguirnos, que al menos permanezcamos en la memoria colectiva como un pueblo valiente y fuerte que supo crear de la nada un sueño que el destino destruyó.

Tecuixpo cerró el polvoriento códice. Tlacaélel II había muerto al poco tiempo. Callada y silenciosamente se fue, dejando un vacío difícil de llenar en el palacio imperial. Ella recuerda la pena que le embargó cuando supo que la venerable persona del cihuacóatl se había marchado para siempre. Tenía solo ocho años y su mundo de luces y sonrisas estaba oscureciéndose a pasos agigantados. Solo la serena y armoniosa presencia de Ehecateotl, su sabio mentor, mantenía con firmeza encendida la llama de la cordura.

Se para unos instantes a meditar. Debe ser cuidadosa a la hora de narrar lo que siguió. Para ella, princesa imperial de Tenochtitlán, supuso salir de su dorada corte para entrar en un torbellino de cambios bruscos y brutales que conmocionaron su mundo y el de los que llegaron. Ahora, desde la distancia, puede comprender la importancia del choque, la súbita luz que venía al Anáhuac para apagar las antiguas. Choques de sangres distintas, cuyos ecos asombrarían a dos mundos diferentes, separados por un ancho océano.

4

La caída de Huitzilopochtli

Tecuixpo se fuerza a recordar. Debe continuar el relato como se prometió al empezar. Mira en su interior y muy dentro de sí misma encuentra a la niña de ocho años que, asustada, veía cómo su mundo se distorsionaba.

—Hija mía —dijo Moctezuma—, los augurios son malos hoy. No puedo autorizarte a partir hacia Texcoco con tu primo Cacama. —Viendo que esto me decepcionaba mucho, agregó—: No te preocupes, pequeña, de todos modos, le vas a ver más pronto de lo que crees, pues le he llamado a la ciudad para el nombramiento del nuevo cihuacóatl. El pobre Tlacaélel me era tan necesario, hija. ¡Cuánto le echo en falta! Era una persona discreta y sabia y un amigo leal e insobornable. Ahora, cuando los dioses reaccionan fríamente ante los sacrificios y cuando todos los presagios auguran cambios sangrientos, sin su tranquila serenidad, me encuentro solo. Solamente tu luz me permite encontrar un asidero para evitar la pérdida de mi sobriedad y la depresión que tantas veces rozan la totalidad de mi ser.

»Tecuixpo, hija mía, no me dejes tú también, cuando todos los demás lo están haciendo. Eres hija y nieta de emperadores y debes ser fuerte, aunque tu padre flaquee. ¡Ay, dioses! ¿Por qué no escucháis mis súplicas? ¿Por qué todo a nuestro alrededor se está tornando tan extraño? No puedo, no me siento con fuerzas para entregar todo aquello por lo que he luchado toda mi vida. Llevo meses intentando asumirlo, pero aún no me siento capaz de ello.

De repente se quedó callado y pensativo. El chocolate humeaba levemente en su tazón de oro. Nada había cambiado, pero todo parecía tan diferente a como siempre había sido… Moctezuma se estaba dejando llevar por un camino peligroso para sí mismo y para los mexica. Incluso una pobre niña de ocho años podía verlo.

El consejo, compuesto por Cuitláhuac, hermano de mi padre; Cuauhtémoc, su primo hermano; y por dos altos príncipes de nuestro linaje, Axayácatl y Azatotl, estaba muy preocupado ante los súbitos y terribles cambios de humor del tlatoani. Este pasaba de la apatía a una actividad febril; del decaimiento de ánimo a la concepción de amplios planes para el futuro. De todos modos, su estado de nerviosismo e irritabilidad eran consecuentes con los horribles gritos de muerte y destrucción que la mujer invisible se atrevió a proferir, incluso dentro de los sagrados muros del palacio.

La tierra de los mexicas fue aquel año sacudida por un brusco y terrible terremoto. Los augurios fueron feroces. Dijeron al soberano que el temblor significaba que la madre Tierra avisaba de la caída de Tenochtitlán. La reacción del monarca fue esta vez implacable. Ordenó apresar a todos los que habían realizado tan funesto presagio y, tras ser cruelmente torturados, fueron muertos del modo más innoble, para después ser troceados y arrojados sus despojos a los perros.

En aquel momento, a pesar de la ira de mi padre, una extraña anciana que decía ser la última Decidora de la Verdad osó presentarse en palacio. Moctezuma la aceptó con avidez a su presencia, ya que los guardianes de la tradición Tezcatlipoca raras veces se mostraban y siempre que lo hacían era por razones de suma transcendencia. Su porte era impresionante. Era una anciana alta y delgada, de largos cabellos blancos, vestida con un sencillo huipil negro como una noche sin luna. Emanaba de ella un poder tal que aterraba a cuantos se cruzaban con ella.

Coatitzal, cuyo rostro sabio nadie se atrevió a mirar, avanzó con paso firme hasta el impresionante salón de audiencias, indiferente al revuelo y temor que su presencia provocaba en el ánimo de los cortesanos. Cuando llegó ante el umbral, con un leve gesto de su mano hizo que se abriesen de par en par las pesadas puertas de madera talladas con los símbolos del águila y la serpiente. Siguió adelante hasta llegar al estrado del emperador, que miraba fascinado a la mujer que se acercaba. Tenía un presentimiento funesto, aunque estaba extrañamente sereno. Él la miró con intensidad y comprendió al instante que estaba ante la persona más poderosa y sabia que jamás había conocido. Coatitzal habló, y su poderosa voz atronó el espacio donde la gente hablaba en susurros. Su mensaje fue oscuro y trágico. Miró a Moctezuma fijamente a los ojos, quebrantando el rígido protocolo, sin que el emperador osara abrir la boca y predijo el fin de los tiempos dorados bajo el favor de los dioses y la próxima caída del imperio tenochca.

—Es mucho lo que está en juego. —Serenamente, poseedora de un conocimiento superior, Coatitzal pronunció su sentencia, mientras una solitaria lágrima escapaba de sus ojos y se despidió, sin que mi padre mostrara reacción alguna. Cuando pasó a mi lado, se detuvo ante mí, mirándome con sus profundos ojos, me saludó con una calidez que me llenó de paz, llamándome por mi nombre con dulzura y me anunció que aún nos volveríamos a ver ella y yo—. Acepta lo que ya sabes que se va a producir inexorablemente —dijo—. Es absolutamente necesario que hagas lo que tienes que hacer, otra vez más, en diferentes circunstancias y muy lejos de Tenochtitlán.

Rozó mi cabeza con su fría mano y pude sentir su enorme poder. Luego se alejó, dándonos la espalda. Al salir del salón, las puertas se cerraron tras ella dando un fuerte golpe. Las palabras de la Decidora de la Verdad parecían resonar en el silencio que sobrevino tras su partida y enfriaron el ánimo de mi progenitor.

Al vaciarse de ira su ánimo decayó de nuevo profundamente. Empezó a tener oscuras visiones. Yo, Tecuixpo, era la única cuya presencia era tolerada por el gran señor en tales momentos. Todos se acercaban a mí intentando sonsacarme acerca de su estado, si bien nadie se atrevió nunca a preguntármelo directamente, de lo cual me alegro ahora, porque creo que entonces no hubiera sabido explicar lo que hacía que mi padre necesitara de mi infantil compañía. Quizás fuera el recuerdo de mi madre Teizalco, a la cual todos decían que me parecía mucho. Quizás fuera el hecho de que no me inmutaba ante las cosas que me contaba, por horribles y extrañas que fuesen. No obstante, sus pesadillas me acompañaron en aquellas angustiosas noches en que todos esperábamos que algo horrible pasase, en el palacio imperial de Tenochtitlán. Solo la compañía y las enseñanzas de Ehecateotl dulcificaron algo aquellos oscuros días.

Muchos y terribles fueron los sueños de mi padre, Moctezuma, en esos tiempos. No dejaban de perturbarle los dioses, quienes, noche tras noche, a veces de modo oscuro, a veces clara y nítidamente, le hablaban del fin de los tiempos. Solo el «colibrí del sur», el dios Huitzilopochtli, callaba. El tlatoani lloraba muchas veces cuando me contaba lo que estaba por venir. Él lo sabía; su corazón lo sabía y su espíritu lo sabía, pero le era extremadamente difícil renunciar al poder que con tanta sangre, con tanto orgullo y con tanto tesón había conseguido la casa de Acamapichtli.

Muchas noches, desvelado tras una de sus pesadillas, acudía a su templo particular al que solo el soberano tenía acceso y allí, esperando la estrella de la mañana, se lamentaba, mientras dejaba caer sobre el minúsculo altar de jade unas preciadas gotas de su nobilísima sangre. Sus conversaciones con la estrella del alba eran uno de los pocos momentos del día en que la serenidad volvía a su ser. Pese a ello, su espíritu ya nunca volvió a estar totalmente en calma. Era una tensa espera, en busca de signos anunciadores del cambio.

El pueblo, atemorizado, veía cómo su emperador intentaba hacerse a la idea de que Quetzalcóatl volvía; que reinaría sobre los hombres y que acabaría con todas las injusticias. Pero ¿qué sería de los mexicas? Las profecías de la pirámide eran claras: la civilización mexica desaparecería de la faz de la tierra durante el tiempo que durase la noche cósmica. La ciudad, que veía el estado de postración de su monarca, se iba preocupando cada vez más intensamente por los acontecimientos futuros. Se aceleraron los sacrificios humanos. Los sacerdotes buscaban por doquier el signo del dios Huitzilopochtli, y una marea de muerte se abatió sobre Tenochtitlán.

El dios callaba. No se pronunciaba ni para bien ni para mal. Parecía haber abandonado a su pueblo.

Moctezuma, por su parte, subía, cada vez más frecuentemente, a una atalaya de palacio y pasaba allí horas mirando hacia el este.

Llevábamos esperándolo inconscientemente durante meses, cuando el primer signo llegó.

El tlatoani, a pesar de su desánimo, seguía siendo el hombre organizado y metódico que siempre había sido. Como primera medida, había tendido una perfecta red de espías para que le comunicasen cuanto de extraño aconteciese en el reino. Esta se mostró altamente eficaz. Corriendo hasta casi reventar de cansancio, llegaron desde el este dos mensajeros con las temidas nuevas.

Unos seres extraños habían pisado territorio del imperio. Llegaron a media tarde, cuando el sol empezaba a caer, al borde mismo de la costa. El mensajero se detuvo para respirar, pero el tlatoani le urgió a continuar. Allí, cerca de la costa, estaba escondido un destacamento mexica y vieron los extraños sucesos que acontecieron. Se acercaron cuanto pudieron sin ser observados y casi se olvidaron del sigilo necesario cuando contemplaron el gran prodigio, con ojos espantados. Los dioses volvían de allende el océano:

—Llegaron sobre montañas de madera que se movían por el mar a su antojo. Cuando así lo consideraron, bajaron a tierra en una playa que se llama Cuetzpalin, por la abundancia de lagartijas. Allí descendieron unos impresionantes seres. Nos acercamos cuanto pudimos para poder mejor informar al gran señor y al pronto nos vimos sorprendidos por estos altos señores. Eran muchos; grandes unos, enormes otros. Uno de piel muy pálida y ojos azules parecía gobernar sobre todos. Su vestido reflejaba la luz del sol y brillaba con destellos de plata y rojo mientras caía la tarde. De las montañas que flotaban descendieron entonces unos seres terribles. La parte superior como de hombre, con cabeza y brazos, la parte inferior como de bestia, una bestia alta de tamaño más que humano y que profiere extraños y amenazadores ruidos por la boca; esta se encuentra situada en el extremo de una cabeza larga que soporta un arqueado y poderoso cuello, del cual cuelga una impresionante cabellera. El animal-hombre se sustenta en el suelo con cuatro pies, los cuales suenan como metal, cuando pisan la tierra.

»Nos quedamos atónitos contemplándolos y no sabíamos si huir o si salir y adorarlos, pues quizás fueran los dioses que volvían. Ante la duda, después de consultarlo entre nosotros, decidimos seguir observándolos y no mostrarles todavía nuestra presencia.

»El que parecía el teul, "el señor", profería gritos en una extraña lengua y los otros se apresuraban en torno a él, obedeciendo prestamente las instrucciones que les daba. Así, en poco tiempo sacaron de las montañas una ingente cantidad de cosas desconocidas para nosotros, que fueron apiladas en la playa. Construyeron una zanja y una pequeña fortificación de madera, y el teul, en medio de todos ellos, gritó unas extrañas palabras y con su gran cuchillo ceremonial levantado en una mano clavó con la otra un estandarte de una bella tela de color de sangre y oro, que llevaba dibujados sobre el fondo una gran torre y una especie de jaguar amenazante. De las altas palabras que pronunció, solo pudimos entre todos nosotros retener una, que era algo así como "Xastilla".

»Después de lo que parecía una ceremonia, todos se inclinaron sobre un ídolo que portaba un gran sacerdote blanco y barbudo y que era como un aspa de madera con una figura clavada. Siento, altísimo señor, no poderos dar más explicaciones acerca de lo que representaba el aspa, pero la luz decaía y no estábamos lo suficientemente cerca como para apreciar más detalles en un objeto tan pequeño.

Yo, Tecuixpo, estaba al lado de mi padre cuando recibió al mensajero y estaba tan pendiente de lo que este relataba, como de cuánto estaban afectando al emperador las nuevas. Mi padre, aparentemente impasible, estaba sufriendo un tormento interior inenarrable y, sin embargo, se obstinaba, de forma insana, en continuar oyendo y oyendo, cómo se iba haciendo realidad lo que tanto había temido. Su voz, prácticamente sin entonación, ordenó al mensajero continuar su relato.

—Altísimo señor —siguió este diciendo—, ante nuestros sorprendidos ojos, en pocas horas, los extranjeros habían terminado su fortificación. Además, habían extendido y levantado unas casas de tela, pero diferentes de los tejidos del imperio y habían encendido unas grandes fogatas que daban un tono rojizo y maligno a sus pálidos rostros.

»Así pasamos tus fieles servidores, ¡oh, temible señor!, hasta altas horas de la noche, vigilando los movimientos de los recién llegados. No dejaban que se apagasen las hogueras y aunque muchos descansaban, otros estaban de pie y vigilaban los alrededores, mientras caminaban con unos extraños tubos brillantes al hombro. De repente, cuando todo parecía más tranquilo y los hombres dormían más profundamente, surgió entre las sombras la alta figura del teul. Habló con un hombre de cabellos dorados como el sol de la tarde. Parecía Tonatiuh, el sol en persona. Se acercaron a los que paseaban y les susurraron algo. Luego se aproximaron al fuego y cogieron varias teas, acercándose al borde de la empalizada. Parecía que iban a salir. Uno de los que paseaban les siguió a modo de escolta. El teul y los otros dos se alejaron del fortín hacia las montañas de madera y cuando llegaron cerca de ellas comenzaron a lanzar sobre las mismas las antorchas. En breves instantes el silencio de la noche se llenó de gemidos y crujidos de protesta. Las montañas se incendiaron completamente y el resplandor de la inmensa fogata alertó a los que dormían.

»Hubo estruendo de voces y ruidos de metal. Por fin, el teul, con la cara enrojecida por el calor de las llamas volvió al campamento. Pasó muy cerca del lugar donde nosotros estábamos. A la luz de la hoguera que ya iba extinguiéndose pudimos observar que una sonrisa abierta iluminaba su rostro. Le recibieron con gritos y muchas voces. La suya sonó como un trueno corto y seco. Todos se callaron. Él habló. Su lengua pronunció palabras que, para nosotros, sonaban fuertes e imperiosas, y todos le escucharon en silencio. De repente, cogió su espada y señaló hacia el interior, hacia el imperio. Hubo nuevos gritos, pero esta vez con un matiz como de alegría. Todos volvieron a descansar. Transcurrieron algunas horas en que no hubo actividad. Entonces, yo decidí venir a postrarme ante vuestros augustos pies, para contaros los extraños acontecimientos que solo vuestro superior y altísimo entendimiento podrá valorar. Juro por mi lealtad a la corona y al imperio que todo lo que he dicho es verdad; que nada he omitido; que nada he inventado, huehuetlatoani, sagrado portador de la palabra.

Moctezuma Xocoyotzin estaba pálido. Nadie podía apreciarlo salvo yo, su pequeña Tecuixpo, pues mirarle era un supremo delito. Sin embargo, a pesar de lo alterado que estaba, supo mantener su ánimo para despedir al mensajero y ordenar que lo alimentasen y le diesen un costoso manto de raras plumas como premio a su buen servicio. Luego ordenó que todos saliesen. La sala de audiencias se vació. Yo me quedé considerando que quizás necesitase de mí, aunque solo fuera para hacer aflorar sus febriles y angustiosos pensamientos.

En efecto, así era. El tlatoani, que con tanta angustia había esperado que algo horrible aconteciera, paradójicamente, estaba volviendo a su ser ante el hecho consumado que le habían relatado. Analizó en voz alta las partes más importantes del discurso del informador. Algunos detalles hacían creer que los recién venidos eran o bien dioses o bien enviados de estos. Otros, en cambio, hacían pensar en los extranjeros más bien como humanos: diferentes, extraños, pero, al fin y al cabo, humanos.

En contra de lo que pudiera parecer, el análisis que hizo de lo sucedido en la lejana playa le tranquilizó. Por primera vez en muchas noches, las pesadillas no le atormentaron y durmió de un tirón hasta bien entrada la mañana. Se levantó de un humor excelente, como no lo habíamos visto en meses. Se bañó y perfumó con las más exóticas esencias, incluso pidió que una bella concubina yaciese con él, lo cual hacía meses que no pasaba. Con su buen humor y su recobrada energía, las cosas volvieron por un tiempo, rápida, ordenada y meticulosamente a sus cauces.

El sol pareció recobrar su brillo y el ajetreo de la ciudad se aceleró. El tlatoani despachaba los asuntos del imperio con equilibrio y brillantemente, como solía, antes de la crisis. Incluso los tíos Cuitláhuac y Cuauhtémoc, cuyos corazones se habían encogido de pena y rabia, mientras veían impotentes el estado en que había caído el emperador, recuperaron su tranquilidad y prepararon las huestes mexicas para una nueva campaña militar.

Durante algunas semanas no llegaron mensajeros con novedades que añadir a las ya conocidas. Los extranjeros estaban lejos, muy lejos de nosotros. Andaban por las orillas del mar. Aún no habían decidido meterse tierra adentro.

Un día llegó uno de los correos con una extraña nueva. Decía que los extranjeros hacían salir truenos de los tubos que solían llevar al hombro. Esto hacía que el fiel de la balanza se colocase en un extraño equilibrio. ¿Qué eran —se preguntaba Moctezuma—, hombres o dioses?

No siendo capaz de decidirlo por sí mismo reunió al consejo para intentar clarificar la cuestión. Azatotl estaba confuso. Axayácatl era partidario de una postura conciliadora con los intrusos. Por su parte, Cuitláhuac y Cuauhtémoc eran proclives a masacrarlos en cuanto pusiesen sus pies en territorio del imperio. Respecto de la cuestión que tanto importaba a Moctezuma, ninguno parecía estar de acuerdo. El consejo no sabía si eran humanos o inmortales. Esto le llevó a idear una estratagema para salir de dudas.

Decidió enviar al extranjero de ojos azules, que los informadores habían confirmado como el jefe de la expedición, los atributos y vestidos que correspondían al dios Quetzalcóatl. Nadie que no fuera el mismo dios podría usarlos, pues el sacrilegio lo fulminaría instantáneamente. El consejo intentó disuadirle. No obstante, era la voluntad de Moctezuma la que regía y así se hizo. Se recogieron con veneración el traje y los adornos de Quetzalcóatl del Templo Redondo. Un sacerdote del dios acompañó a la delegación para transportar las sagradas vestiduras.

Al fin, tras muchas largas y duras jornadas, llegaron ante el teul. Los mexicas se asombraron al ver al lado del extranjero a una dama que, sin ser del valle, era claramente originaria de alguna parte de la antigua tierra, quizás hacia el sur. Bella, altiva, distante e inteligente, les sirvió de intérprete y facilitó mucho la labor de los mensajeros. Respondía por el nombre de Malinali y les informó puntualmente acerca de su alto linaje, antes de iniciar sus funciones de traductora de la embajada. Era hija del rey de una ciudad del sur muy lejana. Sus parientes, movidos por la envidia de su rango y su belleza, la habían secuestrado y vendido como esclava en un lugar alejado de su tierra, donde se hablaba el náhuatl. Sola, sin entender a los que la rodeaban, había tenido que aprender rápidamente la lengua del imperio. La llegada de los «españoles», pues así llamaba ella a los extranjeros, la liberó del cautiverio. Se había prometido a sí misma que no volvería a sufrir humillación alguna de nadie. En su discurso latía una cierta animadversión contra los mexica. Estos intentaron aplacarla con dulces palabras. Al fin, pareció conceder su beneplácito a la embajada y tradujo el mensaje de Moctezuma a «Cortés», pues así llamaba ella al teul. Este recibió sin hacer un gesto ni de aprobación ni de rechazo los atributos del dios Quetzalcóatl. El sacerdote le vistió de pies a cabeza con los ornamentos sagrados.

Le puso la máscara de turquesas, cuya nariz iba atravesada por una pluma del quetzal imperial. Le colgó el collar de petatillo, en cuyo centro brilla un disco de oro purísimo. Le colocó el manto Tzizili, «de campanillas» y en sus pies calzaron las sandalias de obsidiana. En su brazo izquierdo le sujetó el escudo del dios. Un escudo de oro, carey y nácar, cuyos flecos eran de puntas de pluma de quetzal.

Así ataviado, Cortés se presentó ante la embajada. Los ojos de todos miraron hacia el suelo, pues era la imagen viva del dios. Temblorosos y balbuceantes, se postraron ante la presencia divina. El dios Quetzalcóatl hizo un gesto con la mano a uno de los suyos y un tubo de metal hizo un ensordecedor estruendo.

—Gran señor —siguió diciéndole el sacerdote al tlatoani—, ni siquiera a mí, que tantos años llevo sirviendo su culto, me perdonó el horror del trueno que su gesto poderoso provocó. Luego, un silencio largo llenó el ambiente que se impregnó de un olor extraño que irritaba ojos y narices.

»Ante tal muestra de esplendor nos aterrorizamos, le adoramos como enseñan las tradiciones y le pedimos que nos diese un mensaje para ti, altísimo señor. No nos olvidamos de entregarle los regalos que para él enviaste: las mantas bordadas, las bellas piedras, las exquisitas plumas; pero se sintió especialmente atraído por el oro. Hasta tal punto que, con un grito corto, mandó que le trajesen su casco y nos lo entregó para que os lo enseñáramos pidiendo que le fuera devuelto cargado del dorado metal. Además, el dios me dio este preciado tesoro para vos. Mientras hablaba sacó de una bolsa bordada con el símbolo del dios unas cuentas de cristal que el soberano contempló con sumo interés. Las cogió ávidamente en sus manos contemplándolas bajo los reflejos de la luz del sol.

Ahí estaba la prueba. Eran de una redondez perfecta, como solo los dioses pueden crear. Además, su número era también revelador. Cinco cuentas, como símbolo de las cinco edades de la tierra. Cuán sutil era el mensaje que le enviaba. En efecto, debían ser dioses. Quetzalcóatl había vuelto y el aceptaba por fin, de buen grado, el hecho. Moctezuma Xocoyotzin creía comprender. Abandonó sus dudas y se entregó de lleno a honrar, en aquellos pequeños objetos, al dios. Ordenó traer una caja de mosaico de turquesas, la piedra sagrada de Quetzalcóatl, y las depositó dentro con suma reverencia. Tenía muchas cosas que hacer.

Convocó ante sí a los más sabios de entre los sacerdotes y al consejo. A unos y otros les habló con fervor de la llegada de los dioses. Los primeros aceptaron las nuevas con emoción, pero no el consejo. Cuitláhuac y Cuauhtémoc no creían en la naturaleza divina de los extranjeros. Incluso osaron pronunciarse en contra ante la todopoderosa persona del tlatoani. Este, indignado, los expulsó de su presencia hasta nueva orden.

Surgían así las primeras disensiones entre los poderosos. Moctezuma, sin embargo, no quiso forzarlos a acatar su opinión, como antes hubiera hecho. Todo era tan extraño que el mismo tlatoani comprendía en su fuero interno las dudas y el rechazo que en su hermano y su primo despertaban la llegada de unos seres que les suplantarían en el ejercicio de un poder que desde hacía siglos pertenecía a su familia y a su pueblo. Pero él iba más allá de su propia conveniencia a la hora de juzgar. Había entrado en una fase mística que lo aproximaba a los dioses y la paz parecía haber vuelto a su espíritu torturado. Esperaba que el sabio y buen Quetzalcóatl tuviese compasión y evitase la ruina de los mexicas.

Necesitaba estar en contacto más cercano con ellos. Así me lo dijo —sigue Tecuixpo—. Sus ojos brillaban mientras exponían la idea que se le había ocurrido. Viajaría en secreto a Teotihuacán. Allí, donde los dioses moran, en el antiguo templo de Quetzalcóatl, enterraría el regalo del dios y si los dioses le concedían su gracia, hablaría con ellos.

Me aterró la idea de tal viaje. Mi padre, el emperador, parecía haber recuperado el equilibrio mental; no obstante, el contacto con los dioses siempre había sido peligroso para los humanos y temí que encontrarse con ellos en tan sagrado lugar de poder pudiese acabar con su cordura. Intenté disuadirle de llevar a cabo tamaña aventura, pero fue en vano. Yo no era más que una niña demasiado adulta para mi edad, pero, al fin y al cabo, una niña. Me acarició con dulzura, sin escuchar apenas mis razones. Su mente ya estaba en otro lugar. Había volado hacia donde los poderosas dioses hablan entre ellos del destino; hacia donde Quetzalcóatl moró cuando vivía en el valle.

Teotihuacán, que representaba el alma misteriosa y mágica y lo más sagrado de las antiguas tierras, se erguía ante los ojos reverentes del monarca mexica. Este había recorrido rápidamente y en secreto el camino. Había cumplido las penitencias preceptivas con rigor y se había vestido sencillamente, de blanco, sin adornos, como corresponde a un mortal, para enfrentarse a la visión que esperaba.

Entró solo en la ciudad vacía. El silencio le rodeó mientras se acercaba al inmenso centro ceremonial. Las pirámides del Sol y de la Luna le fascinaban con sus imponentes y sagradas moles. Su mente vagaba libre por las alturas, cuando una poderosa visión le atrapó. Fue un fogonazo deslumbrante en su interior. El consejo de los dioses estaba reunido. Reconoció a muchos de ellos por sus atavíos característicos. Otros, en cambio, le resultaban extraños. Estaban sentados, como al principio de los tiempos, serios y cariacontecidos. Le miraron con ojos insondables, que le traspasaban, y ninguno se dignaba a hablarle. Él imploraba su apoyo y su guía. Pero cuando se acercaba a uno de ellos, este se desvanecía para reaparecer más lejos. Por último, llegó ante la presencia de los dioses tutelares mexica. Huitzilopochtli y Quetzalcóatl no le atendieron. Fue el terrible Tezcatlipoca, «el espejo humeante», el sagrado guardián del conocimiento, quien le habló.

—Moctezuma Xocoyotzin —le dijo—, me entran ganas de destruirte aquí mismo; de triturar tus huesos y beber tu sangre. No comprendes nada y crees saberlo todo. Las claves del destino están ante ti. Has sido privilegiado. Has recibido dones por encima de cualquier mortal. Te hemos ensalzado, pero tú no eres capaz de ver más allá de tus propias narices. Si no te fulmino en el acto es porque el error no es solo tuyo. Nosotros nos hemos equivocado contigo. Y el error de un dios es mucho más grave que el de un mortal. Nosotros seremos la causa de nuestra propia ruina. Nuestros templos caerán sobre nosotros y seremos proscritos en nuestra propia tierra, si tú no lo evitas. —El tlatoani estaba espantado ante estas ominosas palabras. El dios siguió hablando—: El destino, la llegada de la oscuridad ominosa que acompaña a la noche cósmica nos amenaza. Pero algo está meridianamente claro y así te lo hemos hecho llegar en todos los signos que hemos enviado.

»El futuro está en tus manos. Sabemos que el fin de nuestro tiempo puede estar cerca. Dependiendo de lo que tú hagas, triunfaremos o caeremos en el olvido y la destrucción. El destino de los dioses está hoy en manos de un solo mortal. Este es el fatídico momento de nuestra impotencia. Así se escribió al principio de los tiempos y así debe ser. Busca en tu corazón y encuentra tu fuerza.

Busca en tu mente el camino y quizás el Anáhuac pueda salvarse. No hoy, pero sí mañana, cuando la oscuridad desaparezca, cuando vuelva a nacer el día cósmico, dentro de nueve katunes. ¡Que esa sea la luz que guíe tu camino! ¡Debes hacer lo posible para que el conocimiento antiguo no se pierda! ¡Escóndelo de los que vienen al valle! Si no lo haces, otros tendrán que hacerlo. Eso también está escrito.

»Verás tiempos oscuros y difíciles ante ti. En tu mano, señor de los hombres, están la vida y la muerte. En ella está la posibilidad de cambiar el porvenir. Insisto, para que no lo olvides. ¡Gloria o ignominia! ¡Poder o miseria! Tú decidirás. Los dioses carecemos de poder para cambiar el curso de la historia. Queda en manos humanas tal responsabilidad.

Moctezuma estaba anonadado.

—Una cosa más he de decirte, emperador —añadió el dios—, Huitzilopochtli está pugnando él solo para mantener el orden del cosmos que has conocido. Debes protegerle mientras su lucha sigue, porque el trabajo que hace le agota y su sed se vuelve insaciable. Sacrifica para él. Aliméntale, pues necesitas, como nunca lo habías necesitado, su apoyo y su fuerza para vencer en la dura prueba que tienes ante ti.

El tlatoani le preguntó con voz entrecortada al dios sobre sus dudas. ¿Quería decir el dios que debía ceder su trono voluntariamente? ¿Acaso no debía tomarlo Quetzalcóatl en la hora de su venida? Sus preguntas no fueron respondidas. El dios le miraba, ahora impasible, y la paz que había conseguido volvió a desaparecer. Se sentía zarandeado por fuerzas que no llegaba ni remotamente a comprender; un juguete de los dioses, en un juego de vida o muerte. Enterró piadosamente en el suelo de la pirámide el regalo de los extranjeros y regresó a Tenoch-titlán.

Las nuevas que llegaban de la costa empezaron a preocuparle de nuevo. Los extranjeros —ya no sabía si eran dioses o no— habían empezado a marchar hacia el norte. Dos días atrás habían entrado en los límites del imperio. El tlatoani se debatía en un mar de dudas. A los informes de prodigios sobrehumanos sucedían otros que denotaban el carácter netamente humano de los viajeros.

Mientras Moctezuma dudaba, los extranjeros se adentraban en el imperio. Para impedirles avanzar más, les enviaba embajadas con regalos que los entretuvieran. Estos mandaban a su vez ofrendas, pero continuaban adelante. La sed de oro de los hombres blancos empezó a ser objeto de estudio por los magos. Menospreciaban cosas tan valiosas como las rarísimas plumas que el emperador les mandaba y, sin embargo, cualquier adorno, por simple que fuera, si estaba hecho de oro les agradaba mucho.

Conocida su sed de este metal, Moctezuma les envió, para tenerlos contentos, muchos objetos de oro. El tlatoani quería mantenerlos lejos de sí, pero congraciándose con ellos. Les insinuó en una embajada que no debían seguir adelante. No quería que se acercasen a la ciudad.

El resultado que obtuvo esta política fue el contrario del deseado. Los correos traían cada vez peticiones más imperiosas del teul, el cual quería entrevistarse con Moctezuma a toda costa e ir a Tenochtitlán.

Mientras el emperador dudaba sobre la actitud a adoptar, el grupo seguía avanzando lentamente. Llegaron a Cempoatl. Allí fueron recibidos con honores por el tlatoani. Este, hábil diplomático, decían los espías, había intentado granjearse el favor del teul haciéndole grandes presentes. Le había ofrecido el preciado oro que tanto gustaba a los extranjeros y valiosas informaciones acerca del imperio y del tlacatecuhtli.

Moctezuma se encolerizó ante la actitud de Cempoatl; consideró un acto de traición la sumisa actitud de su tlatoani y envió a sus calpixques, altos funcionarios del imperio, con una seria advertencia al rey de la ciudad.

Fue entonces cuando el emperador pudo apreciar la verdadera traición del reyezuelo. Este dijo al teul que los calpixques le amenazaban y Cortés ordenó que los apresaran. Incluso fomentó el que fueran los propios habitantes de la ciudad los que lo hicieran. El temor reverencial que las sangrientas represalias mexica habían siempre suscitado no les detuvo. Los calpixques fueron detenidos, incluso querían sacrificarlos a los dioses cempoatltecas. Pero el teul lo impidió.

Moctezuma veía claramente que la presencia de los extranjeros estaba empezando a perturbar el pacífico dominio de los mexicas sobre su imperio. Por doquier llegaban noticias de revueltas como consecuencia de la conducta del cacique de Cempoatl. Cuitláhuac y Cuauhtémoc fueron enviados al mando de sendos ejércitos para aplastar las sublevaciones. Sin embargo, por mandato imperial, tenían prohibido acercarse al territorio donde los teules estaban y obedecieron, aunque a regañadientes.

Mientras, llegaron nuevas y preocupantes noticias de la ciudad de Cempoatl. Los extranjeros no yacían con las mujeres que les habían ofrecido, sin antes hacerles realizar unos extraños ritos. Primero vertían agua sobre sus cabezas y luego les hacían besar un objeto de poder, que uno de ellos portaba y que llamaban «cruz». Además, por medio de Malinali, el teul hizo saber al tlatoani de la ciudad que no toleraría más sacrificios humanos. Incluso se atrevió a ir más lejos. Quiso obligar a los nobles de la ciudad a abjurar de sus dioses, a los que insultó y calificó de ídolos sanguinarios. Ellos se negaron, lógicamente. El teul se enfadó mucho e hizo de nuevo sonar los truenos, pero esta vez mataban o malherían a los hombres. Muchos nobles señores cayeron abatidos como por una fuerza divina.

El espanto llenó el corazón de los guerreros de Cempoatl. El teul se puso su casco, brillante al sol, y dio la orden de tomar el *teocalli*. Subieron por las empinadas escaleras de la pirámide. Cuando apuntaban con los tubos a un hombre, aunque estuviera lejos, este podía darse por muerto, tras un aterrador trueno. Los guerreros huyeron aterrorizados ante el pavoroso ataque y los habitantes de la ciudad vieron cómo sus dioses eran profanados, sacados del interior del templo y derribados por los escalones. Luego, presos de una furia demente, destrozaron las imágenes veneradas durante siglos, que habían sido alimentadas con la sangre de innumerables víctimas. Un terrible silencio se hizo después, y el tlatoani se arrojó a los pies del teul, suplicando perdón y piedad para la ciudad. Este aceptó magnánimamente perdonarles, a cambio de su sometimiento. El tlatoani se postró ante él y le aceptó como nuevo señor.

Moctezuma se quedó desolado ante las afrentosas nuevas. El teul estaba fomentando la disensión entre los pueblos sometidos, pero el emperador no quería aún enfrentarse directamente. Se limitó a enviar embajadas compuestas por poderosos hechiceros, cuya misión era provocar mediante oscuros conjuros la muerte de los extranjeros. Su gran poder no les sirvió de nada ante la magia de los blancos y hubieron de retornar a Tenochtitlán con el fracaso a las espaldas.

El imperio, mientras tanto, veía asombrado la inactividad del soberano. El evidente peligro de desintegración no parecía hacerle reaccionar. Cuitláhuac, por su parte, hacía cuanto podía para aplastar una nueva sublevación en el sur. Cuauhtémoc, a su vez, contenía a los sediciosos de los alrededores del valle de Tlaxcala. La tensión se incrementaba, pero el tlatoani no daba la orden esperada de masacrar a los extranjeros y el nerviosismo crecía en Tenochtitlán con las noticias que llegaban por boca de los correos.

El teul quería reunirse con Moctezuma. Este vacilaba, inmerso en sus dudas. La curiosidad le hacía desear verlos, pero la prudencia le aconsejaba en sentido contrario.

Mientras nuestro futuro pendía de los hilos del destino, mi mundo infantil se hacía definitivamente añicos. Yo, Tecuixpo, estaba fascinada y horrorizada con los rumores de palacio sobre unos extranjeros que no se sabía si eran dioses, o si no lo eran, pero las murmuraciones enrarecieron la atmósfera diáfana de la corte según iban pasando los días. Conducida por mis ayas, Xu y Xochi, yo iba cada día al *calmécac*, el colegio de los jóvenes, donde seguían enseñándome danzas, cantos y costumbres como siempre. En mi caso especial, tenía además a Ehecateotl, quien, por orden reciente del emperador, se encargaba de instruirme en descifrar los pictogramas de los antiguos códices y la historia de los mexica. Así transcurrieron los últimos días de normalidad que precedieron a la gran crisis y coincidieron con mi noveno cumpleaños.

El 11 de julio de 1519 amaneció tranquilo en Tenochtitlán. Yo, la princesita Tecuixpo, recibí multitud de presentes de todos mis familiares y de los príncipes y señores de la corte. El emperador había ordenado secretamente que trajesen desde un lejano paraje dos maravillosas garzas para mi jardín y allí me las encontré cuando salí a dar un paseo, después de desayunar, en aquella feliz mañana. Mi padre vino en persona a felicitarme, abandonando los inciertos asuntos de estado que le ocupaban noche y día. Xuchil hizo un maravilloso y gigantesco dulce de chocolate y mi hermanito Axayácatl correteaba, feliz, por mis aposentos, contemplando los regalos que no osaba tocar. Invité a muchos de mis hermanastros, que se asombraron ante la magnificencia de los presentes que había recibido. Repartí entre ellos los que más les gustaron, como mandaba la antigua tradición de nuestra casa. Así, todos compartieron conmigo la alegría de mi cumpleaños.

Para acabar de ser totalmente feliz solo me faltaba la presencia de mi primo Cacama, y en él estaba pensando cuando se presentó ante mí por sorpresa, trayéndome además como regalo una maravillosa diadema cuajada de pedrería, que me ofreció con gentileza, arrodillándose ante mí. El mundo me sonreía. Tenía ganas de reír sin parar. Olvidé durante unas horas los presagios, las preocupaciones, los signos, los extranjeros, todo. La niña que yo era quería sentirse segura, libre de problemas y rodeada de amigos. Y ese día lo conseguí. La atmósfera opresiva de palacio pareció distenderse y la presencia de Cacama y su optimismo parecieron devolver la alegría incluso al mismo emperador.

A las pocas semanas, las circunstancias cambiaron. Mi padre me ordenó sucintamente que dejara de salir de palacio. Desde entonces, mis lecciones con Ehecateotl se intensificaron. El sabio maestro sabía que las cosas iban a cambiar mucho en poco tiempo y redobló, si cabe, la intensidad y la profundidad de sus enseñanzas. Mi espíritu recibía abierto y expectante la luz de la conciencia; aprendía a cultivar el poder de la sobriedad y se preparaba conscientemente para el choque que había de producirse. Cesaron las fiestas, la música y la danza. Indagué acerca de las razones de tan profundos cambios y pronto llegó a mis oídos la aterradora nueva de que los extranjeros se habían introducido en el valle y avanzaban hacia Tenochtitlán. Mi padre, paralizado por sus dudas, estaba dejando que viniesen al corazón del imperio. Lloré amargamente al sorprender algunas conversaciones de los mayores. El emperador, decían, temía a los teules y la expectación se hizo mayor conforme se fueron acercando a la ciudad. Le pedí que me llevase con él cuando llegaran, para poder verlos de cerca. Quería con todas mis fuerzas contemplar los odiados rostros de los que estaban alterando mi vida, pero él se negó rotundamente. El primo Cacama, de nuevo en Tenochtitlán, me prometió que me contaría con pelos y señales el encuentro, y eso me calmó momentáneamente.

No fui consciente durante esos últimos días de octubre y primeros de noviembre de que se acercaba el fin de nuestro modo de vida. No comprendí en ese instante la magnitud de los acontecimientos que se cernían ominosamente sobre nosotros. Sentí una curiosidad morbosa ante los seres extraños, pero no fui la única. Era un fenómeno colectivo. Todo el valle esperaba, ansioso y fascinado, la prevista llegada de los teules. De las tres calzadas que unían a la ciudad con el valle, ellos llegarían por la de Ixtapalapa, la gran calzada del sur.

Millares de personas vinieron a Tenochtitlán desde lugares alejados para contemplar a los extranjeros. La calzada se llenó de espectadores, ávidos de presenciar el encuentro que iba —aunque ellos no lo sabían aún— a cambiar sus vidas. La anunciada presencia imperial despertó, como siempre, el fervor del pueblo que se vertió en masa sobre las calles y canales, para verle pasar. Yo, aprovechando el ajetreo de palacio y la relajación de la vigilancia sobre mi persona, conseguí del primo Cacama que me llevase a la fortaleza de Ixtapalapa, la que protegía el camino del sur, sin que mi padre tuviese conocimiento de ello. Allí me dejó, protegida por un escuadrón de guerreros texcocanos y mexicas y se preparó para formar parte del cortejo imperial.

Las dudas de Moctezuma Xocoyotzin le llevaron a hacer un supremo alarde de poder y majestad para impresionar a los teules. Preparó meticulosamente cada detalle de la entrevista. Convocó a todos los príncipes y señores importantes del imperio a la capital. Quería que formaran parte del impresionante cortejo que había preparado y a la par tenerlos controlados bajo su augusta mirada. Ordenó construir un palanquín de oro purísimo y lo adornó con las más ricas telas y las plumas más exquisitas. Los sumos sacerdotes de los templos principales del imperio fueron igualmente llamados a formar parte del cortejo. Moctezuma II se mostraría al extranjero, sí, pero lo haría a su modo.

El 9 de noviembre, el gigantesco y deslumbrante cortejo imperial salió de palacio orgullosamente. Nunca antes las gentes del imperio habían visto tal acumulación de riqueza. El espectáculo que ofrecía era magnífico. Los gloriosos estandartes mexica ondeaban al viento su orgullo guerrero y cientos de tambores sonaban rítmicamente al paso del supremo tlatoani por las calles de la capital. Los heraldos iban delante de la comitiva, anunciando al pueblo la llegada del emperador. Tras estos, iban los nobles de la ciudad vestidos con sus más ricas galas. Más cerca de la alta presencia, delante y detrás del dorado palanquín, veinte señores de ciudades tributarias y ochenta príncipes asombraban al gentío con sus riquísimos atuendos de ceremonia. En medio de ellos, oro y verde, destellaba el supremo señor, ante quien el pueblo se postraba reverente. Los extranjeros esperaban afuera, en el valle, ante los muros de la fortaleza de Ixtapalapa. El emperador avanzaba despacio. Su ritmo era pausado, como las aguas del lago.

Yo, desde un balcón de la fortaleza, veía perfectamente el lugar del encuentro. Me impresionaron las enormes bestias que transportaban a los extranjeros. No me parecieron temibles, sino poderosas y hermosas. Los teules eran pocos; no muchos más de quinientos, me había dicho uno de los guerreros del primo Cacama. Aun así, recuerdo cómo sus cascos y atavíos brillantes, y la rigidez marcial con que aguardaban la llegada del emperador, resultaban bastante impresionantes.

Mientras esperábamos a mi padre, el emperador, el capitán de los guerreros que me guardaban, Oaxtilco, me entretuvo contándome cómo habían llegado los teules, en solo cinco meses, desde la lejana costa hasta la capital.

Desconocedores de las buenas rutas, los extranjeros habían forzado a los de Cempoatl a guiarles hasta otra gran ciudad, más hacia el interior. Tras seguir la línea de la costa hacia el norte, habían ido y venido al azar durante semanas, sin avanzar demasiado tierra adentro, cuando el teul decidió seriamente encaminarse a Tenochtitlán. Dicho y hecho. Los vencidos cempoatltecas les condujeron hasta Jalapa, donde el teul, amenazadoramente, pidió guías que le condujesen hasta la gran metrópoli. El emperador ordenó que le fuesen facilitados, pero que estos no les llevasen deprisa, ni por un camino recto. Con esto, Moctezuma quería cansarlos y romper su voluntad de seguir adelante. Así, los extranjeros hubieron de pasar por mil penalidades antes de llegar al valle. Fueron conducidos por páramos desérticos y heladores y subieron poco a poco hasta la elevada meseta central. Dejaron atrás Coatepec, Ixhuacán y Zantlán. Cortés, como llamaban sus hombres al teul, se dio cuenta de que la ruta por la que era dirigido se desviaba demasiado hacia el norte y se enfureció de nuevo. Mandó buscar nuevos guías que le condujeran directamente a la presencia imperial. Pero esto era más fácil de decir que de hacer. Nadie parecía saber cuál era la ruta correcta. Nadie les dada información fidedigna y mientras pasaban los días, la ira de Cortés llegó a su paroxismo.

Moctezuma, que estaba detrás de este contratiempo, como de los anteriores, lo solucionó graciosamente. La mente fértil del emperador había ideado una nueva estrategia. Les envió nuevos guías con precisas instrucciones. Estos debían de llevar a los extranjeros hasta las tierras tlaxcaltecas. El emperador esperaba así que los eternos enemigos de los aztecas acabasen con el problema mexica, masacrando a los teules.

La expedición siguió sin saber el destino que les aguardaba. Hicieron un largo camino antes de llegar a territorio tlaxcalteca. Allí los teules vieron con asombro una gran muralla fortificada. Los guías ignoraron las preguntas de los extranjeros acerca de la naturaleza de la misma. De repente, ante los asombrados ojos de estos, se desplegó una fuerza hostil. Los tlaxcaltecas les hacían frente. Desafiaban a los supuestos dioses. Los truenos volvieron a sonar. Los tlaxcaltecas, sorprendidos al principio, huyeron, pero al cabo de unas horas volvieron a atacar. Los guías mexicas se escaparon durante la refriega que siguió. Tlaxcala demostró su valor peleando. Cortés intentó frenar la batalla, pues no estaba interesado en conquistar la ciudad, sino en seguir hacia Tenochtitlán y no quería perder allí a una parte de sus reducidas huestes. El tlatoani de Tlaxcala aceptó hacer la paz con los teules y les proporcionó valiosas informaciones acerca de la situación y defensas de Tenochtitlán. Los planes de Moctezuma se volvían en su contra. Los extranjeros hicieron alianza con Tlaxcala y su soberano les dio guías seguros que conocían todos los buenos caminos del valle. Además, les concedió un cuerpo del ejército tlaxcalteca para que los acompañase como aliado hasta las mismas puertas de Tenochtitlán.

El emperador, furioso y preocupado, mandó nuevos emisarios a los teules. Les urgió a acudir a la gran urbe. Cortés aceptó y aceleró la marcha. Cruzó el alto paso entre el Popocatépetl y el Iztaccíhuatl, quedando impresionado por las enormes moles de los volcanes, que separaban Tlaxcala de Tenochtitlán. Una vez que lo hubo traspasado se detuvo y mirando hacia atrás, decidió bautizar el paso con su nombre. En adelante se llamaría a este lugar paso de Cortés.

Por primera vez pisaban sus pies territorio del valle. Rápidamente cruzó las ciudades de Amecameca y Tlalmanalco. Chalco les abrió el paso de Ixtapalapa. Antes de que llegaran a la vista de la calzada, Moctezuma envió al tlatoani de Texcoco ante el teul para que le informara. Iba vestido de Quetzaltototl de pies a cabeza. Cuatro señores del valle lo portaban en unas andas, cuyos cortinajes eran como un bosque de plumas de oro.

Llevaba un collar de chalchihuites y una tiara real. Era la encarnación de un rey legendario; hermoso, valiente y fuerte. Me sentí plenamente orgullosa de él. Recibió a los extranjeros, que debieron sorprenderse ante la magnificencia del embajador, y les dio la bienvenida a nuestra ciudad en nombre de mi padre Moctezuma. Ellos le llamaron Cacamatzin, príncipe Cacama, y le honraron como correspondía a un rey de la confederación. Después volvió a Tenochtitlán para incorporarse al séquito imperial. Yo, rodeada de guardianes protectores, esperaba ansiosa su llegada para que me contase su conversación con ellos.

Moctezuma, que había decidido inicialmente recibir a los extranjeros fuera de la urbe, cambió de parecer en el último momento, en contra de sus costumbres. Envió una embajada de cuatro señores para que condujesen a los teules por la calzada hasta la ciudad. Asomada al balcón, pude contemplar cómo pasaban aquellos a los que luego tan bien conocería. Ordené a los guerreros que me condujesen rápidamente hasta el centro ceremonial. Imaginé que sería allí donde mi padre les recibiría. Obedecieron inmediatamente. Xuchil y Xochiquétzal lloriqueaban nerviosas ante la idea de que algo pudiera pasarme entre el gentío, pero sabían que nada podían hacer ya para evitar males mayores y protestaron sin mucha convicción ante el hecho consumado.

Les seguimos por la calzada hasta la ciudad. Una vez allí, salimos del camino principal, callejeando por la capital engalanada para adelantar a la comitiva. Llegamos al palacio con el tiempo justo para que yo pudiera encaramarme a una ventana desde la cual poder contemplar el encuentro. Era un acontecimiento de una transcendencia absoluta para nosotros y mientras me hacía algunas reflexiones al respecto, llegaron los teules. Miraban asombrados aquí y allá. La ciudad parecía impresionarles vivamente. De repente, todos los tambores de la metrópoli resonaron con un estruendo estremecedor. Se acercaba la comitiva imperial.

Moctezuma Xocoyotzin acudía a la postergada entrevista, acompañado de los cuatro miembros del consejo, de todos los príncipes de la sangre, de los reyes de Texcoco y de Tlacopan; de Xochimilco, de Chalco y de Azcapotzalco; de Cuauhnáhuac y Cempoatl, y de muchas otras ciudades y principados del imperio.

El esplendor del cortejo hacía parecer pobre el de la embajada que los había recibido. Señores de ciudades menores iban barriendo el camino delante del sagrado portador de la palabra. Tlatoques de mayor rango iban alfombrando el suelo donde las sagradas plantas imperiales habían de posarse. Príncipes de la sangre iban arrojando flores a sus pies y perfumaban el camino por el que el soberano iba a pasar. Los teules miraban y admiraban la impresionante ceremonia organizada por el tlacatecuhtli para el encuentro. Cuando ya estaban muy próximos, el señor de los extranjeros se adelantó desafiantemente. Iba montado sobre una de esas hermosas bestias vestida de plata como él mismo. Parecía enteramente un dios: orgulloso y rígido, sereno y severo. No se dejaba fácilmente impresionar, como pronto podríamos comprobar.

Dos concepciones vitales, dos mundos extremadamente diferentes, se encontraron allí, el uno enfrente del otro. El teul bajó de su montura al adelantarse el cortejo imperial y se acercó al tlatoani, el cual había descendido del palanquín y avanzaba hacia él, flanqueado por los cuatro altos señores del consejo. Su paso era solemne y sus ojos estaban enfocados en la figura del extranjero que tanto había perturbado su sueño. Le miraba fijamente, pero Cortés no bajaba sus ojos ante él, como sus súbditos. Era el primer desafío a su poder. Moctezuma intuía una fuerza extraña en el teul que le repelía y le atraía al mismo tiempo. Era la misma sensación ya familiar que le había impedido ordenar que los ejércitos mexicas atacaran a tan reducida fuerza; una sensación de vértigo y de destino.

Avanzaron el uno hacia el otro hasta quedar frente a frente. Por primera vez en muchos años, alguien no se postraba ante el emperador. Esto impactó de un modo terrible a cuantos lo presenciamos. Llegó incluso más lejos. Osó colocar en el cuello de la intocable persona un collar de extraños reflejos, sin que Moctezuma ni los cuatro altos señores del consejo, pillados por sorpresa, hubieran podido impedirle tocar al sagrado emperador. Las rígidas reglas, forjadas durante muchas generaciones, estaban siendo pisoteadas sin piedad. Los altos señores del consejo se escandalizaron. Entonces, ante el espanto general, el extranjero quiso abrazar a Moctezuma. Cuitláhuac, que hasta ese instante no había reaccionado, no pudo soportarlo por más tiempo y se colocó entre ellos, impidiendo que el extranjero tocase de nuevo la imperial persona. El pueblo entero suspiró aliviado.

Pese al delito de lesa majestad cometido por Cortés, Moctezuma estaba como fascinado con su persona. Había encontrado a un ser que se atrevía a mirarle de frente y que no temía aparentemente nada de él; que había llegado hasta el corazón del imperio con el solo propósito de entrevistarse con él y lo había conseguido. Nada parecía impresionarle. Actuaba como un poderoso soberano o como un dios. Sí, eso debía ser. Era un enviado de los divinos designios del poder que rige nuestro destino. Tenía que serlo, sin duda. La mente de mi padre se entregó plenamente a esta idea. El equilibrio se había roto a favor del extranjero.

Cuando Moctezuma habló, su discurso escandalizó a los altos príncipes que le oyeron pronunciar palabras de bienvenida y de sumisión. El terrible señor creía en la divinidad de los recién llegados y contra su deseo nadie podía hacer nada. Nunca un soberano azteca se había entregado sin luchar. Era la primera vez en la historia que un monarca mexica abandonaba su corona a un poder extranjero. El dios Huitzilopochtli había empezado a perder su pugna con las fuerzas nuevas que llegaban de allende el océano. Ometecuhtli, el padre de los dioses, miraba el combate cósmico sin intervenir. En la tierra, lágrimas de dolor surcaron los nobles y curtidos rostros de reyes y guerreros cuando vieron a su soberano ofreciendo a un recién llegado desconocido el trono secular de Acamapichtli.

Moctezuma, liberado de sus miedos, daba rienda suelta a una adoración que, en su fuero interno, deseaba. Su verbo se hizo florido, su rostro temible y temido cobró una expresión dulce y tranquila, mientras expresaba las angustias que había sufrido y negó sus dudas mirando desafiantemente al cielo. No era consciente de que con ello se negaba a sí mismo y nos entregaba a todos atados de pies y manos al libre albedrío del extranjero. Nuestra tierra, nuestras casas, nuestras riquezas, nuestro trabajo y nuestro descanso. Ya nada nos pertenecía, pues él, que todo lo podía, así lo había decidido. El dolor se trocó en cólera para muchos cuando Moctezuma Xocoyotzin culminó su discurso blasfemo reconociéndoles como enviados divinos y señores de la tierra. El pueblo y muchos nobles se rasgaron las vestiduras, dejando en el suelo hechos jirones los valiosos ropajes ceremoniales, en prueba de su dolor.

Nosotras, desde las lejanas ventanas de palacio, no podíamos oír las transcendentales palabras de mi padre. No obstante, intuíamos que algo extraño estaba sucediendo, por los gestos airados de algún personaje que no podía contenerse y por el silencio irreal que se posesionó de la gran plaza, solo roto por algún gemido aislado de profundo dolor. Todos deseábamos saber qué iba a pasar después. ¿Se iba a ir el extranjero, con sus extrañas costumbres? ¿Acaso se iba a quedar en Tenochtitlán? ¿Cuánto tiempo? ¿Cómo habría que tratarles? Preguntas y más preguntas surgían en mi infantil cabecita. Y más, muchas más habían de surgir cuando mi padre regresó tras la aciaga entrevista.

Al poco tiempo de llegar, me llamó a su presencia. Yo acudí presurosa. Quería saber y supe. Me horroricé ante la terrible dejación que el soberano había hecho ante el teul. Odié a los extranjeros, a quienes vi como unos advenedizos sin escrúpulos. Habían engañado a Moctezuma; ellos, las circunstancias, los presagios; todo se había confundido en la mente del emperador. Mi padre había sido movido a pensar que Quetzalcóatl había llegado a la ciudad en la persona de Cortés. El tlatoani lo había aceptado como tal y le había honrado como a un enviado divino. Además, le había invitado a permanecer en Tenochtitlán por el tiempo que quisiera. Prácticamente, le había cedido el poder. Le había dado el palacio de mi abuelo Axayácatl como morada. Pensé que se había vuelto loco, que su juicio se había trastornado.

Él, mientras tanto, jugueteaba feliz con el regalo que el teul le había hecho. Había dado su reino a cambio de un simple collar de cuentas de colores. Hablaba y hablaba sobre los nuevos tiempos que habían llegado y que serían para bien de todo el pueblo. Su incoherencia era cada vez más evidente. El digno soberano de antaño había perdido toda contención. No atendió a mis palabras recomendándole moderación y prudencia. Pero ¿cómo podía hacerlo? No era yo consciente entonces de que el solitario emperador se sentía, de algún modo, liberado de la pesada carga de gobernar. Quizá su actitud fuera la consecuencia lógica de tantas pesadillas, augurios, males y catástrofes como se le habían anunciado. Él intentaba que Tenochtitlán sobreviviera a la crisis, a su modo. Este había sido el de la omisión. No sabiendo qué hacer y sintiéndose presionado por mortales e inmortales, decidió dejar en manos del Quetzalcóatl el destino del pueblo mexica.

Mi primo Cacama de Texcoco me llamó con urgencia y en secreto al día siguiente. Parecía que la llegada de los seres pálidos hubiese acelerado nuestra percepción de lo que éramos, nuestro ritmo vital. Nos encontramos en el jardín de aves acuáticas. Le miré buscando un firme apoyo. Él me miró con una profundidad, con una intensidad, que me sorprendió y me atemorizó. Su sonrisa no era la misma que siempre le había conocido; un deje triste invadió su rostro. Yo, preocupada por lo que mi padre me había dicho, me inquieté ante el semblante sereno y tenso del que siempre había sido mi refugio seguro.

—Tecuixpo, mi queridísima Copo de Algodón —me dijo—, tengo que tratar contigo asuntos muy graves. Así lo he manifestado en el consejo y todos hemos estado de acuerdo. A pesar de tu corta edad, querida niña, nos has demostrado en muchas ocasiones que eres una persona sensata y digna de confianza. Esta es la razón por la cual hemos decidido hablarte. Pero primero quiero que me des, si lo consideras oportuno, tu opinión sobre lo que tu padre, el emperador, ha hecho.

Comprendí, de inmediato, que esa conversación era la más seria que había sostenido en mi vida. Más aún, mi primo Cacama estaba tratándome como un ser adulto e intuitivamente supe que quería probar mi juicio y mi capacidad de separar lo afectivo de lo real. No pensaba defraudarle. Yo era una princesa imperial, la única hija legítima de mi padre y entendía perfectamente, como muy bien se habían encargado de inculcármelo, la altísima dignidad que como tal me correspondía. Contesté con gravedad. Volqué mi mente y mi corazón en la respuesta. Le hablé de mi honda preocupación por el nivel de comprensión de mi padre. Le expliqué las razones que, a mi entender, le habían llevado a adoptar la actitud que nos tenía a todos horrorizados y preocupados. Él asentía con tristeza mientras yo hablaba. Cuando concluí, supe que había pasado la prueba. El consejo confiaría en mí. Así entré yo a formar parte del más alto círculo conspirativo del imperio. Muchos ojos se habían posado en mí; muchas esperanzas, para el caso de que algo nefasto pasase, pues la atmósfera de la ciudad estaba cada vez más enrarecida por terribles presagios.

Cacama me informó del profundo descontento que la actitud de Moctezuma con Cortés había despertado en los príncipes y señores del imperio. El miedo a la parálisis imperial había hecho que algunos de sus más allegados parientes, entre ellos su hermano Cuitláhuac y su primo Cuauhtémoc, decidieran reunirse en secreto para evitar que Moctezuma entregase a los teules la ciudad y el imperio, atados de pies y manos e incapaces de oponer resistencia. Sin embargo, en los ánimos de los conspiradores no había ninguna mala intención para con el tlatoani. Este seguía siendo el soberano coronado y ungido. Ellos lo aceptaban así y querían que las cosas siguieran siendo como siempre habían sido. Si el monarca reaccionaba, todos le secundarían sin dudarlo un instante. Lo que todos temían era que Moctezuma se entregase, más aún, a la absurda adoración que estaba empezando a aterrorizar al pueblo y alteraba, en su misma esencia, las relaciones de poder del imperio.

Los reyes de la confederación, salvo Cacama, que quedó encargado de la vigilancia y custodia de mi persona, volvieron a sus ciudades. Otros soberanos, como mi abuelo Totoquihuatzin de Tlacopan, fueron informados de la existencia del consejo secreto y se les pidió que volviesen a sus ciudades para apaciguarlas y mantenerlas bajo control, mientras, secretamente iba reuniéndose un ejército de élite con que frenar al invasor cuando llegara el momento. En los días siguientes, la situación seguía siendo equívoca. El emperador despachaba desganadamente los asuntos del imperio sin aparentes interferencias. Mientras el grupo de extranjeros, armados de pies a cabeza, paseaba, exploraba y miraba, ante la prevención y el malestar creciente del pueblo que intentaba ignorar su presencia. Y de repente, cuando nadie se lo esperaba, llegaron unas noticias de la lejana costa que alteraron profundamente la situación.

Moctezuma recibió un mensaje urgente del tlatoani de Quihautizlán, Quauhpopoca. Allí, en su territorio, los extranjeros habían levantado un fortín y pensaban establecerse en el lugar que ellos llamaban Veracruz. Los días pasaron y las semanas también. Los blancos habían intentado varias veces entrar en su ciudad, pero Quauhpopoca se había negado a franquearles el paso. Progresivamente se habían ido deteriorando las relaciones con los teules hasta que la situación se hizo insostenible; el enfrentamiento se iba haciendo inevitable, ante las provocaciones de los blancos. Se hicieron sacrificios propiciatorios a los dioses Tláloc y Tezcatlipoca y se ordenó a los guerreros que se preparasen para la batalla.

Quauhpopoca había decidido atacar. Él, que no creía que los seres sucios que habitaban a su vera pudieran ser dioses, preparó concienzudamente un asalto por sorpresa y tuvo un notable éxito. Moctezuma no podía creer lo que oía de labios del mensajero. Sus convicciones volvían a tambalearse y sus dudas renacieron. Y es que Quauhpopoca le había mandado una prueba irrefutable de su triunfo; una prueba que destrozaba la creencia del emperador en la divinidad de los extranjeros: la cabeza ensangrentada de un hombre barbudo y blanco, que, según le informó el calpixque, había sido el jefe de los guerreros blancos que se habían quedado en la costa. La visión del despojo ensangrentado alteró profundamente al tlatoani. De repente, le vino a la memoria la plática amenazadora de Tezcatlipoca. El destino estaba en sus manos. Todo dependía de él. ¡Se había dejado engañar! Los teules le habían dejado creer que eran enviados divinos y él, el poderoso soberano de toda la tierra, se había comportado como un adolescente temeroso y crédulo. Incluso su hija Tecuixpo, a la sazón una niña, se lo había intentado hacer ver, pero él se había negado obcecadamente a aceptarlo. Conforme las ideas se iban haciendo más evidentes en su mente, más claramente iba tomando conciencia del terrible error que había cometido.

La rabia inundó a Moctezuma como una marea de sangre. El tlacatecuhtli salió de golpe del ensueño paralizante que lo había mantenido como hechizado. Al volver a la realidad, se convirtió de nuevo en el temible señor de los señores, el juez todopoderoso, el que daba y quitaba la vida a su antojo. Convocó al consejo y les comunicó las importantes nuevas que habían llegado desde la costa. Todos respiraron aliviados al ver que el emperador recuperaba la cordura. Por medio de edictos imperiales intentaron controlar la situación. Se enviaron mensajes a los sacerdotes, príncipes y altos señores del reino con instrucciones específicas. El palacio comenzó a hervir de actividad. Había llegado el momento de la verdad. Entonces, Moctezuma Xocoyotzin decidió convocar a su presencia a los teules. Les envió un emisario para que se presentasen en palacio. Ellos acudieron rápidamente. Cortés ya se había dado cuenta de que algo extraño estaba pasando. Presentía que sus vidas estaban en peligro. A pesar de todo, mantuvo una digna actitud. Acudió a la audiencia con serenidad, rodeado de sus mejores hombres, bien armados y severamente adoctrinados para obedecer el mínimo gesto del capitán.

El tlatoani les recibió con una frialdad estudiada; yo los espiaba desde la habitación de detrás de la sala del trono. Acudieron con la intérprete a la que llamaban, en su lengua, doña Marina. El tlacatecuhtli los miró despectivamente y les comunicó su desagrado por la actitud indebidamente altiva que mantenían en su augusta presencia. Cortés insistió en su papel de supuesto dios hasta que Moctezuma, encolerizado, le dio noticia de la batalla de Veracruz. Cortés debió pensar que era una añagaza del emperador y subiendo el tono de voz osó insinuar que el alto señor mentía. Este, altivamente, sin dignarse siquiera a responder, ordenó con un gesto displicente que trajesen ante él el macabro envío de Quauhpopoca. Al ver la cabeza ensangrentada de su subalterno Escalante, el teul palideció. Su reacción no se hizo esperar. Lleno de una furia rabiosa, Cortés se dirigió con altisonantes palabras al soberano. Este no podía creer la osadía del extranjero, su falta de contención y dignidad. ¡Y pensar que él les había creído enviados divinos! Tampoco yo podía creer lo que oí de labios de la traidora Malinali. Esta se atrevía a decir al poderoso emperador que se considerase prisionero de los teules.

El tlatoani enrojeció de rabia ante la afrenta. Los extranjeros habían ido demasiado lejos y había que frenarlos de una vez por todas. Levantó un dedo y la sala del trono se llenó de guerreros armados. Cortés se acercó con rápidas zancadas a la persona del monarca con la espada desenvainada y le amenazó de muerte. No fue necesario ningún acto de fuerza. Los guerreros aztecas se habían quedado paralizados ante la amenaza a la persona del emperador. El teul no había aún captado la profundidad de la veneración que el terrible señor despertaba en su pueblo. Una enorme sombra cayó sobre los espíritus mexicas. Moctezuma no había previsto siquiera la posibilidad de que pudieran intentar capturarle. Cortés, actuando instintivamente, había salvado de nuevo su vida. Ante la mirada horrorizada de los príncipes y altos señores del imperio cometió la terrible indignidad de ponerle la mano encima al emperador. Marina, la sureña, le comunicó a instancias de Cortés que no tenía posibilidad de elección: o bien se trasladaba con los teules al palacio de Axayácatl o sería muerto allí mismo.

No sé lo que me pasó entonces. Recuerdo que una ira como jamás había sentido me sacudió de arriba abajo. Salí de mi escondite y me abalancé contra la perra traidora que profería tales apestosas palabras y la abofeteé con todas mis fuerzas. Marina me aprisionó mientras yo la mordía e insultaba. Iba a golpearme, cuando mi padre me ordenó que me calmara, con un tono de voz seco que nunca antes había utilizado conmigo. Miró a Marina con desprecio y le ordenó con extrema frialdad que soltase a su hija, la princesa imperial. Esta, aterrada, obedeció sin dilación la orden de mi padre. Yo me coloqué protectoramente delante de él, intentando impedir que los extranjeros se le acercasen, pero nada pude hacer. Yo no era más que una niña pequeña, una débil brisa que intentaba contener una tempestad. La ignominia se consumó hasta el final ante nuestros ojos. La sagrada persona del emperador fue conducida en andas hasta el palacio de Axayácatl rodeado de extranjeros.

Yo me quedé allí sola, llorando de rabia e impotencia. No comprendía por qué los guerreros y los nobles no habían intentado impedir que se llevaran a mi padre. Los guerreros bajaron los ojos ante mi mudo reproche. ¿Por qué permitían los dioses que los blancos secuestrasen al emperador? Después de aquel día me consideré definitivamente una persona adulta. No obstante, mi dolor apenas había comenzado. Moctezuma había sobrevalorado sus fuerzas y las consecuencias nos alcanzarían a todos.

El consejo y la ciudad entera se quedaron asombrados ante la audacia del teul. Mientras, el consejo secreto se reunía para estudiar cómo liberar al monarca de su cautiverio. Este, por su parte, se hallaba sumido en un profundo desánimo como consecuencia de la humillación que suponía para él estar en poder de los extranjeros. Desde la casa de su padre ordenó que me trasladasen a su lado, junto con mi hermanito Axayácatl. Xuchil y Xochiquétzal organizaron todo lo necesario rápidamente. Mi primo Cacama me enseñó cómo salir y entrar del enorme palacio de mi abuelo sin ser vista. Organizamos también un elaborado sistema de comunicaciones con el exterior para el caso de que las salidas se vieran dificultadas por los españoles. Solo entonces, cuando todas estas cuestiones quedaron resueltas, partí hacia el maravilloso palacio de mi abuelo, que se me antojaba una horrible prisión.

Mi padre me recibió con gran alegría. En solo unos días parecía haber envejecido diez años. Sus cabellos habían perdido su brillo característico y su cara estaba surcada de profundas arrugas donde antes no había sino rasgos firmes. La impresión que me causó fue tan fuerte que rompí a llorar. Las lágrimas corrieron por mi cara como un torrente inagotable. Yo, que después sonreiría para él, lloraba por él. Yo, su hija, era quizás la única que podía comprender la magnitud del daño que su orgullo herido sufría. Un lazo indisoluble se forjó entre nosotros en ese momento. Nuestra relación cambió, como por ensalmo. Comprendí que él necesitaba de mí tanto o más de lo que yo jamás había necesitado a él. Y lo asumí plenamente, casi con alivio. No consentí en volver a separarme de él sino para lo estrictamente imprescindible desde ese instante. Me convertí en su sombra y comprendí que, al menos, mi presencia alegraba un poco su decaído espíritu.

Durante los días que siguieron, la situación fue tensa. Cortés, sabiamente, permitía que el emperador despachase los asuntos del imperio como si nada ocurriera, pero siempre estaba allí Malinali, vigilante, oyendo todo lo que se le decía al augusto señor. Este no convocó al consejo, temiendo que los españoles les retuvieran. Así, yo asumí el papel de enlace entre mi padre y ellos saliendo de palacio por pasadizos secretos que los españoles desconocían. Me aproveché de que los extranjeros no ponían demasiada atención en la princesita silenciosa que acompañaba siempre al huehuetlatoani, y eso facilitaba mi movilidad.

La posibilidad de actuar a espaldas de los españoles pareció insuflar una tímida esperanza al consejo, en medio de la difícil situación. Fue así como Moctezuma intentó organizar su liberación. Era lógico, pues conocía mejor que nadie la mansión de su padre Axayácatl, pero, desafortunadamente, era vigilado día y noche y nunca se le dejaba solo bajo ningún pretexto. Así lo comuniqué al consejo, que, en vista del hecho, decidió posponer la liberación por el momento, esperando mejores circunstancias. Aun así, había muchas otras cosas que hacer. Cuitláhuac, mi tío, salió hacia Tlacopan para reunir un poderoso ejército con el que atacar a los españoles. Los otros miembros del consejo mantuvieron tranquilos a los aliados durante la crisis. El imperio volvía a estar bajo control y preparado para luchar. Solo la persona imperial protegía a los teules de un ataque avasallador. Estos lo sabían e incrementaron la vigilancia sobre su persona, para frustración de los que esperaban liberarle a la menor ocasión.

Tenochtitlán esperaba la reacción del monarca. Nerviosamente, el consejo pidió repetidas veces al emperador que diese la orden de rebelión general. Pero esta no llegó. Yo odiaba a los teules malolientes que nunca se bañaban y que se sorprendían de la pulcritud y limpieza de nuestra raza. Marina, conciliadora, intentaba explicarme que para ellos el baño era como una penitencia, algo que no podían comprender. Yo la escuchaba con altivez, manteniendo la distancia que nos separaba. Marina no me preocupaba. Lo que me tenía aterrada era ver cómo se estaban produciendo de nuevo extraños cambios en mi padre. El soberano decaía visiblemente de día en día y esto le llevaba a aceptar resignadamente la situación. Su ardor guerrero se desvaneció con sus fuerzas y, progresivamente, fue aceptando la presencia de los extranjeros.

La cortesía y gentileza del emperador se ganaron la admiración de los españoles. Su persona llegó a despertar incluso profundas consideraciones y agradecimientos, pues su natural generoso le llevaba a hacer magníficos regalos y la sencillez con que los hacía impresionaba y admiraba a los teules. Moctezuma, cambiando de idea, se negó a seguir conspirando para su liberación. Era como una extraña fascinación la que existía entre mi padre y Cortés y que parecía absorber la energía del emperador. En aquellos tiempos, yo les odiaba a todos por igual, pero he de reconocer que Cortés siempre extremó su cortesía conmigo, intentando ganarse mis simpatías y respondía a mis gestos altaneros y a mis desplantes con sonrisas y dulzura.

Nos encontrábamos sin duda ante un hombre hábil. Su inteligencia era poderosa y su talante frío. Esto le hacía enormemente atractivo para el místico y venático personaje en que mi padre se había convertido. No sé cuál fue la razón, pero el hecho es que Moctezuma volvió a aceptar la idea de que ellos venían con un sublime propósito, traer una nueva luz a nuestro pueblo.

No me di cuenta entonces de cuánto estaba desvariando la mente el emperador. Yo, que seguía en contacto secreto con el consejo, a través de mi primo Cacama, seguí dándole informes precisos acerca de las maquinaciones de estos para insuflarle ánimos. Él ya no los necesitaba, al menos de nosotros. Fueron tiempos de horror los que siguieron para los mexicas.

Los augurios volvieron a hablar de muerte y destrucción. Un águila cayó muerta del cielo sobre el *teocalli* mayor. Los sacerdotes, siguiendo órdenes del consejo, iban a sacrificar varios cautivos para propiciarse al dios, cuando de pronto irrumpió el teul en medio de la procesión ritual disolviéndola y soltando a los prisioneros que huyeron en todas direcciones. Acto seguido, subió los empinados escalones del templo y al descubrir que habían sacrificado a varios hombres, perdió toda contención. Gritó espantosas injurias al dios, desenvainó la espada y ordenó a sus hombres que capturasen a todos los sacerdotes del templo. Una vez colocados en hilera en la plataforma superior, dio la orden de disparar. Sus tubos mataron con sus truenos a todos los celebrantes que allí había. No contentos con esto, después profanaron el santuario. Sacaron la imagen del dios, venerada durante cientos de años, del templete del *teocalli*, y horrorizado ante los coágulos de sangre fresca que aún se veían sobre la misma, la golpeó con su espada hasta quedar exhausto. Huitzilopochtli fue cortado en pedazos y derribado, junto con la imagen de Tláloc Tlamacazqui. Sus restos fueron quemados en una hoguera, que encendieron en medio de la explanada. Mataron a todos los que intentaban impedir el sacrilegio y saquearon los tesoros de los dioses con furiosa avidez. Estos, pese a la ofensa inferida, callaban impotentes, ante la fuerza avasalladora de los teules. Cuando la imagen mutilada del dios mexica fue arrojada en medio de las llamas, estas ardieron con una fuerza inusitada y antes de quemarse del todo el ídolo, un relámpago cayó sobre la pirámide incendiando el templo profanado. El dios parecía aceptar su destino. Su largo reinado tocaba a su fin y otro dios venía a suplantarle. Uno clavado sobre una cruz.

5

El águila ensangrentada

Tecuixpo toma aire antes de seguir escribiendo. Los recuerdos siguen siendo dolorosos a pesar del tiempo transcurrido. Pero debe continuar. Quiere que su hijo Juan conozca todo lo sucedido. Suspira y reanuda la escritura.

Moctezuma Xocoyotzin hizo todavía un último intento de liberarse cuando conoció la vandálica y sacrílega conducta de sus huéspedes. El consejo intentó sacarle de palacio, pero todo el plan fracasó estrepitosamente. Cortés intentó ganarse de nuevo el favor del soberano, extremando sus atenciones con él, y su diplomacia dio el fruto esperado. Mi padre, cuya cabeza ya no distinguía claramente entre el bien y el mal, se dejó llevar por un arranque de fidelidad a sus captores y les comunicó que se había urdido un plan para sacarle de su cautiverio; un complot contra los teules. Sin saberlo, fui el instrumento utilizado por ellos para desmontar la conjura.

Mi padre comunicó a Cortés que me iba a encontrar con el primo Cacama. Salí sigilosamente y llegué al lugar de la cita, donde Cacama me estaba ya esperando. Ante nuestra sorpresa, en un momento, nos vimos rodeados por españoles que nos habían aguardado escondidos en las sombras. Mi primo Cacama no intentó siquiera defenderse. Habría sido inútil. De este modo, el rey de Texcoco pasó a engrosar las filas de los habitantes del palacio de Axayácatl, mientras en la ciudad la crispación crecía.

Comprendimos que mi padre perdía a veces la noción de la realidad e intentamos hacerle agradable el cautiverio, distrayéndole con juegos y conversaciones banales. Sin embargo, aún debía soportar una nueva y definitiva humillación. Ante el miedo que los españoles tenían a una nueva tentativa de liberar al monarca que, de tener éxito, supondría una sublevación general, Cortés, imprudentemente, decidió encadenar al soberano. Yo, que iba comprendiendo la lengua de estos, pero que fingía ignorarla, me quedé sorprendida cuando dos de ellos suplicaron a Cortés que no cometiese tal ignominia. Inteligentemente, alegaron que esto no haría sino empeorar la situación, lo cual se mostraría después rigurosamente cierto. Pero Cortés era un hombre tozudo y una vez que decidía algo era difícil hacerle volverse atrás. No les hizo caso. Moctezuma tuvo que sufrir el tormento y el escarnio de ser encadenado a su propio trono. No cabía ya ningún equívoco. La situación era insalvable. Todo el imperio supo inmediatamente que su soberano era un prisionero.

Sus decretos durante este oscuro periodo fueron tan incoherentes que solo la terrible disciplina, adquirida tras siglos de dominación, puede explicar su obediente cumplimiento. Quauhpopoca, el tlatoani que había derrotado a Escalante, fue llamado a la ciudad junto con sus capitanes guerreros por orden del tlacatecuhtli. Lealmente acudió para ayudar a la liberación del monarca Moctezuma, quien en uno de sus momentos de enajenación le traicionó entregándole a Cortés. Este, severo e implacable, mandó erigir una enorme pila de madera en torno a un poste. Los orgullosos caudillos fueron conducidos maniatados hasta el centro de la misma y encadenados al madero. Allí, ante el estupor general, Quauhpopoca y sus guerreros fueron quemados vivos sin que el emperador moviese un solo dedo en su favor. Los mexicas querían creer que el terrible señor había sido engañado por Cortés, pero iba siendo de dominio común que la locura rozaba con sus viscosas alas la casa del emperador, y ante tal prueba del desfavor de los dioses, el pueblo ya no sabía siquiera en qué creer.

Huitzilopochtli les había abandonado a su suerte. Los dioses toleraban la presencia de los impíos teules y no provocaban terribles catástrofes tras las afrentas que en sus mismos templos habían recibido. Fue entonces cuando empecé a perder la fe en los esquivos dioses de mi infancia. En los horrores que habían de seguir, fue como una angustiada liberación interior. Mi mente empezó, inconscientemente, a abrirse a nuevos horizontes. Comencé a comprender que el destino no podía ser rígidamente controlado por unos seres inmortales sedientos siempre de sangre. Esto empezó a parecerme aberrante y antinatural. Sentí un inmenso alivio cuando cesó la continua procesión de sacrificios a los que no había acabado nunca de acostumbrarme. El Cristo de los españoles era bondadoso como nuestro Quetzalcóatl. Casi podría decirse que eran uno y el mismo. Así, mi veneración por Quetzalcóatl facilitó el tránsito. Las enseñanzas de Ehecateotl también me ayudaron. La conciencia era lo más importante y esta se conseguía adorando y sirviendo al bien, cualesquiera que fuese el nombre que los hombres le dieran.

Tampoco podía habituarme a ver a mi padre encadenado. Los demás querían compartir su destino con él. Se establecieron turnos rigurosos para aliviar el dolor que los grilletes producían en las muñecas y tobillos del tlacatecuhtli.

Fue un acto último de veneración de su alicaída corte. Todos se disputaban el honor de asistir al monarca intentando introducir finísimas telas entre las cadenas y la delicada piel del emperador: muchos altos señores pidieron a Cortés, como prueba de devoción a Moctezuma, sufrir el mismo trato que el soberano. El desbarajuste que se produjo en palacio con tantas visitas y atenciones como recibíamos facilitó la huida de mi primo Cacama. Cortés se puso lívido cuando se lo comunicaron. Comprendía mejor que nadie el peligro que se cernía. Fría y concisamente dio órdenes estrictas, reforzando la vigilancia de los cautivos, que nadie se atrevió a incumplir.

La rebelión estaba en marcha y el teul lo sabía. Su genio e intuición le hicieron perfilar una nueva estrategia. Sabía que no estaba preparado para defender el palacio de un ataque masivo. Con sigilo y astutamente, consiguió apoderarse de las principales vías y edificios de la capital. La suerte le sonrió abiertamente de nuevo. Su extraña conducta y la preocupación que sentía por la suerte del emperador hicieron caer al soberano de Texcoco y a Cuitláhuac, el hermano de mi padre, en una trampa. El alivio de Cortés se hizo evidente tras la captura de estos y se extendió a sus hombres. Los príncipes prisioneros fueron cargados de cadenas y sometidos a estrecha vigilancia. También consiguió capturar a mi abuelo Totoquihuatzin de Tlacopan en un golpe fortuito. Esto hizo que, de los líderes del pueblo, solo Cuauhtémoc quedara en libertad para seguir intrigando contra los extranjeros. La partida estaba en tablas. Estábamos en una situación de tensa espera.

Mi padre, sumido en un profundo fatalismo, casi no se dio cuenta cuando Cortés, movido por la compasión y probablemente también a causa de la fidelidad que el soberano le había demostrado ya tantas veces, le quitó él mismo las cadenas disculpándose y le abrazó, llamándole hermano. Aprovechando el desvarío de Moctezuma, le hizo declarar públicamente la sumisión del imperio a la soberanía de Carlos I que, según luego supimos, reinaba en la lejana y poderosa España. Con este acto, Moctezuma dio carta jurídica al dominio español sobre México, como llamaban a la ciudad de Tenochtitlán y al virreinato de Nueva España, cosa que nosotros ignorábamos. Así fue como empujada por un extraño destino entró la nación mexica en la historia de otro mundo, mientras la noche cósmica caía sobre el Anáhuac.

La suerte parecía sonreír plenamente al extraordinario caudillo extranjero. Había conseguido el éxito en casi todos sus propósitos. Tenía bajo custodia la persona imperial y estaba intentando ejercer el control sobre un vasto imperio paralizado. Además, había logrado aprisionar a los principales jefes rebeldes, destrozando sus dioses y ganado altos honores para su persona y sus hombres. Pero, de repente, algo cambió. Una noche llegó discretamente un mensajero. Cortés le recibió en privado y tras oír las nuevas que traía, convocó a sus oficiales a un consejo que se realizó a puerta cerrada. A pesar de que intenté escuchar a escondidas, no fui capaz. Solo conseguí ver sus rostros preocupados cuando salieron, una vez concluida la reunión.

Los mexicas, sorprendidos, vieron salir al teul, acompañado de una gran parte de sus hombres. Todos nos preguntábamos qué era lo que había pasado, pero Cortés no dio explicación alguna acerca de su destino. Sin embargo, su secreto no estaba seguro. Yo, Tecuixpo, no iba a parar hasta enterarme. Me acerqué disimuladamente a varios hombres que hablaban y oí cómo estos, que estaban al mando de Tonatiuh «cabellos rojos» al que ellos llamaban Alvarado, protestaban y se quejaban. Este les mandaba callar, pero al poco los hombres volvían a murmurar entre ellos. El descontento era evidente.

No sabiendo qué hacer, salí a pasear por el patio de las cinco fuentes. El agua cantaba suavemente con un murmullo tranquilizador. Los días anteriores habían sido de mucha tensión y me quedé adormilada, al poco tiempo de haberme echado sobre un montón de cojines, mientras la canción familiar y dulce de los surtidores sosegaba mi alterado espíritu. De improviso, el silencio fue roto por unas voces extranjeras que me despertaron de mi sueño. Alvarado había salido al patio con su lugarteniente y se iban acercando, mientras conversaban, hasta el rincón donde yo estaba. Me escondí silenciosamente entre los cojines para que no me vieran y agucé el oído pues hablaban en voz baja. De su conversación saqué una información de gran trascendencia. Cortés no era un señor supremo como habíamos creído. Otro señor más grande que él, al que llamaron Velázquez, era su enemigo. Este había enviado hombres armados para reclamar las conquistas del teul, al mando de Pánfilo de Narváez. No sé por qué, pero este extraño nombre se me quedó grabado en la memoria nada más escucharlo.

Lo que acababa de descubrir era un acontecimiento de primera magnitud y yo debía comunicárselo a los míos. Con impaciencia, esperé a que se fueran, para correr a informar al primo Cacama, por si este conocimiento les era de alguna utilidad. En efecto, Cacama y Cuitláhuac consideraron la noticia extremadamente interesante. Saber que había pugnas entre los teules era importante. Con cierta facilidad lograron comunicarlo al exterior, y Tenochtitlán entera esperó con ansias la destrucción mutua de los contrincantes y la liberación del yugo extranjero. Los ochenta españoles y los quinientos indios tlaxcaltecas que vigilaban la residencia Axayácatl empezaron a ponerse nerviosos ante la hostilidad muda, pero casi palpable de la ciudad.

Esto aconteció a primeros de mayo. El azar hizo que la partida del teul coincidiera con el festival del quinto mes, una antigua y solemne fiesta que duraba veinte días. Moctezuma pidió a Alvarado en nombre de su pueblo que consintiese en la celebración del mismo. El ambiente de Tenochtitlán era tan agresivo hacia los extranjeros que Tonatiuh cedió. No obstante, se quebró la antigua costumbre de que el emperador en persona presidiera las fiestas e inaugurara solemnemente el festival. A esto Alvarado se negó rotundamente, temiendo una conjura. Se llegó a una solución de compromiso. Yo,

Tecuixpo Ixtlaxóchitl, y mi hermano el príncipe Axayácatl representaríamos a nuestro padre en la ceremonia.

Nunca podré olvidar el recibimiento solemne que nos hizo el dolorido y encolerizado pueblo tenochca cuando salimos de palacio llevados en andas, la multitud se arrodillaba y lloraba de emoción a nuestro paso. Las muestras de amor y de respeto que recibimos impresionaron a mi joven hermanito, el cual miraba fascinado los curtidos rostros de guerreros que habían luchado en muchas batallas, surcados de lágrimas ante la presencia de los príncipes imperiales. De ahí arranca el indisoluble vínculo que me une a la población de Tenochtitlán. Desde entonces, correspondí a ese amor generoso y sincero con un amor y una fidelidad sin desfallecimiento. Desde entonces, he luchado por ellos siempre sin desmayo, en los buenos y en los malos tiempos. Las andas parecían volar por encima de las cabezas de la multitud enfebrecida. Nos subieron, manteniendo un difícil equilibrio, hasta la plataforma superior del dañado *teocalli* mayor. Allí nos sentamos en los sitiales que correspondían a los hijos del terrible señor de todas las tierras.

Me olvidé de los españoles y de los terrores pasados por un momento. Mi pueblo me adoraba y estaba pendiente de cada uno de mis gestos. Ya llegaba la procesión ritual de los mancebos, preparados para el sacrificio. Todo iba a ser como siempre había sido. Así lo creímos todos hasta que, de repente, se oyeron los ya familiares truenos que producían los arcabuces, aquellos malditos y odiados tubos que mataban a distancia. Nuestra pesadilla continuaba sin darnos apenas respiro.

Un destacamento de españoles al mando de Alvarado osó interrumpir la sagrada ceremonia a pesar de que había sido autorizada por ellos. Los cautivos fueron liberados y los españoles, tras recibir la orden del odiado Tonatiuh, dispararon y golpearon a la multitud desarmada. Muchos hombres y mujeres fueron asesinados en la gran plaza, mientras nuestros guardianes, rodeándonos y protegiéndonos con sus vidas, nos llevaron como pudieron hasta el palacio de Axayácatl. Cuando llegó el Tonatiuh, parecía la imagen viva de un dios mexica. Cubierto de sangre de la cabeza a los pies, los ojos chispeando de ira, se dirigió al trono donde el emperador sorprendido vio cómo, de nuevo y sin mediar explicación alguna, lo encadenaban al trono sagrado de sus mayores.

Había llegado el momento esperado por todos. La nueva ignominia del impolítico caudillo provocó un baño de sangre. Cuitláhuac y Cacama delegaron en Cuauhtémoc, el único de los cabecillas de la conspiración que no estaba preso, la dirección del ataque. Oleadas de mexicas gritaron su odio a los extranjeros mientras asaltaban el hermoso palacio que antaño elevaran con orgullo. El hijo de Ahuizotl lo hizo bien. La situación de los sitiados se hizo precaria. Noche y día, sin descanso, el palacio sufrió un ataque continuo. El 29 de junio, la situación empezaba a ser crítica; las bajas tlaxcaltecas eran grandes, y los españoles diezmados hubieron de abandonar varias alas del gran palacio de más de cien puertas. En ese momento crítico llegó Cortés, que, viendo lo complicado de la situación, ordenó disparar los cañones sobre los atacantes. La multitud se dispersó expectante. Los mexicas, consternados, supieron que el teul no había sido derrotado. Ni siquiera había habido batalla. Las huestes de Narváez, tras arduas negociaciones, habían engrosado las menguadas de Cortés. Este hecho produjo una pausa en los ataques.

El teul desmontó y entró como una exhalación en palacio. Mientras le informaban acerca de la situación se encaminó al salón del trono donde el emperador encadenado acariciaba mis cabellos con los últimos restos de dulzura que quedaban en su humillada y marchita persona. Cortés, avergonzado, le quitó de nuevo las cadenas y disculpó como pudo la torpeza de su lugarteniente. Moctezuma Xocoyotzin sonrió indiferente, sin escucharle ni vituperarle. Había llegado al punto en que un hombre toca fondo. Nada quedaba de su pasado esplendor. Solo era una sombra amorfa del que antaño fuera.

Tras ser desencadenado, se alzó del trono, me cogió de la mano y, en silencio, seguido por su guardia permanente, me condujo hasta el jardín de especies exóticas, que en su juventud había pensado plantar. Las maravillosas flores se hallaban algo descuidadas por efecto del sitio. Aquí y allá algunas plantas estaban rotas, pero de las flores que quedaban emanaba un intenso aroma que embriagaba el olfato. Paseamos despacio y silenciosamente. Su miraba buscaba recuerdos a los que asirse en su zozobra y los halló. Su rostro, avejentado y triste, fue serenándose paulatinamente. Parecía haber alcanzado al fin una paz serena y distante. Su mirada era como una luz que después de haber estado mucho tiempo apagada volvía a encenderse, tímidamente.

Entonces me habló. Sus palabras sonaron suaves y tranquilas, cuando me dijo:

—Tecuixpo, hija mía, los años han pasado y con ellos has florecido hasta ser más hermosa que cualquiera de las flores de mis jardines. Te he visto nacer. Alegraste mis días desde el momento en que abriste los ojos a la luz. Has sido mi consuelo en la aflicción; el báculo en que he apoyado mi dignidad maltrecha por tantas humillaciones. Y todo has sabido asumirlo y soportarlo con la dignidad, el orgullo y la entereza de nuestra antigua raza. Incluso, y pese a tu corta edad, has sido más fuerte y ecuánime que yo. Has visto donde yo estuve ciego y has encendido una luz para tu padre, el triste soberano caído, donde este no veía más oscuridad y dolor. Creo en ti, que eres lo mejor de mi semilla, más de lo que jamás creí en nada ni en nadie. Nunca olvides estas palabras de tu padre que sabe que su final está cerca.

Palidecí ante la sentencia que mi padre pronunciaba sobre sí mismo. Intenté protestar, pero no me dejó ni siquiera abrir la boca. Apoyando su mano en mi hombro, continuó hablándome:

—Sí, hija, sí. Por eso, porque sé que mi fin está cerca, quiero hablarte. He vuelto a soñar esta noche. Estaba profundamente dormido, cuando me sorprendió el fulgor familiar de una visión. Un águila, altiva y hermosa, volaba por un cielo tranquilo, cuando, de pronto, una bandada de pájaros blancos se abatió sobre ella. Sorprendida, no pudo resistir el inesperado ataque y cayó. Los pájaros blancos la miraban mientras descendía hasta perderse de vista. El águila, aturdida, intentó reaccionar. En su camino vio un saliente donde podía posarse. Se acercó esperanzada a él, pero allí estaba el dios Tezcatlipoca. Mostró una sonrisa cruel mientras lanzaba una piedra, con certera puntería, sobre su cabeza. El águila ensangrentada cayó del cielo y se estrelló sobre el duro pavimento. Y este no era sino el de este palacio que fue de mi padre y en el que sé que moriré, pues como puedes imaginarte, esa águila era yo.

Su expresión tenía una dulzura infinita cuando me acarició, tratando de consolarme.

—No me llores, Tecuixpo queridísima. No sufras recordando el triste despojo en el que me he convertido. Recuérdame como fui antaño, fuerte y poderoso. Lucha por ti y por el pueblo mexica. Yo no he sabido hacerlo y debo pagar mi precio. Ofrezco este simulacro de vida, sin valor alguno, a los dioses para que nuestra casa recupere su gloria. ¡Cuán tarde ha vuelto la claridad a mí! ¡Cuánto os he dañado a todos! Perdóname, hija mía. Perdóname —siguió diciéndome—, porque no he sabido estar a la altura de lo que los dioses y los hombres esperaban de mí. Pero sé que aún es tiempo de arreglar mis yerros. Por fin veo claro el camino, ahora que la muerte está cerca.

Se había producido en él una auténtica metamorfosis. De nuevo era el emperador el que hablaba. Las lágrimas anegaron mi rostro mientras él sonreía. Todo mi ser se estremeció ante sus palabras. Supe que, por mucho tiempo que pasara, quedarían grabadas a fuego en mi memoria, como así ha sido.

Lo que siguió fue el último acto del drama de la vida de mi padre. La rebelión encendía al pueblo y Cortés, después de informarse de los acontecimientos que la habían provocado, se ensombreció. Su mente de sagaz político veía claramente que el error de Alvarado podía ahogarlos en un baño de sangre. Sabía que no contaba con fuerzas suficientes para resistir un asedio en toda regla y buscó una solución a la desesperada. Acudió a Moctezuma y le habló de la difícil situación en que se hallaba. Cortés, absorto como estaba en sus propias dificultades y pensamientos, no captó, como hubiera debido, la entereza y la cordura con la que mi padre le contestaba. Como último recurso había pensado utilizar la figura del emperador para aplacar al pueblo.

Nunca pudo imaginarse que Moctezuma tuviera aún algún recurso para oponérsele. Era la hora de cumplir su destino. Ofreció astutamente al teul todo su apoyo. Le propuso, incluso, convencer a su hermano Cuitláhuac para que calmase, en su nombre, a los rebeldes. El inteligente español fue hábilmente engañado por el mexica. Moctezuma Xocoyotzin convocó a su hermano a la imperial presencia. Cortés ordenó que le quitaran las cadenas como gesto de buena voluntad. Cuitláhuac captó al instante lo que se le había escapado a Cortés. El emperador volvía a estar cuerdo. El soberano expuso a su hermano lo que había ideado con el español, mientras le miraba fijamente. Cuitláhuac le siguió el juego en todo momento, mostrándose renuente a realizar la misión. Moctezuma insistió. Al fin, tras una corta pugna, Cuitláhuac se inclinó, aparentemente ante los deseos imperiales. Iría a parlamentar con su primo Cuauhtémoc en nombre del emperador.

Aprovechando el momentáneo relajamiento de Cortés, Moctezuma jugó una baza arriesgada. Era imperativo para él reunirse a solas con la familia imperial. Su brillante cerebro había ideado una sutil estrategia para librar a su pueblo y librarse a sí mismo de la vergüenza de su triste situación. En su majestuoso y marchito rostro no pudo leer el español la intensidad de su deseo, cuando de modo casual le pidió autorización para reunir a toda la familia en un ágape a la antigua usanza. El genio de Moctezuma le hizo invitar a Cortés a que se uniera a ellos en la celebración. Este agradeció mecánicamente la invitación, disculpándose, como mi padre había previsto, por no poder acudir, debido a sus muchas ocupaciones en esos difíciles momentos. No obstante, deseoso de congraciarse con el emperador autorizó, sin sospechar nada extraño, la reunión. Mi padre se había salido con la suya.

Nos reunimos en la sala del Quetzaltototl. En esta habitación acogedora, todo estaba inspirado en el imperial símbolo del pájaro quetzal. Las paredes, de color verde tornasolado, estaban tapizadas con sus exquisitas plumas. Quetzales disecados nos miraban desde sus altas perchas de rara y preciosa forja. Los cojines y asientos estaban tapizados de las más ricas telas, todos ellos con el emblema o el dibujo del pájaro sagrado mexica. Todo recordaba allí el mundo de antaño, intocado por los extranjeros.

Los primeros en llegar fuimos mi padre y yo. Moctezuma no me había dicho ni una palabra acerca de lo que se proponía hacer. Yo pensé que había convocado la reunión para despedirse de ellos, pero mi padre aún había de sorprenderme. Poco después llegaron Axayácatl mi hermano, Cacama de Texcoco y Cuitláhuac, mi primo y mi tío. El último en aparecer fue mi abuelo, pues, para sorpresa de todos, llevaba del brazo a mi madre. La abracé cariñosamente y después ella miró a su marido con una inmensa ternura y se sentó como solía, al lado de mi padre, sin pronunciar palabra alguna, pues entre ellos eran innecesarias. Eran un solo espíritu repartido en dos cuerpos. Allí estábamos reunidos, a solas por primera vez en muchos meses, lo que quedaba de la orgullosa y antaño todopoderosa familia imperial mexica. Tras la llegada de Totoquihuatzin se cerraron las puertas y, por orden de Cortés, los guardias permanecieron fuera.

Al quedarnos solos, todos unánimemente, actuamos como impulsados por un poderoso ansia interior y recobramos el antiguo y rico ceremonial que la prisión y los teules habían alterado con su presencia. Uno a uno, todos mis parientes se postraron ante el emperador, en el antiguo signo de acatamiento. Moctezuma aceptó sobriamente el homenaje, como alto soberano de Tenochtitlán. Señaló con un gesto los manjares que quería degustar del sofisticado menú que los cocineros imperiales habían preparado para la ocasión e indicó, como hiciera antaño, lo que cada pariente debería de probar, atendiendo a sus gustos.

Una vez servidos, comimos de pie ante la augusta presencia que, sentado, disfrutaba de este momento de paz. Acabados los postres, el alto soberano pidió su chocolate hirviente. Como siempre, le fue servido en el tazón de oro que, extrañamente, nadie había osado tocar. Sonreía suavemente cuando nos habló. Volvía a ser el inteligente y severo soberano que el consejo eligiera antaño. Con su voz serena y bien timbrada, se dirigió a nosotros que deseábamos conocer las razones de aquel encuentro.

—Aquí estamos reunidos, carne de águila imperial, sangre del sagrado quetzal, mis más allegados parientes, mis hijos —dijo, señalándonos—, mi hermano Cuitláhuac, mi sobrino Cacama, hijo de mi hermana, mi suegro

Totoquihuatzin y mi amada esposa Teizalco. Muchas son las cosas que podría deciros. Muchas las que debería explicaros, pero ya es tarde para eso. Mis ojos vuelven a ver tras una larga ceguera; mis oídos a escuchar la voz del pueblo y mi armoniosa totalidad vuelve a regir en estas tristes circunstancias. —Todos escuchaban en silencio, respetuosamente. Moctezuma siguió—: No creáis que esta comida ha sido un capricho nostálgico. He estado reflexionando intensamente desde el momento en que he vislumbrado mi muerte y esa es la razón por la que todos esperamos aquí, ahora.

Todos los rostros demostraron asombro y duda, salvo el de mi madre.

—No, familia mía, no creáis que he recaído en la locura; que no sé lo que hago, ni lo que digo —insistió—. Todos los aquí presentes, salvo mi querida esposa Teizalco, seréis, desde este momento y por obra de mi deseo soberano miembros del consejo. Tú, Cuitláhuac, que ya lo eras desde antes, eres confirmado aquí y ahora en tu alta dignidad. —Moctezuma asintió y continuó hablando—: Ahora, señores del consejo, emperatriz Teizalco y princesa imperial Tecuixpo, quiero que atestigüéis ante el pueblo que renuncio al trono imperial de Tenochtitlán. Así estaba escrito en el cielo. He tenido una visión que me ha hecho comprender muchas cosas. La oscuridad ha caído sobre Anáhuac, pero podemos evitar que los teules destruyan el sagrado conocimiento antiguo. Debemos ocultarlo a sus ojos. Son hombres de razón que no entienden la magia ni armonía. Solo les interesa el oro y el poder. ¡Sea pues!

»Mi renuncia, como sabéis, es válida. Soy el poder supremo en la tierra y solo los dioses pueden reclamarme explicaciones sobre mis actos. Sé que lo harán muy pronto. Es, pues, mi última decisión como emperador que elijáis a mi hermano Cuitláhuac, aquí y ahora, como tlacatecuhtli de Tenochtitlán, en mi presencia y con mi aval, pues creo que es el soberano que necesitáis en este momento. Tenemos poco tiempo y el cumplimiento de esta última orden que os doy es vital para la supervivencia de todo nuestro legado. ¡No os demoréis! ¡No dudéis! ¡Debéis obedecerme! Porque mucho es el trabajo que hay que realizar hasta que llegue el ocaso.

Mientras hablaba se levantó del sitial en que había permanecido sentado. Se quitó los atributos imperiales que había usado desde la coronación y se inclinó ante el tío Cuitláhuac, imponiéndole los sagrados ornamentos del poder. Todos confirmaron la elección. Todos se postraron ante el nuevo huehuetlatoani Cuitláhuac. Las cartas estaban echadas. Moctezuma había jugado y ahora solo nos quedaba esperar y ver los resultados.

La conspiración del silencio triunfó. Los españoles no se dieron cuenta de la enorme importancia de lo que había acontecido dentro de la sala. Cuando abrieron las puertas, salimos todos de la habitación con una extraña sensación entremezclada de alegría y tristeza en nuestros corazones. Mi padre, liberado de su carga, fingió seguir siendo la encarnación viva del poder, el tlacatecuhtli mexica, mientras el nuevo tlatoani salía de palacio para dirigir la rebelión.

El orgullo me embargaba. Mi padre había sabido burlar al burlador. Nuestra dignidad imperial estaba a salvo, por fin.

Cuitláhuac no tardó en llegar hasta Cuauhtémoc. El consejo, reunido al efecto, reconoció las insignias imperiales y lo ungieron y coronaron con sigilo y secreto. Un rugido de alegría surgió de millares de gargantas cuando conocieron la buena nueva. Los mexica tenían un nuevo emperador, el señor Cuitláhuac, el guerrero infatigable y animoso, el caudillo victorioso de tantas batallas. Los capitanes acudieron en masa preparados para luchar. Los guerreros águila y jaguar se prepararon para combatir a muerte. La batalla por el palacio iba a reanudarse y esta vez hasta el final.

Desde dentro, Cortés, que desconocía las nuevas, veía cómo a cada hora iba tornándose más y más amenazador el ambiente. No podía comprender lo que pasaba. Creía seguir teniendo en su poder al emperador y pensó que este podría calmar con su presencia a los belicosos mexicas. Al concentrarse una masa hostil en la plaza, ante el palacio, temiéndose lo peor, urgió a mi padre para que saliese al balcón principal a calmar a sus súbditos. Él no sabía que le estaba hablando a un príncipe y no a un alto soberano. Sin embargo, Moctezuma era consciente de que el destino llamaba por última vez su presencia a escena. Antes de salir nos miró a mi madre y a mí con un profundo amor y sonriendo levemente, como si de una inocente broma se tratase, acudió con alegría a la terrible cita. Frágil, ascético, delgado y encanecido, conservaba, no obstante, una majestad intangible.

El griterío de fuera era ensordecedor. El ataque estaba a punto de iniciarse. En medio de este maremágnum de voces, gritos y preparativos, surgió la figura de Moctezuma en el balcón, tranquila y desarmada, como una aparición que silenció, en un voluble instante, el estruendo precedente. Por primera vez, su pueblo le miraba a la cara. El lazo sagrado se había roto y él no era sino un ciudadano de altísimo rango sin ningún poder frente a la muchedumbre.

Solo duró un instante la turbación de la masa. El pueblo, enardecido y furioso, no pudo ser contenido por la frágil presencia de Moctezuma. La magia se desvaneció rápidamente. El rugido de la multitud creció. ¡Era la hora de la locura! Los asaltantes vieron detrás de la figura del antiguo monarca a un español que intentaba en vano quitarle del balcón. No esperaron más y lanzaron las primeras piedras contra los sitiados. Moctezuma se mantuvo inmóvil como una estatua mirando cómo su pueblo atacaba. Su corazón se alegró al ver el producto de su maquinación. Los mexicas habían sido liberados. Se sentía en paz consigo mismo. Sonreía dulcemente, cuando una piedra le alcanzó en un sien. Su cuerpo cayó hacia atrás, pero unas manos fuertes lo frenaron trasladándolo al interior de palacio. Allí lo dejaron sangrando inconsciente en el suelo.

Mi madre y yo acudimos corriendo a socorrerle, presas de una terrible angustia. Intuíamos que el fin que nos había anunciado llegaba. Él moría feliz. Cuando recuperó la conciencia, mi madre ordenó que lo trasladasen a sus habitaciones. Yo besé su mano querida y, a instancias de Teizalco, marché en busca de un sanador. Este llegó a toda velocidad y se puso concienzudamente a examinar la herida. Cuando salió de las habitaciones de mi padre le seguí para enterarme de lo que le decía mi madre. No le dejó siquiera preguntarle. Nos miró gravemente y nos dijo que la vida del emperador estaba ahora en manos de los dioses. Él no podía hacer ya nada por su antiguo soberano. La piedra había fracturado el cráneo de Moctezuma haciéndole una herida mortal. Se retiró de nuestra presencia con lágrimas en sus bondadosos ojos.

Mi madre y yo le acompañamos en sus últimas horas. Su semblante no perdió la serenidad durante ese tiempo. Su mirada amable agradecía nuestros cuidados y nos daba ánimos. No volvió a pronunciar palabra alguna. Su vida se extinguió calladamente. Emitió un último suspiro y después, sus ojos se volvieron vidriosos y fijos. Entonces comprendí que había muerto. ¡No podía creerlo! ¡No podía asumirlo! Yo, que aún no había cumplido los diez años, ese 30 de junio de 1520, me había convertido en una huérfana imperial y mi madre lloró conmigo esa noche lágrimas de orgullo y dolor.

6

Tecuixpo emperatriz

Doña Isabel de Moctezuma se queda pensativa. Lleva muchas horas escribiendo y, poco a poco, los recuerdos antiguos, sepultados en su memoria, al salir le han producido una catarsis liberadora. Una trémula lágrima ha escapado de sus ojos oscuros y hermosos mientras escribía y recordaba la triste muerte de su padre. Y es que ese día aciago, la Segadora tenía aún mucho trabajo por delante. La noche del 30 de junio de 1520 fue una orgía de muerte y destrucción; de locura y desahogo; de desenfreno y de huida; de truenos y sangre. Fue la noche trágica del apocalíptico odio de los antiguos dioses y del pueblo mexica. Para los españoles, mucho más comedidos a la hora de recordar, fue solamente la Noche Triste.

La princesa se obliga a continuar con los penosos recuerdos que siguen a la muerte de su padre. Una vez más, se fuerza a continuar escribiendo. Renuentemente, la pluma rasga el pergamino.

Cortés recibió con pesar las noticias del fallecimiento del emperador. En aquellos oscuros momentos en que sus vidas estaban en juego, tuvo la deferencia de dedicar unos minutos de su tiempo intentando consolarnos de nuestra pérdida. Él era así. Duro e inflexible, pero justo, a su manera, poseído por una extraña visión que le hacía seguir adelante y luchar bajo las más agudas presiones. Agradecí el gesto en medio de mi desgracia. Sabía que mi padre había llegado a apreciar su persona y yo, luchando entre dos mundos, ya no sabía si odiar o comprender a los que tanto tiempo habían convivido con nosotros. Mi madre, desolada, estaba como en otro mundo.

En cualquier caso, ya no era capaz de detestarlos a todos. Eran seres humanos, caras conocidas, personas. Recuerdo que muchos de los que habían guardado a Moctezuma lloraron su muerte. De él se llevaron el recuerdo de un amable y bondadoso señor que, a pesar de su prisión, había mediado en muchas disputas y se había ganado el sincero aprecio de muchos. Pese a ello, el dolor aún debía verterse hasta la última gota de su cáliz pagano. La sed de sangre de los mexicas era mucha y Cuitláhuac la excitó hasta el paroxismo.

El ataque se recrudeció con el atardecer de Tenochtitlán. Cortés, desconociendo la existencia del nuevo tlatoani, no podía explicarse los acontecimientos. Ante el gravísimo peligro que corrían sus huestes en el indefendible palacio, decidió salir de la ciudad en una retirada que pretendía ser ordenada para eludir una peligrosa batalla que no podía ganar. ¡Cuán diferentes fueron los hechos de cómo los planeara!

Sin embargo, al principio, pareció que el español conseguiría su propósito. Sin perder tiempo ni dejar que los demás lo hicieran, empezó a impartir órdenes. Hizo disparar los cañones y abrió una de las puertas para poder comenzar la retirada. Los guerreros mexicas, comandados por Cuitláhuac, le permitieron el paso, por órdenes del nuevo huehuetlatoani. Cortés quiso que lo que quedaba de la familia imperial le acompañase en su retirada, un movimiento hábil pensado para frenar posibles ataques indiscriminados a sus tropas, pero que no le sirvió de nada. Una vez que estuvimos todos fuera, de nuevo cayeron sobre nosotros oleadas de guerreros, presas de una terrible sed de sangre. Los velos de la noche llenaban de oscuridad las calles. El primo Cacama, mi guardián, me cogió en brazos. Comenzaba la más terrible de las pesadillas que he sufrido en toda mi vida.

Los disparos españoles causaban una terrible mortandad entre los atacantes, pero los guerreros que caían eran inmediatamente sustituidos por otros que embestían, si cabe, con más furor. Una avalancha de flechas y piedras caía por todos lados sobre los que huíamos. A mi lado, vi caer cuerpos acribillados de personas que dolorosamente reconocía. El primero en morir fue mi hermanito Axayácatl, que mi abuelo Totoquihuatzin llevaba en sus brazos. Una gran piedra golpeó su pequeña cabeza. Mi abuelo gritó preso de dolor y desesperación, y se paró. Era un soberano orgulloso. Se irguió y decidió no seguir huyendo. De repente, no sé si fue un disparo o una flecha, le alcanzó por la espalda. Yo miraba su cara bondadosa mientras abrió los ojos desmesuradamente y levantó las manos en un gesto último de dolor, para caer muerto, a dos pasos de nosotros.

También vi morir a mi madre, la dulce emperatriz Teizalco. Muchos españoles caían también; unos heridos y otros muertos. Nuestro paso era un auténtico calvario, mientras Cortés dirigía como podía la desordenada retirada de sus fuerzas fuera de la vengativa capital. La hilera se hizo más fina. Muchos grandes señores y príncipes cayeron a nuestro lado. Cacama fue herido en el noble rostro y con su cuerpo me protegió de los golpes de las piedras, que él sufrió con serenidad. Era como un semidiós al que no podían destruir. Cuando sus fuerzas estaban al límite, me puso en brazos de uno de mis servidores más leales, dándole la orden de escapar conmigo y de ponerme a salvo. Este, obedeciendo la consigna, poco a poco, se fue distanciando de los españoles quedándose detrás del hostigado grupo. Tenía una misión que quería cumplir y desdeñosamente rechazó la idea misma de fallar. Cuando doblamos un recodo, en un descuido de los españoles, escapamos de la terrible procesión de muerte que seguía a la huida.

El noble guerrero no se paró ni un segundo a descansar. Sus fuerzas empezaban a flaquear. Por las callejas y canales de Tenochtitlán anduvo en sentido contrario al que habíamos seguido hasta llegar a las puertas del palacio de mi padre. Allí me depositó con reverencia en el suelo y con una mirada vidriosa me dijo:

—Ya estás segura, mi princesa. No te olvides nunca de mí, pues he entregado mi vida por ti.

Y entonces, ante mis horrorizados ojos, cayó al suelo, muerto, a mis pies. Sonreía mientras la sangre que se llevaba sus últimas fuerzas se derramaba por el empedrado suelo de mi casa paterna. Grité como una loca. Xuchil apareció en el marco de la puerta y yo perdí el sentido no sin antes haber blasfemado contra los dioses y los hombres que habían permitido que murieran todos aquellos a quienes yo quería.

Desperté en mi cama. Abrí los ojos reconociendo todas las cosas que en mis nueve años había acumulado ahí. Mis muñecos de plumas, mis tapices favoritos, mis objetos personales. Todo estaba en su sitio. Era como despertar de una angustiosa pesadilla. Todo me transportaba al pasado, pero era una falacia. Yo sabía que mi mundo se había roto en mil pedazos. En una noche había perdido a todas las personas que me habían criado y las que había querido, salvo mis nodrizas. Mi orfandad era ahora mucho más real y profunda.

Habían muerto mi padre, mi madre, mi hermano, mi primo Cacama, mi abuelo y muchos de mis medio hermanos, en la sangrienta y terrible huida. Del mundo amable de mi niñez solo me quedaban Xuchil y Xochiquétzal, las cuales habían venido a casa de mi padre, por orden mía, para recoger algunas cosas, antes de que se produjesen los acontecimientos que nos habían hecho huir. Este azar les había salvado la vida. Ellas se volcaron sobre mí, intentando consolarme en vano de tanta pérdida. No obstante, sus atenciones fueron tantas que me emocionaron profundamente. Renovando la promesa que habían hecho a mi madre, me juraron por lo más sagrado que nunca me abandonarían, que siempre estarían conmigo y que me cuidarían hasta que las fuerzas les durasen. Yo las dejé hacer. Estaba desolada y no podía casi hablar. Solo podía pensar en los que se habían ido para siempre. Mi vacío interior era como un agujero que nada podía cerrar ni llenar. No podía ni siquiera llorar. También mi sabio preceptor Ehecateotl había desaparecido, aunque en este caso no sabía si estaba vivo o muerto.

Días y días vagué por los cuidados jardines de palacio, sin que nada me hiciese reaccionar. Oscuras sombras poblaban mis pensamientos. Me costaba asumir la terrible verdad. Mi hermanito ya nunca volvería con sus juegos ruidosos a turbar mi paz ni a regalarme mi alegría. ¡Cuánto los echaba de menos! Solo había silencio donde antaño reinaron la risa y la alegría. Entregada a mi tristeza nada de lo que acontecía fuera de los protectores muros de mi casa me interesaba. Me estaba metiendo en una absurda torre de cristal para evitar sentir que me alejaba de todos. Incluso llegué a pensar en retirarme a algún lugar perdido donde nadie pudiera hallarme. Había sufrido tanto que me había bloqueado interiormente. Prefería no volver a querer a nadie, antes que volver a sufrir. Pero esta situación no podía durar en alguien que había sido educada en la conciencia y el trabajo interior desde la infancia. La ciudad iba a reclamarme pronto y mi deber me iba a impulsar hacia adelante.

En efecto, pocos días más tarde, mi único tío superviviente, Cuitláhuac, tlatoani de la ciudad me hacía una visita. Yo no quería ver a nadie, pero como princesa imperial no podía negarme a recibir a mi soberano. Con cierta desgana le dejé entrar. Su presencia vino a sacudirme de arriba a abajo. Su fuerza me impactó; la claridad de su mente más aún. El señor de Ixtapalapa me habló de deber y honor; de obligaciones y peligros, de la gran sombra que nos acechaba a todos. Me sacó de mi mundo de tristes ensueños y me pidió que me casara con él para reforzar su posición de soberano, dadas las extrañas circunstancias de su elevación al trono mexica. Recordé las palabras de mi padre Moctezuma y acepté. El pueblo me amaba y yo me debía a él. Mi torre de cristal se rompió, pulverizada ante el peso de mi deber y me sentí aliviada de poder escapar de mi sentimiento autodestructivo.

Una vez tomada la decisión no había tiempo que perder. Se preparó una gran ceremonia. Los dioses, cuyos templos no habían sido saqueados, fueron propiciados. Una nueva imagen de Huitzilopochtli presidía el *teocalli*.

La ciudad que se preparaba para la guerra total, se solazó unos días, con la celebración de la boda imperial. Los pocos que negaban la realidad de la abdicación de Moctezuma en Cuitláhuac callaron para siempre. Este tenía razón. Mi presencia venerada por los tenochcas, a su lado, legitimaba plenamente su situación. Después de la boda hubo una gran ceremonia. Cuitláhuac, el fuerte, y Tecuixpo Ixtlaxóchitl eran los nuevos emperadores de los mexicas.

El tlatoani iba a ser recibido solemnemente en el *teocalli* mayor y yo con él. Fueron invocadas las sagradas y antiguas presencias por el mismo cihuacóatl. Cuitláhuac en persona sacrificó a los prisioneros españoles capturados en el aciago y liberador día 30. Gritaron horrorizados cuando vieron lo que les esperaba. Se resistían, presas de pánico, a subir los escalones y el pueblo, que tanto les había temido, se rio de ellos y los despreció por su falta de valor en la hora suprema. Sus cuerpos palpitantes y sin vida cayeron rodando escaleras abajo de la pirámide y se preparó el festín ritual con su carne que resultó, al fin y al cabo, tan humana como la de cualquier otro.

De todos modos, las cosas no iban del todo bien. Cuitláhuac, acabada la ceremonia, se vino a vivir conmigo a la casa del antiguo emperador. Yo aún no era mujer y, por ello, aunque vivíamos juntos, dormíamos separados. Él, agobiado por la rebelión de muchas provincias, inició una guerra total contra los españoles. En esos días había consultado las notas de mi padre acerca de las profecías mayas y había decidido que, si la luz de los mexicas debía extinguirse, al menos él iba a presentar una dura batalla hasta el final. Así me lo afirmó, tras mucho meditarlo, y yo asentí. Era una emperatriz de diez años, con una clara visión del futuro. La lucha entre los dos mundos era inevitable. Dos concepciones de vida tan diferentes no podían convivir en paz. Todos lo sabíamos y actuamos como las circunstancias nos lo exigieron. La guerra total estaba siendo preparada. Sin embargo, no sería el antiguo señor de Ixtapalapa quien la llevara a cabo.

Algunos meses después de su elevación al trono sufrimos una extraña plaga, una enfermedad nueva que cayó sobre nuestro pueblo indefenso. Un cautivo español que vio con horror los síntomas dijo que se llamaba viruela y que la había traído un esclavo negro que había venido con Narváez. La enfermedad se extendió por todos los barrios de la ciudad con pavorosa rapidez. Llegó incluso a palacio, donde el emperador Cuitláhuac enfermó. Cuando en la ciudad se supo que el emperador también sufría el mal, el fatalismo volvió a apoderarse del pueblo que, además, sufría en sus carnes la terrible enfermedad. Rápidamente se reunió un consejo de sacerdotes, hechiceros y sanadores, pero todo fue inútil. Sus altos conocimientos no fueron capaces de encontrar remedio para el virulento mal. La plaga no solo mató al tlacatecuhtli, sino a muchos de los que intentaron curarlo y provocó una mortandad gigantesca en la ciudad.

En esos terribles momentos de dolor y confusión reapareció mi maestro Ehecateotl. Nadie sabía de dónde había salido, pero se dedicó a insuflar ánimo, de la mañana a la noche, en la hostigada Tenochtitlán. Su sola presencia, vestido con el venerado manto blanco de la hermandad de Quetzalcóatl, calmaba a los atemorizados ciudadanos. Sus palabras eran como un bálsamo benéfico en una herida emponzoñada. Poco a poco, fue tranquilizando a la población y, tras mantener una larga y profunda conversación con el príncipe Cuauhtémoc, se convocó al pueblo en el zócalo, la gran explanada sagrada que se encuentra frente al *teocalli* mayor.

La gente comenzó a concentrarse en la gran plaza con gran expectación. Sabían que el fin estaba próximo, pero aun así esperaban oír algo que les permitiese aceptar su triste destino.

Ehecateotl apareció ante la masa. Se hizo un silencio sepulcral en el zócalo. Su anciano y bondadoso rostro poseía una fuerza sublime. Su mirada se posó sobre el gentío fundiéndose armoniosamente con la multitud. Todos esperaban. Entonces abrió la boca, mientras alzaba los brazos en una poderosa invocación, secundada por miles de brazos tenochcas y pronunció por tres veces, con una voz fuerte que retumbó en las mismas entrañas de la plaza, el antiguo y sagrado nombre de la tierra de Anáhuac: MEXHICO, MEXHICO, MEXHICO. Fue como un huracán sacudiendo las almas de los presentes. Unidos en un momento de conciencia total, parecieron comprender el destino. No hubo más palabras. Nadie tenía nada más que decir. Había sido como un adiós vibrante, cuyos ecos debían perdurar en la memoria de los supervivientes en los duros tiempos que habían de venir. Poco a poco, reposadamente, fueron retirándose en silencio a sus hogares y Ehecateotl partió lentamente por la calzada de Tacuba hasta desaparecer de la vista.

A mí me habían apartado de mi esposo para evitar un posible contagio trasladándome a un ala alejada del palacio. Desde mi refugio me enteré de que era viuda y lo acepté, sin sentir apenas algo más que una vaga tristeza. Estaba tan acostumbrada a la muerte que casi ni me inmuté cuando me lo comunicaron. Fue Cuauhtémoc el que vino a darme la noticia. Lo acepté con un fatalismo que me recordó a mi padre cuando las circunstancias le sobrepasaban. Presidí las ceremonias y funerales que siguieron a su muerte sin ser consciente de lo que hacía, pero en mi fuero interno no era capaz de sentir nada. Cuitláhuac había dado esperanzas a Tenochtitlán. Había vencido y expulsado a Cortés de la ciudad. ¿Por qué había muerto cuando más le necesitábamos? Los dioses parecían haberse olvidado, indudablemente, de nosotros.

No obstante, yo era la emperatriz de Tenochtitlán. Ante los graves acontecimientos que paralizaban al gobierno solo podía hacerse una cosa: convocar con urgencia a los consejeros.

El consejo se reunió con premura. De todos los príncipes supervivientes, el único capaz de asumir la ardua tarea de luchar contra los extranjeros era Cuauhtémoc. Además, era primo hermano de los dos últimos emperadores, pues era hijo de Ahuitzotl, el hermano de Axayácatl y Tízoc. Aún no se habían acostumbrado a Cuitláhuac y así, por obra de un oscuro destino, ya elegían a Cuauhtémoc.

El nuevo huehuetlatoani no perdió el tiempo. Aceptó orgulloso el nombramiento. Se consideraba capaz de manejar los difíciles días que habían de seguir. Creía poder combatir con éxito a los españoles y su optimismo fue un bálsamo que tranquilizó muchos ánimos. Una nueva glorificación se produjo en menos de doce meses. El nuevo soberano acudió a mí formalmente, como el anterior. Me sentía metida en un círculo vicioso. Cuauhtémoc también quería que fuese su consorte imperial y, de nuevo, empujada por las circunstancias, accedí.

En enero de 1521 se produjo la proclamación oficial, tras la elevación al trono del nuevo tlatoani. Yo estaba casada de nuevo. La huérfana imperial era llamada otra vez por el destino a cumplir con su papel. Y es que, con diez años y medio era huérfana, viuda, dos veces casada, dos veces emperatriz y aún no era mujer. Este matrimonio, como el anterior, se realizó para reforzar los derechos dinásticos de Cuauhtémoc, quien también decidió vivir conmigo. Nos trasladamos al palacio de Ahuitzotl, que había sido de su padre, para eludir los restos de la plaga que, dentro de sus sólidos muros, no había afectado a nadie.

Cuauhtémoc confiaba en mi juicio y en mi visión de las cosas. Mi marido se hizo pronto mi confidente y amigo, algo de lo que yo estaba muy necesitada después de haber visto tantas muertes a mi alrededor. En aquellos días de espera me hablaba de cómo serían las cosas cuando derrotásemos a los españoles. Él tenía una fe profunda en nuestra capacidad de lucha y yo lo animaba como podía, aunque tenía muchas dudas. Yo conocía minuciosamente las profecías de nuestro fin; la llegada de la noche cósmica y el tiempo en que la luz de Anáhuac debía extinguirse. Además, mi maestro Ehecateotl me había preparado a conciencia para cuando llegase el momento, iniciándome en conocimientos antiguos y sagrados. Mi tarea fue la de concienciar al hermoso Cuauhtémoc de que el ocaso de nuestro poder era inevitable y que debía tomar las medidas necesarias para la conservación de cuanto de valioso poseíamos: las sagradas enseñanzas, las tradiciones, la visión universal del hombre, el conocimiento de las plantas de poder y de las que curan; tantas cosas que, juntas formaban parte de nuestra cultura.

El joven soberano me escuchó atentamente mientras le exponía lo que constituiría nuestra alta misión, nuestro mandato cósmico y en su espíritu empezó a planear la forma de llevarla a cabo. Él era un ser especial, con una luz muy elevada y su comprensión era superior. Fue como un fulgor en mi mente este descubrimiento. Comprendí que no todo estaba perdido. Cuauhtémoc no lo iba a permitir. Mientras tanto, el ritmo de la ciudad recobró su calma y los correos y funcionarios volvieron a cumplir sus cometidos. Cuauhtémoc reinaba en el imperio y quería que todo volviese a la normalidad hasta el final. Las provincias aguardaban, expectantes, el resultado de la pugna entre los dos mundos.

Y es que Cortés no descansaba en sus laureles. Tras la humillante huida de Tenochtitlán, se había refugiado en la ciudad de Tlaxcala. Nuestros enemigos tradicionales no aprovecharon la oportunidad que el destino ponía en sus manos de destruirles cuando llegaron a su tierra, extenuados y desmoralizados. Al contrario, restauraron sus fuerzas y les proporcionaron cobijo seguro contra posibles ataques nuestros. Se recuperaron pronto allí y conocieron al intrigante Ixtlilxóchitl, que, según luego supimos, se había convertido a su religión y jurado homenaje al lejano emperador blanco Carlos. Este príncipe, que era de la casa real de Texcoco, hermanastro de mi primo Cacama, quería reinar sobre la ciudad. Ixtlilxóchitl y Cortés congeniaron rápidamente. Tenían intereses comunes y se transformaron en aliados. Cuando llegó la noticia de la muerte de Cacama, el intrigante príncipe se hizo elegir tlatoani de la ciudad por el consejo en el exilio y decidió acudir a Texcoco como señor. La presencia del príncipe despertó viejos rencores, pero este se hizo con el control del poder.

Cortés se felicitó de su acertada alianza y empezó a preparar su revancha. Los mexicas, tras la Noche Triste, los habían perseguido hasta Otumba. Allí fue donde estuvo en liza el dominio del valle. Cien mil aztecas contra quinientos españoles y cinco mil tlaxcaltecas. La buena estrella de Cortés triunfó. Vislumbró, en medio del mar de plumas y mazas, el estandarte del general Huanitzoatl. Consiguió abrirse paso hasta él atravesando las filas de los mexicas y le dio muerte. El ejército azteca, privado de la jefatura, se dio a la fuga.

Cortés había eludido la masacre. Tras su reposo en Tlaxcala se preparó concienzudamente para el combate final. Había llegado el momento de retornar de nuevo a Tenochtitlán, pero esta vez de un modo definitivo. Ordenó a sus hombres hacer unas naves que surcarían las aguas de la laguna para asaltar la cuidad. Los espías llegaron a nuestro palacio contándonos las terribles nuevas. La madera para construir los barcos se estaba talando y preparando tierra adentro. Las piezas acabadas iban siendo transportadas a Texcoco, donde pensaban ensamblarlos para botarlos después en la laguna.

Cuauhtémoc planeó cuidadosamente una incursión a la ciudad hermana, cuando le informaron de los planes de los extranjeros, para destruir los bergantines. De noche, silenciosamente, salieron cien guerreros hacia Texcoco. Llegaron en la oscuridad sin luna y, guiados por algunos fieles texcocanos, atacaron el primero de los depósitos donde estaban guardados. Algunos barcos fueron destruidos y otros sufrieron serios desperfectos, pero la alarma fue dada a tiempo y los mexicas tuvieron que huir. Desde entonces, se hizo una severa guardia sobre los barcos, los cuales, tras diversas infructuosas intentonas por nuestra parte de destruirlos, fueron botados en la laguna el 28 de abril de 1521.

Mi marido, que era un hábil guerrero, preparó emboscadas y fortaleció las defensas de la ciudad. Cada uno de los habitantes tenía una función que cumplir. El huehuetlatoani en persona vigilaba la disciplina en las fortificaciones y el cumplimiento cabal de sus órdenes. La guerra volvía a amenazar a la orgullosa Tenochtitlán y esta se aprestaba a morir, luchando con valor. Se sucedieron los enfrentamientos. Por una parte y por otra cayeron muchos guerreros, pero no se planteó una batalla definitiva.

La estrategia de Cortés empezó a ser clara para nosotros. Quería agotar la resistencia de la ciudad, cortarle los suministros, sitiarla y, mientras tanto, aumentar su dominio sobre otras ciudades y provincias aliadas. Esta política iba acompañada de frecuentes intentos de solucionar pacíficamente el conflicto. Una tras otra empezaron a llegar sus embajadas. El teul quería la paz, aseguraban sus enviados. Solo era cuestión de revisar los términos de la misma. Incluso reconocería el derecho de Cuauhtémoc a seguir reinando sobre sus súbditos. La osadía de sus proposiciones ofendió a mi marido el emperador, quien rechazó todo posible acuerdo. Ni la ciudad ni él estaban dispuestos a entregarse.

Me sentí profundamente orgullosa de mi esposo y amigo. No se dejaba engañar por promesas extravagantes. Conocía el destino que nos aguardaba y resistiría hasta el fin con honor. Poco a poco, los españoles iban ganando terreno. Su poder aumentó cuando recibieron el apoyo de varias ciudades cercanas a la laguna. Así, lentamente, se iban apoderando de las orillas mientras los bergantines se hacían dueños de las aguas. Nosotros en Tenochtitlán comenzábamos a sentirnos sitiados. Y el sitio acabó siendo real.

En junio comenzó la batalla de Tenochtitlán. Las embarcaciones se acercaron hasta los primeros canales y desde su posición privilegiada hicieron fuego sobre la ciudad. Cuauhtémoc ordenó cerrar las posibles entradas de estos. Los desembarcos fueron seguidos de breves y sangrientas escaramuzas y de mucha destrucción material. Las calzadas, defendidas por fuerzas de élite, resistieron los primeros embates de los españoles. Cortés decidió asaltar la ciudad de Tacuba para cortarnos definitivamente los suministros. No fue necesaria su destrucción. El consejo, muerto mi abuelo Totoquihuatzin en la Noche Triste, había elegido un soberano niño que no podía defenderlos y se rindió a los españoles. La consecuencia fundamental de la caída de Tacuba fue el cierre inmediato de la vía de abastecimiento de la ciudad. El cerco se había completado. Cuauhtémoc animaba a los guerreros con su constante presencia en los puntos donde los combates eran más duros. Yo, por mi parte, con Xuchil y Xochiquétzal detrás acudía diario a repartir provisiones entre los más afectados por la destrucción. Recibía bendiciones allá por donde pasaba y mi pueblo veía agradecido cómo yo me preocupaba y lloraba con ellos las pérdidas. A pesar de todo, seguí firme y sin derrumbarme ante la terrible destrucción que se estaba llevando a cabo.

Tenochtitlán, cuya belleza impresionaba tanto a los españoles, estaba siendo sometida a un castigo constante. Por fin, Cortés y sus hombres consiguieron hacerse con la calzada de Ixtapalapa, tras arrasar la hermosa cuidad del mismo nombre que fuera el señorío de Cuitláhuac. Los guerreros águilas lucharon hasta el último hombre, pero las huestes tlaxcaltecas y los españoles con sus cañones y tubos de fuego los masacraron. La estrategia de Cortés era clara. Ordenó tomar casa por casa para evitar posibles emboscadas. Desde lugares casi impensables, los soldados tenochcas hostigaban a los tlaxcaltecas y españoles. Algunos barrios resistieron de tal modo que los invasores se veían incapaces de avanzar más de unos pocos pasos. El hambre y la peste cayeron sobre la ciudad. Los cadáveres insepultos hedían al pudrirse en las calles y una atmósfera de enfermedad y desolación flotaba en el aire en medio del cruento y constante combate.

Los primeros días de agosto fueron terribles. Los españoles llegaron casi hasta la puerta de palacio. Cuauhtémoc, enfurecido y herido, urgió a Xu y a Xochi para que organizaran la partida. Había decidido, ante la imposibilidad de defender la ciudad, huir para continuar la guerra desde fuera. Cambiamos de residencia, huyendo siempre de las patrullas españolas y tlaxcaltecas. Por fin, el tlacatecuhtli decidió que debíamos partir la noche del 12 al 13 de agosto de 1521. Todo se preparó con sumo sigilo. Eludimos cuatro o cinco patrullas de vigilancia. Nos acompañaban los escasos príncipes supervivientes y algunos altos señores. Silenciosamente, los remeros nos sacaron del oscuro muelle y entramos a la laguna. Íbamos a enfilar el camino de Xochimilco, cuando un bergantín se acercó a nosotros. Despuntaba el alba y no podíamos escondernos. El vigía del barco nos dio el alto. A pesar de nuestro esfuerzo, habíamos sido descubiertos. Ese era nuestro triste destino. El bergantín lo comandaba García Holguín, un cacereño que me conocía de vista. Al reconocerme, ordenó que nadie disparase. Cuauhtémoc se entregó sin batallar para salvar nuestras vidas. Nos subieron al barco y navegamos velozmente, hasta el cuartel general, siendo atendidos con sumo respeto y cortesía por nuestro aprehensor. Este quería llevarnos cuanto antes a la presencia de Cortés quien, feliz por su victoria, se apresuró a recibirnos.

El tlacatecuhtli habló con serenidad a su enemigo. Había perdido la batalla, pero había luchado con honor.

Dignamente se dirigió al conquistador y le suplicó por la vida de su familia, pidiéndole luego que le diera muerte allí mismo, lo más rápidamente posible.

Cortés le aseguró, magnánimamente, que nada haría en menoscabo de su persona. Incluso en su alegría le abrazó, alabando su dura resistencia. A mí, que ya era una vieja conocida suya, me saludó con cortesía dándome el tratamiento de emperatriz y amiga. Xuchil y Xochiquétzal respiraron aliviadas al saber que nuestras vidas no corrían peligro, pero nuestro calvario no había hecho más que empezar. Aún debíamos pasar muchas penalidades en el nuevo orden que había de venir. Dos mundos acababan de colisionar con fuerza y los efectos del choque aún no eran ni siquiera predecibles. De momento, nuestra situación había de cambiar bruscamente. Cortés, que ya conocía profundamente la singularidad mexica, decidió llevar siempre a su lado a mi marido Cuauhtémoc para garantizar la lealtad y sumisión del pueblo. Con el emperador junto a él, sabía que los aztecas no opondrían resistencia.

El teul ordenó al huehuetlatoani que redactase un mandato para que cesasen las hostilidades. Cuauhtémoc escribió entonces la proclama de Anáhuac. Estábamos en Tlatelolco y sí, allí fueron pronunciadas las palabras que confirmaban el ocaso de nuestro pueblo y la llegada de la noche cósmica. Todo nuestro saber debía ser ocultado hasta que de nuevo volviese a brillar el sol del día cósmico sobre el valle de Anáhuac.

Sus palabras fueron como un poderoso conjuro. Toda hostilidad cesó y el pueblo se entregó a cumplir concienzudamente el sagrado mandato.

Cuauhtémoc me miró con esa especial dulzura que solo él poseía y me dio su mano en un gesto que lo significaba todo. Sabía que su destino estaba echado y confiaba en mí para que guiase al pueblo cuando él faltara.

La devastación de Tenochtitlán había sido enorme. Oí a Cortés lamentarse por la destrucción de una ciudad tan bella. De algún modo, él había sido conquistado por la ciudad de los cien canales y, en cuanto se normalizó la situación, inició la reconstrucción de la urbe. Los canales cegados fueron limpiados, despejaron los escombros que impedían el paso en las zonas donde la batalla había sido más dura. Derribaron las ruinas de las casas que habían sido incendiadas y amenazaban caerse. Al día siguiente de la conquista, la restauración comenzaba.

Él llamaba Ciudad de México a Tenochtitlán. La consideraba tan suya como la extremeña Medellín que le vio nacer. Volcó todos sus esfuerzos en comprender el sutil juego de equilibrios en que se había basado el poder mexica. Los tlatoques de las ciudades más importantes fueron llamados a jurar fidelidad al nuevo poder. Sin embargo, en muchas cosas acató las formas antiguas, intentando beneficiarse de ellas. El alto señor mexica era quien recibía el homenaje del pueblo, pero estaba sometido al lejano emperador Carlos I de las Españas. Utilizó en su beneficio la pirámide jerárquica mexica y le añadió un estrato superior en el cual se colocó él en nombre del emperador.

Después de los primeros días volvimos al palacio de mi padre. Cortés se instaló allí con nosotros y pasaba horas enteras preguntándonos acerca de tal o cual costumbre, de tal o cual hecho. Mi marido le regaló una antigua crónica en la cual se narraban todas las hazañas de los mexicas, escrita en corteza de ficus. Cortés se lo agradeció mucho y la guardó como un valioso tesoro.

El teul, que había vivido en el palacio de Axayácatl, volvió allí para recoger el inmenso tesoro que había vislumbrado apenas momentos antes de tener que salir huyendo de la ciudad en la Noche Triste. Y es que, con el ataque, se había descubierto el escondite del tesoro imperial. Había guardado en el más profundo secreto este conocimiento, pero cuando volvió para hacerse con él, no lo halló.

El tesoro mexica era de una riqueza legendaria. Su razón de ser nacía en el propio esplendor de los mexica. Desde que el primer tlatoani de Tenochtitlán fue independiente del dominio de otro señor, comenzó a acumular objetos preciosos para solaz del monarca y orgullo de las generaciones venideras. Este tesoro había ido creciendo hasta hacerse inmenso. Era el fruto del dominio ejercido durante más de doscientos años por una familia imperial amante de lo exquisito. A la muerte de Axayácatl, la enormidad del mismo hizo que los siguientes soberanos, Tízoc y Ahuitzotl, decidieran dejarlo en el palacio de mi abuelo. No obstante, camuflaron la entrada al lugar en que se guardaba para dificultar su localización. Hábilmente colocaron un resorte que escondía la puerta de entrada, para que nadie sospechara que el tesoro seguía allí. Era un secreto celosamente guardado que pasaba del soberano al consejo y de este al siguiente soberano. Solamente una vez, vislumbré de la mano de mi padre las enormes riquezas acumuladas en aquellos increíbles sótanos. A la luz de la antorcha que Moctezuma portaba brillaban gemas, metales y plumas con orgullo de siglos. Me la enseñó ufanamente y me hizo jurar que jamás revelaría a nadie el emplazamiento del mismo. Me dijo que era un secreto que pertenecía solo a los soberanos. Ya entonces, comprendí el enorme privilegio que mi padre me hacía y guardé siempre el secreto con orgullo.

Así vivimos, encerrados encima del mismo sin que nuestros captores conociesen su existencia, hasta que el maldito azar, los cañonazos o el temblor del edificio ante el asalto final, hicieran que el resorte saltara y que Cortés lo viera.

Al cabo de unos días de vivir con nosotros, Cortés terminó por preguntar a mi marido sutilmente por la legendaria riqueza de los mexicanos, como él nos llamaba.

Cuauhtémoc eludió una respuesta directa diciéndole que era una leyenda que los mexicas habían fomentado para incrementar su prestigio. Pero fue un subterfugio inútil. ¡Él lo había visto! Sus ojos brillaban, codiciosos, cuando nos espetó la verdad. Sabía que existía. Cuauhtémoc lo negó altivamente. El teul, presa de un furor frío, ordenó que se llevasen a mi marido a una cámara oscura e interior del palacio. Lo que siguió fue penoso. Cuando volví a ver a mi esposo había dejado de ser el hombre de andar enérgico y firme para convertirse en un inválido de por vida. Le habían quemado las plantas de los pies para hacerle confesar. Habían humillado de nuevo y torturado a un emperador mexica, poseídos por la fiebre del oro. Pero él no habló. Su mirada se volvió dura y su ser se transformó. Cuauhtémoc viviría en adelante para vengarse o moriría en el intento. Cortés, arrepentido de su brutalidad, intentó por todos los medios curar las heridas del monarca, pero las más profundas estaban en su interior y ningún ungüento humano podía aliviarlas.

Me quedé horrorizada ante su conducta y le abofeteé repetidas veces, mientras mis ojos vertían lágrimas de horror. Le vi como un ser abyecto, ruin, avaricioso y miserable. Volqué la ira que me llenaba sobre él, pero no hallé consuelo en ello. Incapaz de resistir mi mirada acusadora, dio orden de que me trasladasen de Tenochtitlán a Coyoacán, donde habitaría en la casa de los antiguos señores de la ciudad. Allí nos recibió Marina, la intérprete, cuando llegamos mis dos damas, dos de mis hermanastras y yo.

La miré de arriba abajo y le ordené con altanería que se inclinara ante la emperatriz de México. Ella obedeció con prontitud, pero sin gracia. Habíamos invadido su reino y no le gustaba.

Nada más enterarse de mi llegada, cundió una gran expectación en la ciudad. Era la hija del gran Moctezuma Xocoyotzin y de la emperatriz Teizalco, la sagrada soberana del valle y todos querían disputarse el honor de servirme. Los nobles de la ciudad enviaban a diario los frutos más preciados para mi mesa. De otras ciudades llegaban embajadas para ponerse a mis pies. Marina veía con incomodidad que su estrella palidecía en mi presencia. A pesar de nuestra mutua aprensión y de la tirantez inicial, poco a poco nos fuimos acercando. Ella era una mujer orgullosa e inteligente y pronto aprendió a respetarme. Su alta cuna le facilitaba el trato conmigo; sin embargo, siempre hubo una insalvable distancia entre nosotras, como consecuencia de nuestros diferentes puntos de vista en casi todo.

A veces, su orgullo le hacía creer que yo la despreciaba por el papel que había jugado en el pasado, al lado de Cortés. Entonces se volvía huraña e introvertida y en esos momentos era extremadamente vulnerable. Quizás el que yo fuera la emperatriz, esposa del emperador Cuauhtémoc, hija del emperador Moctezuma y nieta del emperador Axayácatl, le impactaba y bloqueaba a veces su trato conmigo. Pero, en general, ella sabía estar a la altura de las circunstancias las más de las veces.

Pronto me acostumbré a mi nuevo hogar. Era una hermosa casa, edificada en torno a un gran patio central, plantado con frutales delicados. En medio del mismo cantaba una bella fuente. La fachada daba a la plaza de Coyoacán y la parte de atrás se abría a un frondoso y exuberante jardín, orgullo de la ciudad. Allí pasé los siguientes años de mi vida. Una agradable corte se reunía a diario en torno a mí y tanto mis dos hermanastras como mis ayas, Xu y Xochi, ordenaron la vida de la casa según el antiguo ceremonial de palacio. Muchos grandes señores del imperio venían a visitarme y me contaban sus cuitas o, simplemente, me prestaban su homenaje, nostálgicos de los tiempos en que dominábamos y éramos temidos en todo México.

Uno de los afanes principales de Cortés era convertirnos a todos a su religión. Yo no lograba entender el misterio de los tres dioses que eran uno y la adoración del hombre que era dios que fue muerto y resucitó. Me parecía infantil que el hecho de verter un poco de agua sobre mi nuca, me diera una gracia especial, pero tanto insistió en ello el padre Olmedo, un hombre bueno y respetable, que acabé accediendo a realizar la ceremonia para darle una alegría. A la par que el agua bautismal habían de imponerme un nombre cristiano. El padre me explicó que en España no podía usar el mío, Copo de Algodón, Capullo Blanco. Me pareció estúpida tanta estrechez mental y accedí divertida, como jugando a buscar un nombre que me cuadrase.

Olmedo me había hablado de la gran reina castellana, hermosa y voluntariosa, que había conquistado un principado de gente de distinta religión y facilitado la unidad de su nación con su matrimonio con el rey de Aragón. Se llamaba Isabel la Católica. Ella había sido la única que creyó en el sueño de Colón y había financiado la expedición que había llevado a este a descubrir un nuevo mundo para Castilla y, con este, nuestro antiguo y hermoso imperio. Era una historia interesante, que atrajo rápidamente mi atención, y así opté por llevar en español el nombre de Isabel. De todas formas, durante los siguientes cuatro años que allí residí, salvo unos pocos que me llamaban Isapeltzin añadiendo el sufijo principesco «tzin» a mi nuevo nombre, el resto de mi corte seguía utilizando mi antiguo y hermoso nombre mexica: Tecuixpo Ixtlaxóchitl.

Muchas veces Cortés acudía a visitarme con el emperador, mi marido. Desde aquel último día en Tenochtitlán, quería hacerse perdonar por nosotros su crueldad y cualquier deseo que yo formulaba era inmediatamente satisfecho. El tiempo pasó y las cosas nuevas sustituyeron a las antiguas. Allí, en Coyoacán, mi cuerpo creció y cambió y fui mujer por primera vez, y mis ayas emocionadas me decían que, cada día que pasaba, me iba pareciendo más a mi madre, la emperatriz Teizalco. Sin embargo, mi cambio fisiológico no alteró mis costumbres. Cuauhtémoc, mi marido, cuando venía a visitarme no dormía conmigo. Así, a los catorce años, seguía siendo virgen y ya había estado casada dos veces.

En aquel mismo año de 1524, mi situación volvió a cambiar. Cortés decidió hacer una expedición a Las Hibueras, un lugar distante donde uno de sus subordinados, Cristóbal de Olid, se había hecho con el poder y se había rebelado contra su autoridad. Celoso como era de este, decidió acudir a solventar el problema y temeroso de que hubiera una sublevación en su ausencia, recordando lo pasado en Tenochtitlán, cuando la Noche Triste, decidió llevarse a Cuauhtémoc y a los príncipes más importantes del imperio consigo, como rehenes. El 12 de octubre me despedí con cariño de mi esposo el huehuetlatoani. Nunca le volví a ver. Fue ejecutado lejos de su ciudad, acusado de fomentar una rebelión. Puede que así fuera, pero su muerte, casi con toda seguridad podía haber sido evitada.

La noche en que esto aconteció soñé con él. Su sonrisa dulce tenía un aspecto ultraterreno. Me miró fijamente y pronunció con su bien modulada voz el sagrado nombre de la tierra tres veces: ME-XIH-CO, ME-XIH-CO, ME-XIH-CO. Al oírlo, una luz purísima me rodeó y me sentí transportada al zócalo. Desde la explanada sagrada le vi subir a los cielos transformado en un águila blanca. Entonces supe que había muerto. Me desperté llorando y no pude volver a conciliar el sueño. Pasé los días siguientes esperando la confirmación de mi sueño, que desgraciadamente había sido exacto.

De nuevo me vi viuda. Era la emperatriz reinante de México y con la muerte de mi esposo se extinguió la línea directa y legítima de los descendientes de Acamapichtli por línea de varón. Por línea de hembra solo quedaba yo de los príncipes legítimos de la sangre, y fui adorada, más si cabe, por mi sufrido pueblo. Acudieron a mí en busca de luz y consuelo. En todo el valle me reconocían como su última señora, su soberana indiscutida. Príncipes de provincias lejanas vinieron a postrarse ante mí en busca de consejo y apoyo. Querían aprovechar la ausencia de Cortés para actuar. Al poco, incluso corrió el rumor de que este había muerto con mi esposo en Las Hibueras.

Los nobles mexicas vinieron en masa a jurarme lealtad. Querían que reinase como emperatriz en Tenochtitlán y que encabezara una revuelta general contra los españoles. Las intrigas se sucedían. Día tras día estaba yo pendiente de los nuevos acontecimientos. Mis súbditos me rogaron que volviese a la capital, que no morase por más tiempo entre traidores y extranjeros. Era un momento decisivo, pero no me dejé llevar por el optimismo de mis consejeros. Antes que nada, debía sopesar profundamente las posibilidades que teníamos. Debía ponderar si la guerra podía solucionar algo; si estábamos capacitados para algo más que una mera ilusión de reconquista. Analicé los hechos cuidadosamente. Pedí a los príncipes y generales que hicieran una evaluación de la situación militar en el valle de Anáhuac y en las tierras más distantes del imperio. Pedí informes sobre las fuerzas españolas, las ciudades que controlaban y sus efectivos disponibles. El análisis de todos estos datos me llevó a comprender que no teníamos ninguna posibilidad seria de triunfar por la vía de las armas, de modo definitivo. Podríamos haber matado a muchos, pero habrían venido muchos más y hubieran acabado con todo. Esto confirmaba las antiguas profecías.

Entonces reuní a mi consejo y les hablé solemnemente. Era la emperatriz y debía dirigir a mi pueblo, al que debía preservar de la destrucción. Les hablé con dolor de nuestras mínimas posibilidades de una victoria real. Con dolor les expuse lo que podría ser de los mexicas en caso de una nueva derrota. Perderíamos todos nuestros derechos al vulnerar la paz establecida con Cortés. Seríamos masacrados, esclavizados y considerados los últimos dentro de los habitantes de nuestra tierra. Aunque teníamos posibilidades de triunfar en las primeras batallas, el solo hecho de pensar en las terribles consecuencias del fracaso final, me hacía temblar, pues con nosotros también desaparecería nuestro antiguo saber que a cualquier precio debía ser preservado. Los altos señores me escucharon con tristeza. Vieron cómo su legítima soberana rompía sus últimas ilusiones de victoria, pero acataron mi voluntad sin discusiones. No habría guerra.

Durante ese tiempo, me reuní muchas veces con el consejo. Estaba empezando a comprender el sistema español y decidí utilizarlo, en adelante, en beneficio de los míos. Hice que los principales señores conocieran los derechos que tenían sobre sus antiguas propiedades. Les obligué a hacer inventario de ellas para, después, elevar peticiones de reconocimiento de las mismas a Cortés y al mismísimo emperador.

¡Y es que el trato con los buenos franciscanos me había enseñado mucho!

Este fue el final, hijo mío, de la rebelión que la emperatriz Tecuixpo hizo abortar. No sé qué hubiera pasado si yo hubiera decidido luchar. Acaso habría muerto; tú no hubieras nacido y esto no se habría escrito. Evidentemente, mi destino no era ese. Dentro de mi corazón, el orgullo de Tecuixpo Ixtlaxóchitl, la emperatriz virgen de quince años, se suavizó con las hermosas palabras y gestos de un franciscano pobre y harapiento llamado fray Pedro. Él ocupó el puesto que Ehecateotl, mi sabio preceptor, dejara libre cuando se marchó.

Fue él quien me enseñó el cristianismo en la alta escuela del amor a los semejantes y de la predicación con el ejemplo. Él supo explicarme los misterios que yo no entendía y supo hacerme comprender que, tanto para cristianos, como para mexicas, el amor a los semejantes, el honor y el deber eran la única vía. Sus sabias pláticas me hicieron conciliar en mi corazón religiones que parecían opuestas. Coatlicue Tonantzin, la madrecita falda de serpientes para nosotros, era para ellos la Virgen María. El Dios Padre de los cristianos era nuestro Ometecuhtli y nuestros demás dioses eran la representación de fuerzas cósmicas que en la religión cristiana eran omitidas.

Mi corazón, falto de luz y cariño, se abrió al buen fraile y, de este modo, pude entrar en el cristianismo.

A partir de entonces, siguiendo la costumbre de fray Pedro, muchos dejaron de llamarme por mi hermoso nombre mexica, especialmente los españoles. A los quince años comencé a ser, también, doña Isabel de Moctezuma, emperatriz cristiana de México.

7

Doña Isabel de Moctezuma. «La novia de Extremadura»

Un nuevo giro de la rueda del destino me acerca al final —piensa doña Isabel—. La alcoba está fría. Mis huesos se resienten como consecuencia de la humedad. Acabo de concluir mi crónica mexica para Juan, mi hijo. Espero que sabrá entenderla y preservarla de la destrucción. Así, el pasado no desaparecerá conmigo. He vivido en medio de la colisión de dos mundos y eso puede alterar a las personas de un modo muy profundo. Podría incluso parecer, después de tantos cambios, que son otras y con razón. Yo, la actual Isabel, me vi despojada del manto imperial de mis mayores, me liberé con dificultad del pavor de mi soledad y me encontré repentinamente arropada por las estameñas de unos frailes franciscanos. Todo ello, además, en muy poco tiempo. Mis queridas ayas, Xuchil y Xochiquétzal, asumieron mi cambio con cierta renuencia y se acercaron conmigo hacia la nueva fe. Fueron bautizadas y recibieron los hombres de María y Teresa de Azcapotzalco, pero su conversión fue superficial. Pronto, pasada la novedad, se aburrieron y volvieron calladamente al credo antiguo. El idioma español les resultaba difícil y sus nuevos nombres les parecían absurdos y malsonantes. Al poco tiempo, primero a escondidas y luego más abiertamente volvieron a hablar entre ellas en la lengua de sus padres. El siguiente paso que dieron fue recuperar sus bellos nombres en náhuatl; no obstante, procuraban disimular ante mí y yo les seguí divertida el juego.

¡Cuántos hermosos recuerdos guardo de aquella época en la que mi espíritu se abrió a la luz y mi corazón azteca se entregó plenamente a vivir!

La muerte de mi esposo me había dejado viuda de nuevo a los quince años. Cortés, viendo el respeto y el fervor que mi persona despertaba en el pueblo, debió meditar seriamente acerca del posible peligro de que un hijo mío encabezase un día una rebelión contra la dominación extranjera. ¡Si hubiera sabido que yo misma había estado tentada de hacerlo! Seguramente, no lo hubiese creído. Los franciscanos, empezando por fray Pedro, acudieron a él para pedirle que se ocupara mejor de las necesidades de su imperial huésped. No obstante, a mí nada me faltaba, pues mi pueblo llenaba a diario las despensas de la casa y continuamente llegaban mantos, huipiles, sandalias y otras prendas de adorno, enviadas por mis fieles y nostálgicos súbditos desde todos los confines del imperio.

Pese a ello, legalmente yo no era más que la viuda del emperador y la hija de Moctezuma, sin que mis derechos de propiedad sobre las tierras y palacios de mi familia hubieran sido confirmados. Los buenos padres así se lo hicieron ver a Cortés y este decidió que ya era hora de que yo empezase a hacer una apropiada vida social. Mi rango era demasiado alto para ser olvidada por el nuevo poder. Debía empezar a alternar, no solo con mis súbditos aztecas, sino también con los españoles. A instancias de Cortés, empecé a ser invitada a muchas recepciones en las que estos, en su mayoría extremeños, tuvieron ocasión de conocerme. Yo me dejé llevar por la alegría de mis quince años.

Los días pasaban volando. Fueron semanas agotadoras, en las que a una fiesta en Tenochtitlán seguía una cacería acuática en el lago y luego una recepción en Texcoco. Fue entonces cuando empecé a practicar la equitación con frecuencia. En uno de esos paseos a caballo con Cortés, me fijé en un apuesto mozo, alegre y dicharachero, que se llamaba Alonso de Grado. El capitán general me lo presentó cordialmente y yo sentí un rubor intenso cuando se dirigió a mí. Me sentía como sofocada y terriblemente incómoda, pero quería seguir hablando con él. Esto era más bien un decir porque las palabras se negaban a afluir a mi boca y yo me iba poniendo más y más nerviosa mientras escuchaba el alegre parloteo del joven.

Nos separamos en la puerta de mi casa, hasta donde me acompañaron y, para mi desasosiego, me pidió permiso para venir a visitarme. Al fin pude articular un sí apresurado y me metí corriendo en casa, furiosa conmigo misma. Nunca en mi vida me había sentido tan estúpida, tan niña. Se lo conté a mis queridas ayas y estas se miraron entre ellas con una mirada picarona y acabaron sonriendo abiertamente, para mi sorpresa. Esto me puso todavía más furiosa. Les grité que se fueran y que me dejaran en paz. Ellas, por primera vez, no me hicieron caso. Cariñosamente, viendo el estado de nervios en que me hallaba, intentaron tranquilizarme. Cuando me dijeron que lo que me pasaba es que me había enamorado, la furia se me pasó como por ensalmo. Sentí pavor de haber hecho el ridículo; pensé que yo no le importaba nada al joven español; que seguramente no me visitaría; me entraron ganas incluso de no volverle a ver. Pero no era ese nuestro destino.

Al día siguiente, con la bendición de Cortés, Alonso vino a visitarme y me trajo unas preciosas flores que hice que pusieran en un jarrón en mi habitación. Era su primer regalo, y me hizo una enorme ilusión.

Las visitas siguieron produciéndose con regularidad. Éramos dos jóvenes que se comprendían perfectamente. Él me amaba de un modo tierno y cortés que me recordaba a mi querido primo Cacama, haciéndome sentir que a su lado estaba segura y protegida. Era justo lo que necesitaba. Me dejé llevar, y al poco tiempo estaba comprometida de nuevo. ¡Cuán diferente fue para mí esta vez! Le amaba profundamente y deseaba ser su mujer con una intensidad desconocida para mí.

El día 27 de julio de 1526, a los dieciséis años, vestida de novia a la española, me casé en la iglesia de San Francisco. Mis queridos franciscanos me acompañaron hasta el altar. Todos alabaron mi delicada belleza. Pero yo solo tenía ojos para mi esposo Alonso, quien me trataba como a la más frágil flor. Tras la emotiva ceremonia, salimos alegremente de la iglesia, acompañados por los sones del avemaría que los buenos frailes cantaron en nuestro honor. El banquete nupcial se celebró en casa de Cortés. Allí, el conquistador me hizo solemne entrega de mi dote de novia. Generoso, como sabía serlo cuando quería, asombró a todos otorgándome el señorío de Tacuba, cuyo privilegio iba firmado en México el 27 de julio de 1526. A la hora de entregármelo quiso decir unas palabras y se hizo el silencio entre los concurrentes. Cortés quería recordar la promesa hecha por él a mi padre moribundo de que cuidaría de sus hijos y especialmente de mí. Él siempre cumplía sus promesas y, una vez más y ante todos, quería demostrarlo. Me había dado el señorío más rico de todo el valle de Anáhuac. Ahora, Isabel de Moctezuma sería señora de Grado y princesa de Tacuba.

Mi marido Alonso, que era natural de Alcántara, había venido a este lado del océano protegido por el que fuera el segundo gobernador de Indias que se llamaba frey Nicolás de Ovando. Fue este quien impulsó a muchos de los extremeños que hoy estaban reunidos a nuestro alrededor, celebrando nuestra boda, a la búsqueda de la aventura allende los mares. Alonso era un buen tañedor de vihuela y animado por sus camaradas, tomó el instrumento y me dedicó una alegre canción que había compuesto en secreto para la ocasión. Yo ya conocía a la mayor parte de sus amigos y allí comencé a apreciarlos. Algunos de ellos, como el licenciado Altamirano o el noble Bernardo Mateo Carrillo, se harían tan fieles a mí, que nuestra amistad perduraría durante largos años.

Ese día yo amaba a todo el mundo y aquella noche descubrí lo que siente una mujer enamorada cuando se entrega por primera vez a su marido. Mis sueños más íntimos se vieron colmados y mi ser se transcendió a sí mismo, entregándose con plenitud. La luna acarició mi cuerpo adolescente desnudo a la par que sus manos y su luz penetró cálidamente mi ser, como lo hizo él.

Una alfombra de flores blancas, tendida desde mi habitación hasta la entrada de la casa, me sorprendió por la mañana. Bajé los escalones pisando los suaves pétalos, inmersa en una nube de felicidad. Xuchil y Xochi me esperaban abajo y me miraban, espiando el menor de mis gestos. Comprendieron sin palabras. Mientras, las ofrendas y los regalos de los españoles y de los aztecas no dejaban de llegar apilándose en el zaguán sin darle a mis damas tiempo ni para ordenarlos. La luz inundaba mi casa y mi vida a raudales. Yo era feliz.

Mi marido Alonso me trataba con suma gentileza; esa dulzura era algo que yo había intuido en él desde que lo conocí. Desmintió con sus galantes atenciones para conmigo toda posible bellaquería de la que algunos malintencionados le acusaron ante mí. Y si bien no congeniaba con ciertos compañeros de armas, como Pedro de Alvarado, al cual, todo sea dicho de paso, yo tampoco apreciaba, era muy querido por otros, como el propio Cortés. Este siempre lo mantuvo en su favor dándole cada vez puestos de mayor responsabilidad. Consecuencia de esto fue su cargo de visitador de los indios. En él ponía todo su afán y andaba todo el día muy ajetreado viendo y revisando causas y posibles abusos. Yo me sentí extremadamente orgullosa de él durante el corto tiempo que duró nuestro matrimonio. Y es que el destino parecía querer jugar un extraño juego conmigo. No llevábamos ni un año casados cuando Alonso murió repentinamente, presa de unas extrañas fiebres, en marzo de 1527.

De nuevo era viuda, pero esta vez fue diferente. El mundo se me venía encima de golpe. Todas mis ilusiones, mis proyectos, mis sueños, se desvanecían ante la inesperada muerte de mi adorado esposo. Isapeltzin, la princesa, lloró amargamente su triste destino. Parecía como si la mayor parte de la gente que me quería tuviera que desaparecer antes de tiempo. Me poseyó una angustia profunda y desoladora. No quería volver a amar, ni a creer en nada ni en nadie. Me sentía metida en un pozo negro cuyo fondo era insondable. Durante semanas paseé sola y abatida por los lugares que me traían recuerdos suyos como si fuera un fantasma. Mi soledad y mi dolor acabaron siendo una carga demasiado pesada para mis dieciséis años.

El bueno de fray Pedro decidió intervenir. De una forma gradual, mi amargura fue saliendo al exterior. Muchas y largas conversaciones mantuve con mi buen fraile y mi fe salió muy fortalecida tras la dura prueba. Acudí al Dios clemente y misericordioso de los españoles, a ese Dios entrevisto y escasamente comprendido por mí en mis primeros tiempos de cristiana y mi dolor se fue mitigando. En lugar de desesperación y frustración hallé serenidad. En aquellos momentos, llegó a pasar por mi mente la idea de profesar como religiosa, pero intuitivamente yo sabía que no era ese mi destino. Mi vida debía seguir unos derroteros menos santos que los de la contemplación y la oración perpetuas. Así lo comprendí y acabé aceptándolo. Esto no era sino un alto en el tortuoso camino de mi vida.

Hernán Cortés se portó maravillosamente conmigo durante esos días tristes en que mi casa se me hacía demasiado grande y solitaria; donde todo me recordaba a Alonso y mi fugaz felicidad con él. Cortés fue entonces el perfecto caballero que supo comprender mi drama y sacarme de mi nube de dolor. Yo tenía solo dieciséis años y ya era tres veces viuda. Él se fue tornando cada vez más protector y tierno conmigo y yo, llena de congoja, acepté de buen grado el apoyo que me brindaba.

Pronto me convenció para que me mudara, durante un tiempo, a vivir en su casa. El palacio del conquistador en México era el que me había visto nacer y a sus abrigados y acogedores muros decidí volver, acosada por mis recuerdos. Allí aprendí a conocer a Hernán y a valorarlo. Era un hombre que poseía un gran espíritu lleno de luces y sombras; un gran gobernante y un genio político; un hombre de alta sensibilidad y fino tacto. Amaba la poesía y la literatura. Tenía una gran biblioteca, donde, junto a autores tan modernos como Erasmo, había una buena colección de clásicos latinos, de los que a veces me traducía algún hermoso párrafo. Poco a poco, empezó a confiarse a mí. Llenó mis oídos con sus altas preocupaciones que antaño habían sido las de mis mayores. El gobierno y la administración del imperio lo tenían siempre ocupado. Así, de modo inconsciente, quizás motivado por la compasión que le producía yo como joven viuda, quizás por su necesidad de encontrar una persona de su talla con quien compartir momentos buenos y malos, nació en ambos una pasión que en mi fue duradera y en él fugaz. La joven viuda oyó palabras amorosas y apasionadas de labios del conquistador y su corazón se entregó a él. Fue una historia de amor bendecida por todos. Parecía que en nosotros se iba a culminar el más alto y primero de los mestizajes del nuevo y viejo mundo. ¡Hubiera sido tan hermoso! Me dio su palabra de matrimonio ante fray Pedro. Yo, necesitada de amor, me entregué a él y de nuestra pasión nació un vástago que pudo haber sido el orgullo de mi vida. Él incumplió la solemne promesa que me había dado y al nacer el fruto de nuestro amor, me produjo la vergüenza más absoluta que jamás haya sufrido. No le culpo ahora sino de no haber sabido ver con claridad el hermoso sendero que se abría ante nosotros.

No comprendió entonces la belleza de nuestra unión. Le entró un miedo irracional y, agobiado por el hecho de que yo me había quedado embarazada, decidió librarse de su compromiso casándome con otro. Fue una humillación terrible para mí. En vez de luces, esta vez me mostró sus sombras, y yo, sobrepasada por los acontecimientos, le dejé hacer. Ante mi pasividad, me comprometió con su mozo de espuelas, el incondicional Pedro Gallego de Andrade, quien, avergonzado por el comportamiento de su patrón, asumió caballerosamente la responsabilidad de aquel. Así, en febrero de 1528 y embarazada de otro hombre, me volví a casar de nuevo.

¡Cuán diferentes sensaciones viví en tan poco tiempo! Mi ser entero se revolvía de indignación ante el engaño que había sufrido. No me lo podía perdonar a mí misma. Mi orgullo no me lo permitía. Tampoco quise jamás ver el fruto de mi frustrada pasión. Cuando nació la niña se la llevaron rápida y calladamente de la casa, pues yo no quise tenerla ni un solo minuto ante mí. Su existencia me recordaría siempre mi inocencia perdida y, consciente de esto, la alejé cuanto pude de mi lado. Quizás no hice bien. Ella no era culpable de nada, pero yo la odié y me avergoncé de ella. Mi honor se sentía maltrecho en su presencia y eso nada podía evitarlo. La llamaron Leonor y se hizo cargo de ella el licenciado Altamirano, primo de Cortés, quien recibió por ello muchas mercedes de su padre.

Una vez arreglado este penoso asunto, Cortés decidió volver a España, pues su gobierno, contestado por unos y otros, estaba en entredicho. Me alegró profundamente su partida. En las tristes circunstancias en que me encontraba, prefería que estuviera a miles de leguas de mí. Ello me facilitaba salir de mi estado de vergüenza. También me ayudó mucho el gozar del respeto y la comprensión de mi nuevo marido. En lugar de culparme, me consoló de mi dolor con cariño y llegamos a tener unas relaciones extremadamente cordiales y afectuosas. Quizás desperté en él ese sentido caballeresco tan profundamente unido a la esencia de lo español; quizás se enamoró de la joven de dieciocho años cuya belleza estaba en la plenitud. Fuese cual fuese la razón, el caso es que compartimos muchos momentos buenos y que de nuestra tranquila unión nació mi hijo primogénito Juan de Andrade Moctezuma. Quise tiernamente a aquel hijo que el cielo me daba como compensación. En el que volqué todo mi amor, necesitado de entrega. Mi hermanastra Leonor, una hija de mi padre con una concubina que se había salvado también milagrosamente de la muerte en la Noche Triste, apareció un día en casa. Me alegré tanto de verla que le pedí que viniese a vivir con nosotros. Aceptó, sin dudarlo un instante. Ella también sentía la misma soledad que yo.

Tuvimos grandes conversaciones en los días siguientes, recordando los tiempos antiguos y se me hizo indispensable. Además de mi hermana, se había transformado en mi primera amiga y cuando llegó el tiempo, le pedí que fuera la madrina de mi hijo Juan. Para celebrar su nacimiento organicé una fiesta como no habían conocido en su vida los españoles. Engalané el palacio de mi abuelo con tapices de plumas y flores que provocaron la admiración de los invitados. Rescaté algunos de los antiguos cocineros de palacio de antaño y preparé un menú de casi cien platos para que mis invitados pudieran degustar lo más cuidado y exquisito de la gastronomía azteca. Me volqué en la celebración. Invité a muchos príncipes del país, a muchos nobles de la ciudad y a muchos españoles. Superé mi vergüenza con orgullo. Y ese orgullo me hizo adorar a mi primer vástago. Para los mexicas, Juan era el último de los príncipes de su casa imperial. Lo veneraron y festejaron su nacimiento en todo el valle, con la esperanza de que un día reinara sobre ellos. Para los españoles era el primogénito de un rico principado y, por tanto, alguien a tener en cuenta.

Mi fiesta tuvo como resultado inesperado el mejor conocimiento de ambos pueblos, españoles y aztecas, que vivían ignorándose mutuamente. Desde entonces, me dediqué a fomentar este tipo de reuniones de confraternización. Intenté ayudar a eliminar viejas enemistades y me esforcé en crear un clima de amistad entre nuestros dos pueblos que ya empezaban a mezclarse. Yo, la emperatriz, di el ejemplo, y otras altas señoras lo siguieron. Empezaron a crecer niños con las sangres del nuevo y viejo mundo fundidas en sus venas. Eran el fruto bendito de nuestro caótico encuentro; la esperanza de un futuro diferente.

Entre los españoles, muchos aceptaron y amaron el mundo que se abría ante ellos y descubrieron en este muchas cosas que les fascinaban. Otros, en cambio, ajenos a toda belleza, llegaron con el ánimo de enriquecerse rápidamente a costa del pueblo. La mayoría de ellos eran hidalgos pendencieros que querían hacer fortuna en pocos años y volver a su patria con la bolsa llena. En contra de tales pretensiones, la Corona de Castilla dictó múltiples leyes de defensa de los indios, pero los abusos se sucedían. Hubo muchos litigios en esa época y muchas personas a las que socorrer. No solo los pobres fueron objeto de rapiña por estos desaprensivos. Incluso mis propiedades se vieron en peligro.

En efecto, la Corona había nombrado a Niño de Guzmán presidente de la Audiencia de México. Este era un hombre tranquilo y desapegado de su labor, lo cual facilitó que dos de sus subalternos, Ortiz de Matienzo y Delgadillo, fuesen asumiendo crecientes funciones. Venales y corrompidos, se dejaban sobornar favoreciendo así una u otra causa, ante la ignorancia y apatía de Guzmán. Al principio eran discretos en su rapiña, pero, poco a poco, fueron creciéndose y haciéndose más osados y codiciosos. Bajo su privanza, empezó a ser costumbre que los litigantes entregasen cuantiosas sumas de oro, que ellos se embolsaban rápidamente, para que los asuntos que presentaban a la Audiencia fuesen bien atendidos. Este estado de corrupción creciente fue aprovechado por algunos señores españoles y aztecas para intentar robar de la Corona, con sobornos, propiedades y privilegios que no les correspondían.

Mi señorío de Tacuba era probablemente el más rico de los antiguos principados del valle, y en ausencia de Cortés, y habida cuenta lo que con él me había acontecido, intentaron discutírmelo. Mi marido tuvo que luchar por mis propiedades y defendió acertadamente mi causa en la Audiencia. Amenazó a Ortiz y Delgadillo con denunciar las manipulaciones que conocía y puso las cosas en su sitio. El 9 de junio de 1528 se dictó la real cédula confirmatoria de mi heredad. Pedro, mi marido, indignado por los tejemanejes de los funcionarios, denunció ante las máximas autoridades la venalidad de los pícaros. Incluso despachó un informe al Consejo de Castilla, donde tenía un amigo. Como fueron muchos los que hicieron parecidas denuncias, la Corona envió una comisión para comprobar los hechos que provocó el cese fulminante de algunos de los implicados. Tras armarse un gran revuelo, las cosas volvieron a su cauce.

El 15 de julio, pocos días después de mi vigésimo cumpleaños, volvió Cortés a México. Me enfurecí terriblemente cuando supe que se había casado en España, pero rápidamente moderé mi cólera. Yo era hija de emperador y había sido emperatriz, y no dejaría que el despecho me traicionase. Llegó en el pináculo de su gloria. El emperador Carlos I de España y V de Alemania le había atendido personalmente. Había ponderado su actuación y su celo conquistando territorios para Castilla y había mostrado a todos su imperial aprobación, concediéndole el título de marqués del Valle de Oaxaca y el cargo de gobernador general de Nueva España, solo le había negado el de virrey.

Con esto, Cortés recibía uno de los territorios más bellos del antiguo imperio, un señorío extenso y rico con un palacio que había sido el capricho imperial de mis tíos abuelos, Tízoc y Ahuitzotl. Allí se dirigió, acompañado de su corte, tras comprobar que todo estaba bajo control en la capital. Le vi fugazmente en la recepción oficial de bienvenida. Le miré con altivez y le di fríamente mi enhorabuena por su casamiento. Él bajó los ojos ante mí, sin atreverse a encarar mi mirada. Ese fue mi pequeño triunfo ante él: una victoria quizás bastante pírrica, pero que mi espíritu necesitaba para recobrar la paz.

Transcurrieron apacibles los meses de verano. Mi hermanastra Leonor se casó y anduve de cabeza con los preparativos de la boda. Mi marido Pedro de Andrade y yo nos íbamos comprendiendo cada vez mejor y nuestro afecto iba tornándose más sólido. Juntos emprendimos las obras de reforma del palacio de mi abuelo. Muchas de sus dependencias se habían caído o estaban en estado precario como consecuencia de los cañonazos que habían recibido durante el sitio de la ciudad. Ordené derribar la parte que amenazaba hundirse y restauré y consolidé el resto. El enorme palacio se vio bastante reducido, pero lo que quedó del antiguo edificio era de nuevo perfectamente habitable. Fueron muchos meses de trabajo y de molestias los que hubimos de sufrir; de albañiles y artesanos invadiendo constantemente nuestra intimidad. Pero valió la pena. Conseguí que volviese a lucir parte de su antiguo esplendor. En las obras colaboraron voluntariamente muchos mexicas que yo tenía recogidos en la casa y que no eran capaces de adaptarse a los nuevos tiempos. Muchos de ellos, antiguos guerreros, habían visto su mundo derrumbarse y vagaban como sombras por la ciudad, desubicados y desmoralizados. Al entregar sus esfuerzos a levantar de nuevo el antiguo palacio de Axayácatl, algunos recuperaron algo de su ser perdido.

Sin embargo, yo no podía acoger para siempre a esta multitud de desclasados que poco a poco se iban dejando morir. Esa fue una de mis mayores preocupaciones de entonces. Intenté de mil modos insuflarles un poco de esperanza, pero era tan difícil como hacerle ver la luz a un ciego. Los guerreros tenochcas se morían de pena. Privados de sus batallas rituales, de sus danzas y ceremonias y de su orgullo, en pocos años se eclipsaron en las sombras del glorioso pasado, hasta extinguirse calladamente.

A primeros de marzo de 1531 murió Pedro Gallego de Andrade. De nuevo la muerte jugaba conmigo. De nuevo me veía viuda, ya por cuarta vez. Tenía un niño pequeño y muchos deudos de quien cuidar, pero ya no era una niña desvalida. Sentí una gran tristeza por la muerte de Pedro. Se había portado maravillosamente conmigo y era el padre de mi hijo. De todos modos, no me dejé abatir esta vez por la visita de la Segadora. Asumí con serenidad mi nueva viudedad y me ocupé de cumplir cristianamente con sus últimas voluntades. Pedro se había ocupado admirablemente de mis asuntos durante los dos años que duró nuestro matrimonio. Mis títulos de propiedad estaban en orden y mis haciendas generaban riqueza suficiente para mantenerme con todo lujo y para las múltiples tareas asistenciales en las que pensaba ocupar mis días, tras mi cuarta viudedad.

Fue en esta época cuando me vino la idea de construir un hospital para los pobres. Había visto demasiado dolor en las calles y decidí unir mis esfuerzos a los de los padres franciscanos para intentar paliarlo, dentro de mis posibilidades. Les hice donación de una gran casa en las afueras de la ciudad que poseía buenas condiciones para ello y allí fueron acogidos muchos enfermos que no tenían a dónde acudir. Los franciscanos se entregaron con fervor a nuestra obra y en pocos meses, el hospital empezó a funcionar con eficacia. Así, a pesar del tiempo pasado, seguía siendo fiel a la promesa que le hiciera a mi padre Moctezuma Xocoyotzin. Nunca me olvidaría del pueblo que desde que nací me había venerado.

Con mi viudedad volvieron a visitarme los grandes señores del imperio. Para su contento, yo intentaba mantener el antiguo ceremonial y el protocolo mexicas. Era fiel a mi costumbre de bañarme dos veces al día y las recepciones en mi casa permitían a mis invitados recordar la largueza de las de otros tiempos. Y cuando partían les hacía los tradicionales regalos que habían hecho famosos a mis antepasados. Mi posición me lo permitía y mi orgullo me lo pedía. Del palacio de Axayácatl, del de doña Isabel de Moctezuma, nadie salía con las manos vacías. Ya fuera un bello manto, unas delicadas flores, una copa u otro objeto hermoso, todos partían siempre con algo más de lo que habían traído.

De mi cuarto matrimonio solo quedaba mi hijo Juan. En Juan de Andrade Moctezuma se unían las dos razas, españoles y aztecas y estos últimos querían que con él continuase el dominio de la Casa de Acamapichtli sobre el Anáhuac.

A la muerte de mi marido, sutilmente, los últimos grandes señores que habían sobrevivido a la conquista fueron tanteando mi ánimo. Uno a uno, los príncipes y señores fueron a visitarme. Me contaban sus cuitas y recordaban conmigo los tiempos de esplendor. Yo, que había vivido muchas conspiraciones y que tenía un aguzado sentido político, comprendí que de nuevo algo se estaba fraguando. Y así era. Un día se me anunció la visita de un auténtico elenco de la nobleza de sangre de la confederación. Los señores de todas las casas supervivientes llegaban juntos a mi casa. Les recibí en el jardín, donde, uno a uno, me hicieron el homenaje antiguo de la postración que solo al tlacatecuhtli se debía. Mi hijo Juan, en mis brazos, reía divertido.

El más anciano de entre ellos me habló solemnemente, diciéndome:

—Gran señora, emperatriz Tecuixpo Ixtlaxóchitl. No queda ninguno de nuestros antiguos señores mexicas; han muerto todos los príncipes y todos los caudillos; de su limpia sangre solo restas tú, señora y este niño que lleva en sus venas, legítimamente, la sangre de Acamapichtli. En él esperamos nosotros, los que vimos reinar con gloria a tu padre, Moctezuma Xocoyotzin. En él creemos, para luchar contra unas fuerzas que están transformando el mundo que conocimos hasta tornarlo irreconocible. Por él sufrimos, para que crezca y pueda lucir el manto y la diadema imperial y restaurar las antiguas creencias.

Le detuve con un gesto en su discurso. Él quería continuar hablando; quería intentar convencerme para que, en mi nombre y en el de mi hijo, se lanzase un grito de guerra que llevara al pueblo a la victoria o a la muerte.

No le dejé continuar. Le hablé, con lágrimas en los ojos. Le aseguré que mi amor por el pueblo era tan grande como el suyo; que yo no podía provocar una rebelión que acabaría esclavizándonos a todos; que yo creía que el encuentro de nuestros pueblos debía verse desde la óptica del enriquecimiento de ambos y no desde el de la destrucción de uno u otro. Conmovida hasta la médula por su dolor y por su fidelidad, les hablé como si fueran parte de mi familia; esa que había desaparecido y que ellos añoraban tanto como yo. Les hablé de la promesa hecha a mi padre de que cuidaría del pueblo. Les expliqué el poder destructivo de las armas españolas y el inevitable y cruento fracaso de una posible rebelión. Quise hacerles ver la posibilidad de luchar desde dentro del sistema; de conquistar a los conquistadores, pero por la vía de la paz. Solo así nuestra cultura podría sobrevivir en la oscuridad de los katunes malditos.

Les recordé las antiguas profecías que lo habían anunciado tiempo atrás. También les recordé la consigna de Anáhuac que pronunciara mi difunto esposo Cuauhtémoc. Algunos señores lloraban conmigo mientras mis palabras destrozaban sus últimas esperanzas. Lo hice conscientemente y ni entonces ni ahora me arrepiento de ello. Debía guiarles con firmeza para evitar que la inconsciencia de unos pocos y la nostalgia de los tiempos antiguos nos arrastrarán a todos a la perdición. Asumí plenamente mi papel.

En ese instante, cambiando de tono de voz, me dirigí a ellos como emperatriz de Tenochtitlán. Les ordené abandonar toda actividad belicosa. Puse a su disposición mi consejo y mi ayuda para enderezar situaciones comprometidas que pudieran surgir. Intenté insuflar una esperanza en ellos que fuese pacífica y constructiva. Les hablé del fecundo encuentro que, si había sido terriblemente cruento en la primera fase, ahora en cambio podía dar unos frutos maduros y ricos. Los animé a actuar como yo lo estaba haciendo, intentando salvaguardar lo mejor de los dos mundos para nuestros hijos. Y para corroborar mis palabras les mostré a mi hijo, su fallida esperanza y la prueba viva de la unión fecunda de las dos sangres.

A mis veinte años, tras los acontecimientos que acabo de relatar, comprendí que algo dentro de mi ser había cambiado para siempre. Yo era para los míos la quintaesencia de la raza azteca. Físicamente, esto era cierto. Sin embargo, mental y afectivamente mi ser azteca se veía teñido de conceptos que eran ajenos al mismo. Mi comprensión del cristianismo me acercaba a los españoles. Mis costumbres eran ya una mezcla de las de ambos pueblos y yo me sentía enriquecida por esta doble influencia. Mi personalidad era fruto de esa colisión y no podía ni quería renunciar a mi dualidad.

Durante el resto del año, seguí ocupándome en organizar la ayuda a los necesitados y en mejorar la asistencia a las personas más desfavorecidas de Tenochtitlán. Algunos señores que, como yo, conservaban muchas de sus antiguas propiedades, colaboraban conmigo y con los frailes en estas tareas. Poco a poco, la vida de la ciudad fue recobrando su tono y el espíritu de rebelión murió. Algunos antiguos edificios fueron rescatados y reconstruidos; otros demolidos. En el antiguo palacio de mi padre se estableció definitivamente la residencia de Cortés en la ciudad. Nuevas edificaciones se alzaron sobre las ruinas de otras. Tenochtitlán iba cobrando un perfil diferente y transformándose en la Ciudad de México. En donde antaño reinó el dios Huitzilopochtli ahora se estaba erigiendo un templo que sería la futura catedral de la ciudad. Los franciscanos me anunciaron que querían dedicárselo a la Virgen de Guadalupe, la patrona de Extremadura y México. Yo veía fascinada cómo donde antaño había corrido la sangre iban a elevarse ahora nubes tranquilizadoras de incienso a los cielos estrellados sobre los que reinaría la Virgen Morena.

Los meses pasaron rápidamente. Tuve que viajar mucho. Decidí dedicarme a conocer mis propiedades y a mejorar la explotación de mis tierras. Fue entonces cuando conocí al que sería mi siguiente marido. Ambos íbamos a emprender viaje desde Tacuba a México cuando nos encontramos, casualmente, a la salida de la ciudad. Él me saludó con cortesía y se ofreció galantemente a escoltarme durante el camino. Yo acepté, contenta, la compañía. Él se presentó con una agradable naturalidad. Se llamaba Juan Cano Saavedra, me dijo, y era originario de la ciudad de Cáceres. Anduvimos el camino de México hablando de las lejanas tierras de su Extremadura natal. Me contó que la mayoría de los hombres que habían venido hasta el valle eran de su tierra. Esto me había llamado muchas veces la atención y le pregunté la razón por la cual todos aquellos guerreros eran oriundos de una sola parte del lejano reino castellano. Me explicó que el segundo gobernador de Indias, frey Nicolás de Ovando, había fomentado mucho entre sus paisanos extremeños la idea de viajar a las Indias Occidentales y engrandecerse con épicas aventuras, al servicio de la Corona. Frey Nicolás se había enamorado de las bellas islas, descubiertas por Colón, que él había gobernado con justicia durante diez años. Fruto de ese amor fue la afluencia de sus paisanos, los cuales, orientados por él, vinieron a América buscando la gloria y la riqueza. Juan Cano conocía personalmente al gobernador Ovando. Había hablado con él en su lejana Cáceres y había decidido acudir a la llamada de la aventura, empujado por los hermosos relatos del comendador de Lares de la Orden de Alcántara.

Él no había estado entre los que llegaron con Cortés. Cano embarcó para el continente con la expedición enviada por el gobernador Velázquez. Bajo el mando de Pánfilo de Narváez, llegó a Tenochtitlán justo a tiempo para sufrir la Noche Triste. Se vio inmerso de golpe en un mundo mágico e increíble. Se había quedado fascinado y horrorizado ante el terrible esplendor tenochca. Él me conoció en aquellos lejanos días —me dijo—, aunque se le hacía difícil relacionar a la niña de entonces con la mujer de ahora. Yo no le recordaba. Para mí, en esa época, los españoles eran todos muy parecidos.

Me impresionaron su llaneza y su caballerosidad. Desde el principio surgió entre nosotros esa confianza que no se puede forzar y que raras veces se produce entre dos personas. Era inteligente y apuesto, y su conversación, culta y discreta, despertó algo que dormía dentro de mí. Cuando llegamos a la ciudad, me acompañó hasta la puerta de casa y allí se despidió cordialmente de mí, no sin antes pedirme que le autorizase a visitarme de nuevo. Accedí complacida.

Desde ese momento, vino cada día puntualmente a casa. Unas veces me traía flores, otras, hermosos relatos. Casi sin darnos cuenta, nos fuimos enamorando serenamente, y llegó un momento en que ya no podíamos prescindir el uno del otro. Un día hermoso de abril me pidió en matrimonio y yo le acepté, feliz.

Nos casamos en mayo de 1532. Yo tenía veintiún años y me sentía en la plenitud de la vida. Atrás quedaban los matrimonios fugaces, el dolor, las frustraciones, las tristezas y la soledad. Recé con fervor para que esta vez todo me saliera bien y, gracias a Dios, fui escuchada. A mi enlace asistió lo más florido de la ciudad. Fue un momento de rara armonía. El marqués de Oaxaca me envió unos exquisitos quetzales de oro que habían pertenecido a mis antepasados como regalo de boda. Procuraba tener buenas relaciones conmigo, si bien se mantenía a distancia. Los señores mexicas me hicieron llegar un bellísimo ajuar, bordado con plumas de quetzal y enriquecido con turquesas, que asombró a cuantos lo contemplaron. El pueblo llenó el palacio de flores y de panes dulces.

Aparte de su inteligencia y de su prestancia, mi marido era un hombre valiente que no había eludido el combate nunca. Participó con Cortés en la conquista de los zapotecas y de los huastecas. También actuó con valor en Michoacán y Coyoacán, salvando a Cortés de más de una situación comprometida, lo cual le hizo merecedor del agradecimiento del conquistador. Esto provocó que nuestra fortuna se viese incrementada con los señoríos que Juan recibió como premio a su esforzada entrega. Pero los tiempos de las guerras estaban tocando a su fin, gracias a Dios. Por fin podía recobrar la tranquilidad. Mi esposo se había ganado el respeto de españoles y aztecas y yo me sentía orgullosa de él. Aceptó vivir en mi casa de México y cuidó de mi primer hijo como si fuera propio. Este, sin embargo, siempre sintió celos de su padrastro y nunca conseguí que esta infantil antipatía cesara, por más que lo intenté.

Con Juan me sentí, desde el principio, plenamente mujer. Me ayudó a conocer rincones ocultos de mi ser que florecieron entre sus brazos en aquellas noches de magia y amor. Poco después de nuestro matrimonio, me quedé embarazada. Aún recuerdo la alegría y el orgullo que percibí en mi comedido esposo cuando se lo comuniqué. Durante los siguientes meses me cuidó como si fuera la más delicada flor del más exquisito jardín de Anáhuac. No me dejaba ocuparme de ningún quehacer que pudiera fatigarme lo más mínimo. Satisfacía amorosamente cualquier capricho que yo tuviera, por extravagante que fuera, y volvió locas a Xu y a Xochi con su preocupación constante por mi embarazo. Yo me dejaba cuidar, mimosa. Sabía que me quería, pero solo entonces me di cuenta cabal de la profundidad de su amor.

Por fin se acercó el día del alumbramiento. Él estaba esperándolo ansiosamente. Había contratado a las mejores y más afamadas parteras de la ciudad, aconsejado por mi hermanastra Francisca, la más pequeña de las hijas de una de las concubinas de mi padre, que vivía con nosotros. Doña María y doña Teresa, mis ayas, se enfurecieron porque consideraban que ellas solas se bastaban para ayudarme a dar a luz a la criatura que había de venir. Yo me entretenía con estas pugnas que me distraían de mi pesadez, cuando el niño llegó, casi sin avisar.

Las parteras estaban fuera de casa, pues no lo esperaban tan pronto. Mi hermana Francisca casi se desmayó de la impresión cuando rompí aguas y mis queridas Xu y Xochi supieron encarrilar la situación con suma eficacia. En medio de la confusión nació mi hijo, fuerte y sano. Su llanto alertó a toda la casa y el zafarrancho, cuidadosamente preparado por mi marido, se mostró totalmente innecesario.

Mis queridas ayas me dejaron verlo, una vez cortado el cordón umbilical y lavado. Era niño y se llamaría Pedro. Así lo habíamos decidido Juan y yo. Este entró en la habitación como un torbellino. Su primogénito había llegado tan rápidamente que ni siquiera le había dado tiempo a reaccionar. Estaba como embobado por la emoción. Cogió al niño en sus brazos y empezó a hacerle carantoñas, hasta que la gentil Teresa intervino y haciendo uso de su autoridad se lo quitó de las manos, lo vistió y me lo entregó para que lo amamantase. De nuevo la alegría y la risa inundaron mi casa. La celebración del bautizo de Pedro fue todo un acontecimiento. Incluso su hermano mayor, de natural algo celoso, aceptó su llegada con ilusión. Se pasaba el día jugando con su hermanito y lo mostraba orgullosamente a cuantos vinieron a darnos la enhorabuena. Eso me tranquilizó un tanto, pues me preocupaba su posible reacción.

En aquellos tiempos, volvimos a tener problemas con la titularidad de algunos señoríos y propiedades. Mi marido acudió a la Audiencia y se enfrentó con el propio marqués. Este quería recuperar la jurisdicción sobre algunos pueblos que me había cedido y Juan Cano le hizo frente. De algún modo, la vieja historia entre el marqués y yo estaba presente en el ánimo de mi esposo que, caballero cabal como era, había llegado a despreciar a Cortés, de quien había sido hasta entonces admirador y amigo, por la afrenta que me había hecho antaño. El pleito se solucionó a favor nuestro.

Yo me sentía llena de ilusión y de vida. Con Juan aprendí a conocer de un modo nuevo muchas cosas. Su cariño me daba seguridad y, a su lado, lo más banal cobraba matices de una riqueza insospechada. Muchas veces, al atardecer, nos sentábamos en un cenador del jardín de mi abuelo. Allí, rodeados de exóticas plantas y hermosas aves, me hablaba de su adusta y amada Extremadura; sus ojos brillaban con una luz especial cuando me dibujaba su ciudad natal, su Cáceres del alma, la cual acabé amando y conociendo casi de memoria, desde la distancia: su muralla noble, orlada de guerreras torres, sus casas solariegas, su iglesia de Santa María, profusamente ornamentada, como el palacio que Alfón Golfín se estaba construyendo. Me aprendí de memoria las banderías, y pugnas de Ovandos y Carvajales; de Mayoralgos y Sandes, de Mogollones y Ulloas. Casi hubiera podido andar a ciegas por sus callejas empedradas, de tan familiares como llegué a sentirlas.

Yo, por mi parte, le contaba cómo eran antiguamente las cosas en México. Le hablé de los ritos de la corte de mis antepasados; de cómo, con ocasión de la coronación de mi padre, se regaló en dos días el producto de más de un año de tributos del imperio. Le llevé a Texcoco, donde los poetas mexica brillaron a mayor altura y le recité las antiguas rimas de Nezahualcóyotl. Ambos aprendimos a amar y respetar las costumbres del otro y nuestro

252

matrimonio se fue enriqueciendo progresivamente con la mutua comprensión.

Pero lo que admiraba especialmente en mí mi marido era mi profunda y sincera fe. Siempre decía que le hubiese resultado difícil hallar, en el mismísimo corazón de Castilla, una dama con una piedad mayor que la mía. Yo callaba y aceptaba divertida su homenaje. Y si nuestros días eran felices, nuestras noches lo fueron aún más. Aprendimos juntos a encontrar los últimos resortes de nuestros cuerpos y a eliminar el trazo de cualquier posible barrera entre nosotros. Física y espiritualmente, conocimos momentos de un éxtasis casi absoluto. Los meses pasaron y pronto estuve de nuevo embarazada. Esta vez no se armó tanto alboroto como la anterior. Xuchil y Xochiquétzal se hicieron cargo de la situación desde el principio y, cuando llegó el niño, todo salió a las mil maravillas. Decidimos llamarle Gonzalo. Juan estaba ufano y orgulloso, como un pavo real. Las cosas nos iban bien y solo algún que otro pequeño contratiempo legal alteraba nuestra tranquilidad durante un corto periodo de tiempo, en esa época de bonanza.

Cuando me repuse del parto le propuse a mi marido que fuésemos a Tacuba, a la casa de mi abuelo Totoquihuatzin. Era esta una de mis propiedades favoritas. Allí había morado mi madre. Allí se habían conocido mis padres, allí había surgido el gran amor que duró mientras vivieron. Era una casa llena de recuerdos dulces. Ningún suceso aciago había acaecido en ella jamás. Siempre había sido el refugio de mi alegría; mi recóndito y amado lugar de paz, donde el mero aire me sosegaba. Juan, que me había oído hablar mucho de este palacio, aceptó gustoso la idea de conocerlo. Decidimos emprender la marcha una vez arreglados algunos asuntos pendientes, para no dejar detrás ninguna preocupación.

Tras un viaje agradable y sin problemas llegamos a Tacuba. La ciudad nunca había sido tan magnífica como las grandes urbes mexicas del lago, pero tenía un encanto especial. Sus casas de adobe, blanqueadas al sol, le daban un aire pacífico y rural. Y mientras Juan degustaba contemplando los detalles del pueblo, llegamos ante el palacio de Totoquihuatzin. Le admiró la belleza de su fachada, realzada por unas columnas talladas en forma de serpiente y de colibrí. La gran puerta de entrada estaba situada en el centro justo de la misma y se abría a un zaguán que conducía a un patio grandioso, sostenido por unas columnas aún más bellas que las exteriores. Era el primero de los cuatro patios que daban luz a la casa; Juan se quedó fascinado ante el estanque, cuyo fondo era una escena mitológica, dibujada en piedras preciosas y oro, sobre una base de turquesa.

Allí pudo mi marido admirar la sofisticación de unos baños aztecas en perfecto estado, pues los de casa de mi abuelo se habían hundido con la guerra y hube de hacer otros después, mucho más modestos. Se asombró ante el mecanismo que hacía surgir los chorros de agua caliente y fría a presión de las paredes cuando se giraba un grifo de jade o de oro. La riqueza de la decoración, a base de grecas y figuras, admiró al exquisito cacereño que consintió en honrar aquella sala con una frecuencia que cualquier otro español hubiese considerado enfermiza. Todos los días por la mañana visitamos el maravilloso recinto donde vivimos muchas horas de placer compartido.

En Tacuba aprendimos a sentir al unísono. Éramos como un solo ser repartido entre dos cuerpos.

Le guie por los jardines donde mis padres habían tenido sus primeros encuentros. Allí concebí al siguiente fruto de nuestro amor. Era una nueva alegría en nuestra vida. Los meses pasaron veloces y, llegado el momento, nació mi primera hija, a la que dimos mi nombre. Su nacimiento nos regocijó profundamente a los dos. Ya teníamos tres varones y en mi fuero interno yo deseaba una niña que completase mi familia y él también. Mis ayas estaban encantadas. Pronto supe que no la dejarían ni a sol ni a sombra. Xu y Xochi se pasaban las horas muertas contemplando a la que llamaban su joven Tecuixpo mientras yo las veía feliz. Así transcurrió un año maravilloso.

En la primavera, Juan y yo recorrimos el antiguo reino de mi abuelo. Fuésemos por donde fuésemos, los campesinos me saludaban como a su reina postrándose ante mí, y Juan se admiraba de la lealtad y el amor que me tenían estas gentes que, en su mayoría, jamás me habían visto. Durante el tiempo que permanecimos en Tacuba, muchos altos señores del reino pidieron audiencia para conocer a mi marido. Este les recibió cordialmente y supo ganárselos con su afable y sencillo trato. Entre aquellos señores mexicas se dio cuenta de cuán profundamente le había conquistado mi mundo. A su amor por mí se unió, a partir de entonces, una admiración profunda por nuestras costumbres y, poco a poco, mi esposo pudo sentir, tan fuertemente como yo, una intensa devoción por nuestra antigua cultura y por mi pueblo que le había aceptado con los brazos abiertos.

Eso era exactamente lo que yo había deseado. Su amor había transcendido todas las barreras y ya estaba preparado para saber otras cosas; para vislumbrar soles escondidos. Una noche, después de hacer larga y cálidamente el amor, le hablé del mayor secreto de mi raza; del gran tesoro de los emperadores tenochcas. Fue como contarle a un niño una historia maravillosa. Era una nueva sorpresa que yo le daba; que nuestro pueblo le daba. Le expliqué la razón de ser del tesoro; el que ningún emperador hubiese jamás usado de él. Él me escuchaba encantado y maravillado. Solo cuando acabé de narrarle su historia, me preguntó acerca del contenido del mismo, con curiosidad. Fue entonces cuando le dije con naturalidad que podía verlo si quería; que estaba allí mismo, escondido en algún lugar bajo sus pies.

Juan casi no podía dar crédito a lo que oía. El gran tesoro azteca era una leyenda entre los españoles. Cortés lo había buscado sin éxito, pensando que había desaparecido para siempre. Pero no era así. Yo había guardado firmemente el secreto del mismo y mi marido Cuauhtémoc había sufrido tortura por él. El tesoro de los mexicas era mío por derecho. Era la última princesa legítima mexica, la última emperatriz de México y, por ello, la propietaria natural de las legendarias riquezas acumuladas por mi pueblo. Así se lo expuse con una naturalidad que a mí misma me asombró. Por vez primera un español iba a poder disfrutar de la contemplación del tesoro imperial.

Sus ojos brillaron de excitación cuando le pedí que me siguiera. Su asombro inicial se había transformado en profundo interés al saber que estaba allí, en Tacuba. Le expliqué, mientras descendíamos por escondidas escaleras, que Cortés lo había vislumbrado en la Noche Triste y que esto había forzado su traslado a un lugar seguro, lejos de la ciudad de Tenochtitlán, donde corría peligro. Cuitláhuac lo había ordenado así y había sido rápidamente obedecido. Tacuba me correspondía en propiedad, como hija única de Teizalco; el emperador se decidió por la discreta y tranquila ciudad de mi abuelo y el inmenso tesoro mexica fue concienzudamente camuflado en carros y en la oscuridad de la noche partió de la capital para encontrar su nuevo escondrijo.

Mientras le contaba esto llegamos a un sótano vacío. Yo callé de improviso. Juan me miró interrogativamente. Me concentré para buscar en la pared las piedras que había que tocar en un determinado orden. Recordaba con exactitud la cadencia y mi mano no vaciló al tantear las antiguas piedras. Primero una, luego dos, luego tres. La pared abrió un pequeño portillo en su lisura. Cogí una de las antorchas que llevábamos y traspasé el umbral escondido. Sin decir palabra, Juan me siguió fascinado.

No podía haber imaginado ni siquiera en sus más fantásticos sueños lo que sus ojos le estaban mostrando. Joyas sin número, entregadas como tributo por los soberanos conquistados; diademas y coronas imperiales mexica; collares de oro incrustados de turquesas y jades; de cornalinas y corales; de esmeraldas y obsidiana. Sandalias de oro y plata, tronos, cetros, palios de malla de oro cosidos de perlas y de plumas; máscaras de oro con las imágenes de los emperadores; estatuillas votivas a los antiguos dioses; miles y miles de objetos se apilaban ordenadamente, habitación tras habitación, ante la atónita mirada de mi marido.

No hablamos. Él se acercaba reverentemente aquí y allí para contemplar alguna pieza especialmente preciosa, pero lo hacía con un respeto casi religioso. No osó tocar ninguno de los objetos allí depositados y, al cabo de un tiempo, cogiéndole de la mano, lo saqué del resguardado recinto. Tardó en recuperarse de la impresión, pero lo hizo. Y también se tomó su tiempo para hablar. Cuando por fin se sintió capaz de expresar lo que había pasado por su mente y por su corazón, solo entonces, mirándome me dijo:

—Isabel, mi hermosa y dulce emperatriz, mi mujer y mi amante, mi amiga y mi confidente. Estas y tantas cosas más eres para mí, mi dulce bien. Hoy me has dado una prueba de suprema confianza. Has osado mostrarme un tesoro que habría vuelto locos de codicia a la inmensa mayoría de los mortales. Me has entregado las llaves de una riqueza mayor de la que hombre alguno haya poseído jamás. Me has amado hasta el punto de arriesgarte a perderme por no esconderme tu último secreto. Me has dejado anonadado con tu enorme generosidad. Me siento disminuido ante la hermosa dádiva que de todo lo tuyo me haces y el agradecimiento que experimento no puede expresarse con palabras. Me siento conmovido ante la total entrega de tu amor y solo podré ser merecedor de la misma correspondiéndote en la misma medida.

—Yo quería que lo supieses —le dije desde el fondo de mi corazón—. No podía vivir contigo, amarte, entregarte mi cuerpo y mi alma, desear compartirlo todo contigo y tener guardado dentro de mí, como una pesada losa de oro, ese terrible secreto. Ahora ya no es mío, sino nuestro, y juntos decidiremos el mejor modo de utilizarlo.

—Gracias, mi querida Isabel —me dijo, interrumpiéndome—, gracias, por intentar ver en mí un hombre superior a los demás, porque eso me eleva. Gracias por darme todo tu ser, porque eso hace que no haya límites a nuestra mutua entrega. Me has dado hoy dos tesoros a cuál más valioso. El uno representa en oro y joyas la antigua y rica cultura de tu pueblo; el otro me ha mostrado al ser más exquisito y puro de una raza entera. ¡Cuán bien supieron tus mayores lo que iban a producir cuando fuiste engendrada! ¡Una luz que iluminaría el Anáhuac con un esplendor más vivo que el de la bella Tenochtitlán!

»Agradezco a Dios el que me haya permitido valorar en su justa medida lo que sientes por mí, porque a fuer de profundo, podría frívolamente haberme pasado desapercibido. Cuánto le agradezco que me haya hecho ver tu grandeza. Así, aunque siempre te he querido, ahora además he aprendido a valorarte en tu justa medida, de la que intentaré siempre ser digno.

Sus ojos de guerrero se humedecieron. Me abrazó tembloroso y después, compartiendo el último secreto de los mexicas, nos volvimos a nuestras habitaciones en profundo silencio.

Hablamos durante días acerca de lo que podía hacerse con nuestro legado. Era el producto de la lucha por la supremacía de mi pueblo. Parecía un milagro que hubiéramos podido salvarlo de la rapiña. Cada pieza de oro multiplicaba enormemente su valor por el exquisito labrado, por el fascinante diseño, por su carácter singular e irrepetible.

Esa era la realidad. En nuestro poder teníamos suficiente oro como para financiar una guerra, para comprar México entero o para caer en las redes de la más profunda avaricia.

Era como si, de algún modo, eso mismo nos impidiera sentirnos sus dueños. Sabíamos que podíamos perdernos en tanto exceso. Incluso peor. Podíamos ser asesinados y despojados si la existencia de nuestra riqueza llegaba a ser conocida. No obstante, decidimos hacer algo con ello. Mi padre, muchas veces presente en mi memoria, me recordaba siempre aquel principio que me inculcara de niña: ama a tu pueblo y protégele, pues tú eres su guía y su espejo. En ti se miran y lo que tú hagas ellos lo harán.

Por fin, de mutuo acuerdo, decidimos utilizar discretamente el tesoro, para aliviar las injusticias y miserias que estuvieran a nuestro alcance. Fue así como compramos la hacienda de Tlehuaquepán. Era un magno dominio que podía producir mucho alimento; donde las cosechas de maíz, frijol y patata se sucedían abundantemente. Allí, escondido en el vasto territorio de nuestra propiedad, construimos un lugar paradisiaco donde se refugiaron algunos de los que eran incapaces de asumir los cambios que se habían producido en el mundo que habían conocido.

Era un lugar de una belleza sin par que descubrimos por casualidad. Un valle grande y largo que tenía una sola y difícil entrada escondida en los profundos pliegues de un alto pico. Las montañas lo guardaban de intrusos, pues se elevaban, cortadas a pico impidiendo el paso a los hombres y enmarcaban sus límites. En sus casi siete leguas de largo se sucedían el bosque y el llano; las laderas montañosas estaban cubiertas de árboles centenarios y la llanura era un prado fecundo, regado por un cristalino arroyo, que moría en un pequeño lago cuyo nivel ni subía ni mermaba.

Allí decidimos descansar de los bruscos cambios y construir un mundo hecho a nuestra medida. Allí decidimos guardar los restos del esplendor mexica. Los últimos tejedores del algodón que aún poseían el secreto de crear plantas de color se refugiaron aquí. También lo hicieron los grandes funcionarios de palacio. Poco a poco, fueron llegando los últimos y abatidos guerreros águila y jaguar. Aquí podían erigir de nuevo casas de honor y lucir sus emblemas orgullosamente, sin vituperio de nadie. Tras estos, vinieron los más finos artesanos y artistas y, por fin, los más desposeídos, los que no traían más que su dolor. A estos les dimos las tierras del valle para que, con el verdear de las mieses, vieran reverdecer sus espíritus. El valle se fue haciendo progresivamente autosuficiente y allí donde solo había habido una casa noble y rica, floreció una ciudad que era un homenaje a la cultura mexica que allí debía perdurar. La llamamos Maxtlatitlán, en recuerdo de la ciudad de la que partieron antaño nuestros antepasados, en la noche lejana del pasado legendario.

Allí nació Catalina, mi quinta hija. Entre todos estábamos construyendo un sueño y éramos conscientes de ello. La felicidad que nos inundaba no fue empañada por ningún problema. Todo era perfecto en ese tiempo florido. Habíamos llegado a uno de esos raros momentos de armonía vital, en que todo es positivo y beneficioso, donde uno llega a comprender que es parte de un engranaje universal complejo y perfecto. Nada amenazaba la serena paz del valle. En él, inevitablemente, perecieron las antiguas y sanguinarias costumbres aztecas. Nadie quiso alzar un altar de sacrificios humanos. Muchos de los que llegaban no creían ya en los antiguos dioses. Se sentían traicionados y abandonados por ellos. Estaban vacíos de luz espiritual y cansados. El cristianismo tampoco les había podido asimilar. Sus espíritus estaban muy dañados y necesitaban paz. Lo poco que yo podía hacer por ellos era guiarles en su búsqueda, facilitarles el camino. Entonces recordé las valiosas enseñanzas de mi antiguo y sabio preceptor Ehecateotl. Había llegado el momento en que tenía que guiarles a la luz.

Intenté sintetizar para ellos una visión del mundo que les permitiese volver a cultivar en sus espíritus lo sagrado. Durante muchas semanas estuve explicándoles muchas cosas que ellos ignoraban o que habían olvidado en su ofuscación. Les hablé del camino del guerrero espiritual; de la conquista interior y de la paz verdadera. El peregrinar de nuestro pueblo no había sido en vano. Llevaban una luz hermosa en su corazón, el sentido de *tzemanahuacayotl*, la armonía. Solo había que despertarles y avivar la llama casi extinguida en sus corazones.

Despacio, sentí cómo iban recuperando la fe en sí mismos y pacientemente, regué la pequeña plantita para que echase fuertes raíces. Las antiguas sahumadoras volvieron a sentir que llevaban un tesoro sagrado en su interior. Un día, llevamos a cabo un poderoso ritual para bendecir la tierra. El copal, la resina olorosa, fue quemado por las sahumadoras, quienes bendijeron los cuatro rumbos del universo con un fervor reencontrado. De mis labios salieron las antiguas palabras de la invocación a los cuatro vientos y a la madre tierra Coatlicue-Tonantzin. Los guerreros jaguar y águila formaban un círculo a mi alrededor y al ritmo de un *huéhuetl*, el tambor ceremonial, comenzaron a danzar, recabando la energía del cielo y de la tierra. Fue un momento mágico en el cual sentí que mi espíritu salía de mi cuerpo y volaba por encima del círculo. En ese instante, volví mis ojos hacia arriba. En el cielo vi una gigantesca águila blanca que me miraba con fijeza. Luego, majestuosamente, comenzó a elevarse hasta que se fundió en el sol. Un poderoso rayo de luz bajó hasta mí, llenándome de calor. Guiada por el poder volví a mi ser físico. Sentí que había cumplido una parte de mi misión.

Allí me dieron solemnemente el título de reina del valle. Se celebró el acontecimiento siguiendo el antiguo ritual de la coronación imperial. En mis sienes pusieron la diadema que mi madre llevara en Tenochtitlán, el día en que fue reconocida como soberana de la tierra de Anáhuac. Al fin me sentí realmente emperatriz, con unos súbditos y un territorio que me pertenecían, me querían y me necesitaban. Pero también yo les necesitaba a ellos. Era el momento dorado que mi padre había soñado para mí. La dinastía perduraría y también las antiguas costumbres. Juan me ayudaba en mis tareas y recibía el alto tratamiento de señor del valle.

Maxtlatitlán fue el fruto maduro de nuestro amor a la belleza. Un homenaje a lo mejor de mi pueblo; un refugio donde renació la esperanza azteca de seguir construyendo algo bello; de no permitir que pereciera o se degenerara la esencia más pura del sentido profundo del saber de mi pueblo. Muchas veces he analizado el impulso que nos llevó a su creación. Mi corazón en esa época se entregó plenamente a sus dos amores profundos, mi pueblo y mi familia. Esta última me hacía profundamente feliz, pero el dolor, la falta de visión o la incapacidad de adaptarse a las nuevas circunstancias de muchos de los míos generaba en mí un pesar profundo; un dolor sordo, que me acercaba a quienes lo sentían, que impulsó la idea de crear este lugar escondido y ajeno al devenir de la historia. Maxtlatitlán fue y será por siempre intemporal. En sus sólidos farallones de roca se detuvo el tiempo y su belleza no podría persistir sino en esas condiciones.

En su mismo centro se elevaría un grandioso edificio, con sus cuatro fachadas orientadas a los cuatro puntos cardinales. Sería el lugar donde reposaría lo más hermoso y lo más sagrado del tesoro de mi pueblo: los tronos de oro y piedras preciosas de todos los soberanos aztecas, las joyas y mantos de las coronaciones, sus sellos y ornamentos favoritos, las piezas maestras e irrepetibles del arte mexica en su deseo de transcender lo mortal.

El tiempo pasaba volando allí. Los días se tornaron semanas y estas, meses, cuando al fin decidimos partir. Dejamos con pena Maxtlatitlán, la de las ocultas puertas, y volvimos al tiempo normal del valle. Todo parecía moverse con mayor velocidad cuando retornamos a México. Había una febril actividad en el aire que chocaba con nuestros calmados espíritus, tras la tranquilidad del valle. Poco a poco, nos habituamos al ritmo del exterior y recuperamos nuestro tono vital normal. Nuestra llegada a la ciudad despertó, como ya era tradicional, el fervor del pueblo. Millares de flores me esperaban embriagando con sus aromas los salones del palacio de Axayácatl. La casa se llenó de señores de ambas razas, que pedían audiencia. Apenas habíamos llegado y ya nos veíamos metidos de lleno en el torbellino de la vida social del México colonial.

Fue una época de muchas luces en la capital. Nuevos edificios se estaban erigiendo y durante nuestra ausencia su construcción había avanzado mucho. Hermosas fachadas que aunaban elementos castellanos y clásicos aztecas hablaban de la fusión de culturas que yo sentía necesaria en mi interior.

Por su parte, el lejano emperador Carlos había recibido con preocupación las quejas que el padre De las Casas le había hecho llegar acerca del comportamiento de muchos encomenderos. Este le había hablado con durísimos términos de la explotación miserable del indio en Nueva España y planeaba llevar la polémica a la Audiencia de Valladolid, en la distante Castilla. En los territorios de Nueva España, se generó un verdadero interés sobre la posible actitud del gobierno ante los vientos de cambio que soplaban en la corte. Fueron, sin duda, graves acontecimientos los que sobrevinieron. Las instituciones que se habían aplicado en las islas masivamente como las encomiendas de almas, fueron restringidas y limitadas en Nueva España. Los abusos de los desaprensivos fueron contestados desde los púlpitos por los franciscanos y desde el arzobispado por Zumárraga, defensor a ultranza de los derechos de los indígenas. El mundo que se estaba gestando nació, intentando respetar los derechos de los naturales y sus propiedades.

No obstante, hubo hechos tristes, lamentables y dolorosos que marcaron, ciertamente, las conciencias indias. Muchos hombres, despojados y desmoralizados, acudieron a mí con sus quejas. Juan y yo encaminamos multitud de procesos y enviamos mucha información al obispo y a don Antonio de Mendoza, que dieron a estos un conocimiento más exacto de la difícil situación del pueblo con ciertos encomenderos y supuestos señores. Los informes que enviaron a la corte escandalizaron al emperador, quien hizo que un rosario de leyes humanitarias se desgranase sobre el Nuevo Mundo. La primera y más beneficiosa de estas fue la supresión del sistema de encomiendas casi en su totalidad. Solo en contadísimos casos se mantuvieron estas y ello con unas fuertes garantías legales.

Cortés, el marqués de Oaxaca, veía con cierto resquemor cómo sus poderes disminuían en favor de los nuevos funcionarios. A pesar de todo, como capitán general, aún detentaba una cierta representación del rey emperador. Él sabía muy bien cuáles eran sus atribuciones y tenía claras ideas acerca de cómo hacerse valer en el antiguo imperio mexica. Sin embargo, no era ni nunca pretendió serlo, un tirano. Era un personaje de gran prestigio, cuyas propiedades sobrepasaban en esplendor las de cualquier otro español en Nueva España. Había aprendido, a fuerza de errores, a conocer las peculiaridades aztecas y su idea de cómo debían hacerse las cosas difería de la de los funcionarios de la Corona. Fue una época de tensiones entre unos y otros, pese a que incluso el virrey le respetaba.

En esos años sufrimos varias terribles epidemias. Mi señorío de Tacuba, que era uno de los más poblados de México antes de la llegada de los españoles, sufrió dos plagas espantosas que redujeron mis súbditos a la mitad. Los niños y los ancianos, sobre todo, enfermaban y morían en tal cantidad que apenas daba tiempo a enterrarlos. Poblaciones enteras desaparecieron; ciudades antaño populosas se vieron reducidas a la categoría de simples aldeas. Otras fueron tristemente condenadas al abandono y a la ruina. Tras la muerte de la mayoría de sus habitantes, los que quedaban preferían refugiarse en ciudades mayores. Este fue el verdadero y mortífero enemigo de los aztecas: las enfermedades que los españoles llevaron a México y para las que nuestros cuerpos no tenían defensa. Solo la huida y las plegarias podían salvarnos. En los primeros veinte años transcurridos desde que Cortés apareció en Tenochtitlán, hasta 1540, la población del valle que rondaba el millón de habitantes disminuyó hasta los ciento cincuenta mil. En Tenochtitlán-México, la población superviviente se había hecho resistente a las plagas. Muchos habían muerto, pero el continuo afluir de gentes de otras partes del país mantenía constante el número de sus habitantes.

Pero no debemos recordar solo las desgracias porque estos primeros años fueron de gran florecimiento cultural. Superado el choque inicial de los dos mundos, la fascinación del uno por el otro se plasmó en todas las artes. La arquitectura azteca se vio enriquecida con elementos españoles. Los edificios que nacían de esta unión, tenían un sabor propio y autóctono. El ensamblaje de estilos arquitectónicos aztecas y castellanos creó una ciudad de México de una belleza mestiza y diferente a la de antaño. Ventanas geminadas y capiteles corintios alternaban con las tradicionales grecas y las clásicas columnas cuadradas mexicas. Exuberantes jardines aztecas adornaron los claustros silenciosos de los monjes contemplativos. La escultura surgió pujante, como un injerto poderoso en una planta vieja. Los antiguos tallistas aztecas aprendieron la ductilidad y la ligereza europeas. Como consecuencia, la imaginería mejicana y la orfebrería gozaron de un fértil renacimiento. Incluso la pintura, quizás el arte más ajeno a nuestra vieja cultura, fue desarrollándose durante estos años como un delicado fruto, produciéndose obras de una creciente belleza y mérito.

A finales de la década de 1530 nació nuestro último hijo, Juan Cano Moctezuma. Como mis antepasados, vio la luz en México y el feliz evento fue de nuevo motivo de contento y celebración. Los castellanos habían hecho suya nuestra costumbre de celebrar con magnificencia los nacimientos. Mi marido quizás más que nadie, y la fiesta de Juanito fue planeada por él hasta el último detalle y celebrada con todo el boato de otros tiempos. De nuevo llegaron en gran cantidad los regalos de los señores aztecas, pero también los de los españoles. Los ciudadanos, con sus ofrendas florales, llenaron nuestro palacio del maravilloso aroma de las flores de nuestra tierra.

Con el nacimiento del pequeño quedó completa la familia. Mis seis hijos animaban bulliciosamente las estancias del palacio. Eran fuertes y saludables y salvo algún pequeño susto, ocasionado por sus travesuras infantiles, se criaron bien. No obstante, el hecho de tener ya una familia numerosa nos preocupaba desde la óptica económica. El señorío de Tacuba sería del primogénito Juan de Andrade como mayorazgo de mi casa. Las niñas debían ser abundantemente dotadas, en el caso de que contrajesen matrimonio, según la costumbre de nuestros dos pueblos. Como disponíamos de mucho oro, eso no sería problema. Nuestro verdadero motivo de preocupación era dejar unas propiedades consolidadas que permitieran a los dos pequeños, Gonzalo y Juan, fundar a su vez sus respectivos mayorazgos, ya que al mayor Pedro correspondía el constituido por su padre, Juan Cano. El establecimiento de este fue motivo de fricción entre mi hijo primogénito Juan de Andrade y mi marido. Mi hijo mayor, cuyo carácter era de natural receloso, temía que su padrastro intentase disminuir su herencia en beneficio propio y de sus hijos. Fue una pugna absurda la que surgió entonces y a la que yo intenté quitar hierro con escaso éxito. Y, sin embargo, mucho era paradójicamente lo que mi hijo debía agradecer a su padrastro.

En efecto, mi marido Juan había luchado por transformar mi dominio sobre las ciento veinte casas indígenas subordinadas de Tacuba en un señorío pleno sobre todo el territorio. Su inteligente intervención consiguió que las autoridades reformaran en mi beneficio la concesión que en adelante sería una verdadera encomienda, con todos los poderes que ello conllevaba. De este modo, la otorgación patrimonial hereditaria que se me había concedido cobraba una fuerza considerable, al reforzarse con poderes discrecionales sobre el territorio de mi jurisdicción. Mi hermana Leonor, que había recibido el señorío de Ecatepec vio también reforzados sus derechos gracias a la intervención de su marido, Juan Paz, ante la Audiencia. Ambas gozábamos de una propiedad plena y hereditaria sobre nuestras encomiendas, lo que las diferenciaba de las otras del valle, concedidas solo para el periodo de dos vidas. Aparte de nosotras dos, solamente Cortés, el marqués de Oaxaca, poseía para sí y sus herederos sus dominios. Eso nos llevó a librar con él largas batallas legales en esa época de las que salimos muy beneficiados.

El valle, durante la década de los treinta, había quedado dividido en unas treinta encomiendas. La situación de los encomenderos se tornó precaria como consecuencia de sus abusos y del carácter no hereditario de las mismas. Esto nos favoreció notablemente a los propietarios de las encomiendas hereditarias, junto con la fidelidad de nuestros súbditos. Los casos de pueblos y estancias en litigio se sucedieron, uno tras otro, ante la Audiencia, y mi señorío se vio ampliado hasta casi su antigua extensión, a costa del de Cortés sobre la vecina Tacubaya. Nuestro litigio duró años y el marqués cedió por fin ante la sentencia de la Audiencia. Con esto quedaban nuestras propiedades definitiva y claramente deslindadas. El más perjudicado fue el propio capitán general, cuyos dominios se habían visto recortados en nuestro beneficio.

Mi hermana Leonor, aconsejada por nosotros, presentó una reclamación ante la Audiencia, respecto de algunas de sus estancias,* que tenía en conflicto con los concejos municipales de Tenochtitlán y Tlatelolco. La Audiencia falló a su favor y los dominios de Leonor se vieron incrementados en una cuarta parte.

Nuestra situación era privilegiada. Nuestra riqueza y nuestro poder eran muy superiores a los de la mayoría de los españoles. A la muerte de Alvarado, en 1541, el señorío que este detentaba sobre Xochimilco revirtió a la Corona. ¡Era el principio del fin de los encomenderos! Los corregidores, los nuevos calpixques o recaudadores de tributos reales les sustituirían con éxito. Acababa la década de los treinta y el valle entraba en una nueva dinámica. La tierra estaba en paz y nuestro bienestar había sido asegurado.

Aprovechando las favorables circunstancias Juan, mi marido, decidió viajar a España. Quería retornar a su Cáceres natal, de la que había partido hacía veinte años. Tenía nostalgia de sus murallas y de los ecos de las pisadas sobre sus empedradas calles y plazas. Necesitaba volver a oír las campanas de Santa María repicar, visitar a

---

* Una estancia es una finca separada de la heredad principal, incluso a veces alejada territorialmente, pero cuya jurisdicción correspondía a la cabecera del señorío.

sus parientes y adquirir juros y propiedades para nuestros hijos. Yo no podía acompañarle. Tenía que ocuparme de nuestros hijos, que eran demasiado pequeños para viajar, pero le animé a partir. En 1540, embarcó para la lejana patria que le esperaba, allende el mar.

Al cabo de pocos meses recibí noticias suyas. El tono de su carta era cariñoso y jovial. La primera parte era tierna y personal; después me contaba las novedades de su patria chica. La había encontrado muy transformada. La ciudad que se vio obligada a desmochar sus torres por orden de la reina Isabel, había cambiado las espadas de las banderías, por los planos de los arquitectos y las paletas de los albañiles. Cáceres estaba sustituyendo su adusta imagen feudal por otra más cosmopolita. También me hablaba en su misiva de sus parientes los Ovando, con los que había renovado viejos lazos de sangre y amistad. Me contaba entusiasmado que Hernando, el hermano del ilustre comendador mayor de Alcántara, frey Nicolás, estaba erigiendo su palacio en la plaza de Santa María, entre el del obispo y la catedral, frente al de su pariente y rival de antaño, el señor de Mayoralgo. De su carta se deducía que le habían recibido con los brazos abiertos. Todos le habían agasajado y preguntado con interés, sobre la Nueva España y su familia, pues ya les era conocido el regio enlace de su paisano. Había entablado amistad con el señor de Carvajal y con los hermanos Golfín. Estos le aconsejaron que comprase un solar donde edificar una casa que acogiera su linaje. En su siguiente mensaje me decía orgulloso que así lo había hecho. Ya había adquirido el solar donde los Cano-Moctezuma podrían vivir. Era una antigua casa con huerto, detrás del palacio de Ovando, cercana a la muralla de la ciudad, desde donde nuestros hijos podrían asomarse a contemplar la belleza de la tierra cacereña.

Me emocioné al recibir esta noticia. Sentí un mar de sensaciones contrapuestas. De un lado mi amor a mi Anáhuac natal hacía que quisiera que mis hijos crecieran y vivieran donde sus antepasados maternos habían reinado. De otro, comprendía el orgullo y el amor a Cáceres de Juan y su deseo de que nuestro nombre brillara junto a otros ilustres en la historia de su ciudad. Ya entonces, decidí que no forzaría a ninguno de mis hijos a realizar la difícil elección. Dejé en manos de la Providencia su suerte, pues lo que yo quería era fundamentalmente su felicidad.

Mientras esperaba su retorno, los niños crecían y tuve que comenzar a ocuparme de su formación, como mi padre antaño se ocupara de la mía. Fruto de la preocupación de Moctezuma, yo había disfrutado del privilegio de una esmerada educación. Mis preceptores y tutores habían formado con sabiduría mi carácter. Desde pequeña fui una buena alumna. Como tenía una insaciable curiosidad, disfrutaba aprendiendo. Estudiar me resultaba estimulante a diferencia de otros niños que lo detestaban. Muchos de mis mejores recuerdos datan de esa época. Mi capacidad de adaptación a los cambios, también. Mis tutores, especialmente Ehecateotl, me enseñaron a creer que el ser humano debe conocerse a sí mismo y a su entorno y que debe poseer la suficiente información para saber enfocar globalmente las situaciones que la vida nos presenta. Sabiamente guiada, aprendí a leer en la historia las virtudes y debilidades de los hombres y a comprender sus pasiones y sueños. Eso me ayudó enormemente durante las épocas oscuras en que la muerte atacó duramente los cimientos de mi vida.

Ante el caos que me aguardaba, solo la disciplina aprendida y el cultivo de una sobriedad armoniosa me permitieron sobrevivir y prosperar; me permitieron continuar, sin desfallecer Mi premio había sido una visión del mundo mágica y completa. Yo quería que mis hijos gozaran de ese mismo privilegio que yo había tenido. Tenía que comenzar a buscar unos preceptores adecuados; personas sensatas y sabias que llenaran sus mentes vírgenes con ideas acordes a las necesidades de los tiempos. Yo quería orientarles y formarles para que ellos pudieran luego pensar libremente y sin cortapisas. No quería alrededor suyo aduladores ni cortesanos sumisos, sino espíritus poderosos que les iniciasen por los senderos de la vida rectamente y con miras elevadas.

Fue una ardua búsqueda. No obstante, la fortuna vino en mi ayuda. Casualmente, di con un padre agustino que atendía por el nombre de fray Álvaro, cuya formación y carácter le hacían ser el candidato perfecto para el cargo. El buen fraile era un hombre de altísimas luces. Había sido alumno de Erasmo de Rotterdam y conocía y practicaba un humanismo cristiano, liberal y creativo. Su búsqueda de la plenitud humana le había llevado a viajar mucho y a seguir los pasos de los grandes espíritus de su época.

Las penosas guerras de religión que asolaban Europa le habían trastornado profundamente. Su cristianismo pacífico le había llevado a sentir un profundo dolor, a causa de las pugnas de Lutero y el emperador. Él abogaba, como Erasmo, por una solución negociada de las discordias religiosas; por una aproximación de posiciones que diese lugar a una reforma de la Iglesia, de la que esta estaba muy necesitada. Por orden de sus superiores formó parte de una delegación pacífica y mediadora que intentó conciliar las posiciones enfrentadas. Tristemente, su misión fracasó. Su espíritu sensible veía el terrible mal de la guerra que se cernía y las ambiciones que la sostendrían. En el maremágnum que siguió a las primeras batallas se sintió profunda y dolorosamente desplazado.

Fue entonces cuando le surgió la posibilidad de venir a las Indias Occidentales. La aceptó sin pensárselo dos veces y se embarcó rumbo a Nueva España donde su fama de hombre culto le precedió. Su gran capacidad fue de gran ayuda para los agustinos en la organización de la enseñanza y fue así como a través de estos nos conocimos. Le sugerí en cuanto me lo presentaron que estudiase la posibilidad de ser el preceptor de mis hijos. Él aceptó, sin dudarlo un segundo, con ilusión, la pesada tarea. Su naturaleza, curiosa y abierta, le había hecho interesarse profundamente por los asombrosos logros de nuestra antigua cultura. Tras mucho buscar había conseguido contactar con antiguos maestros de los *calmecac*, que, ante su insistencia y humildad, le habían enseñado la hermosa lengua náhuatl y le habían iniciado en nuestro sistema de valores. Su alta espiritualidad se sintió enriquecida por sus vislumbres de *tzemanahuacayotl*, la armonía universal que los mexicas habían buscado. Su buena disposición, la sobriedad con que asumía sus progresos, hicieron a sus maestros facilitarle conocimientos más profundos acerca del verdadero camino de la virtud, que él guardó como un verdadero tesoro.

Su misión era clara. Debía integrar el sendero mexica de la armonía en el cristianismo español. Así lo hablamos. Ambos compartíamos ese común punto de vista. Para mis hijos era prioritario que su maestro tuviese conocimientos suficientes de ambas formas de ver el mundo y la capacidad de sintetizarlos en una sola y ejemplar vía.

Los niños se acostumbraron con facilidad al buen padre y este se sintió, al cabo de poco tiempo, afectivamente vinculado con ellos, especialmente con el mayor, Juan de Andrade, que a la sazón tenía ya trece años. Juan encontró en el cultivado fraile un confidente y un apoyo.

Su carácter mejoró notablemente y se transformó en un muchacho más abierto y alegre. Por consejo de fray Álvaro, Juan de Andrade abandonó su actitud defensiva para con sus hermanos y desarrolló unos fuertes lazos de amistad con Gonzalo, el segundo de los Cano, que perdurarían en el tiempo. También disminuyó la rivalidad que sentía con Pedro, el mayor de los Cano. Aconsejado por el buen fraile, dejó sus aires de superioridad y al poco incluso se dignaba a jugar con el pequeño, Juan. Respecto de sus hermanas, poco a poco, fue asumiendo un papel crecientemente protector. Isabel y Catalina adoraban a Juan y este las correspondía. Se sentía orgulloso de ellas y aseguraba que solo se casarían con su aprobación, lo cual encantaba a las niñas. Sus juegos alegraban mi vida mientras los meses pasaban, tranquilos.

Los años de ausencia de mi marido fueron de terrible hambruna en México, sobre todo el de 1543. Hubo muchas muertes y aunque repartimos nuestras abundantes reservas de maíz y frijol en Tacuba, la población sufrió mucho.

Juan, mi esposo, que había recibido con preocupación las noticias de nuestras dificultades, adelantó su regreso. Después de comprar varias heredades en Cáceres y Andalucía, se había dirigido a la corte para confirmar nuestros títulos de propiedad. Apoyado por Ovandos y Carvajales, consiguió real confirmación de nuestro señorío y de algunos pueblos y estancias del Consejo de Indias. En cuanto hubo resuelto las últimas cuestiones pendientes, se dirigió directamente a Cádiz, donde embarcó rumbo a México. Tras una tranquila travesía, llegó en 1544.

Lo recibí con lágrimas en los ojos. Estos años de catástrofes naturales me habían demostrado cuánto le necesitaba a mi lado; cuán acostumbrada estaba ya a su serena autoridad y a su altísima capacidad, ayudándome a llevar mis asuntos. Los niños lo acogieron con entusiasmo. Les trajo como regalo dagas toledanas de recio acero que rápidamente guardé para que no se hicieran daño y que fueron sustituidas por otras de madera, más adecuadas para su corta edad. A mí me abrumó con una enorme cantidad de seda granadina y de encajes flamencos, a cada cual más hermoso. Era como un rey mago. Telas, joyas, cajas de madera y de cuero repujado y libros, muchos libros. Incluso Juan de Andrade, mi hijo mayor, depuso su hosca actitud con su padrastro ante la magnificencia de los presentes que le traía de España. Durante días lució con orgullo la espada que este le regaló, a pesar de que casi no podía levantarla del suelo. También trajo, a pesar de las dificultades del largo viaje, dos maravillosos halcones cetreros que fueron la envidia de todos sus amigos.

Además, venían para las niñas unas hermosas yeguas árabes que despertaron gritos de placer. Las sorpresas no parecían acabar y los regalos seguían saliendo de los baúles, como por arte de magia. Por último y con cierta solemnidad, me entregó una arquilla con cierres de plata, blasonada con las tres bandas jaqueladas de la Casa de Saavedra. Le miré interrogativamente. Me instó a abrirla y lo hice sintiendo un profundo amor. Allí estaban las joyas de su madre. Él se emocionó mientras me explicaba la historia de algunas de ellas. Su valor, para mí, se tornó inmenso por el afecto que en ellas vertía Juan. Las atesoré con veneración desde ese instante y pronto los pendientes de hermosas perlas y los broches de piedras orientales se hicieron parte de mi persona. Eran un lazo más de unión entre nosotros y yo los llevé siempre con infinito orgullo.

Fray Álvaro y Juan simpatizaron inmediatamente. Ambos eran espíritus cultos y refinados, extremadamente afines. El buen padre inquirió noticias sobre la guerra en Europa. Juan le dijo que las cosas iban para largo. Francisco I de Francia había aprovechado circunstancias favorables para hacerse con ciertas posesiones españolas. Los protestantes alemanes tocaban a rebato y Europa se convulsionaba en una guerra que nació como conflicto religioso y culminaba en conflicto político. Mientras, los turcos amenazaban por el este los estados del imperio apoyados por Francia, en una alianza «contra natura». El pobre fraile se quedó muy compungido ante estas nuevas que ya se había temido. Sin embargo, el estar tan alejado del conflicto hacía parecer este lejano e irreal. Al cabo de un rato, su sereno semblante volvió a su normal jovialidad, animado por preocupaciones y deberes más cercanos y menos arduos.

Juan y yo nos retiramos a nuestros aposentos para poder tener algo de intimidad. La distancia parecía habernos unido aún más. Necesitábamos poder estar solos el uno con el otro; tocarnos y acariciarnos; hacer el amor, para fundirnos en un éxtasis mutuo. Durante toda la noche, la luna llena fue testigo de nuestra mutua entrega y sus pálidos rayos bendijeron nuestro reencuentro.

Al día siguiente, de mutuo acuerdo, decidimos volver a Maxtlatitlán. Añorábamos la hermosa paz de nuestro maravilloso valle. Juan y yo acordamos dejar al buen padre decidir libremente si quería o no acompañarnos. Sus ojos se iluminaron cuando le comunicamos nuestro secreto. Supimos que nada podría hacerle desistir de venir con nosotros y juró solemnemente guardar silencio sobre lo que sus ojos iban a contemplar. Por fin emprendimos la marcha. Era una larga caravana la que dejaba la ciudad. Nos encaminamos hacia Tacuba. Allí permanecimos varios días, verificando las cuentas de mis administradores. El séquito disminuyó notablemente. A Maxtlatitlán solo podían ir personas de la más absoluta confianza. Ningún servidor que no llevara muchos años al servicio de la familia conocía el secreto. Salimos con sigilo de la ciudad y tras un breve rodeo nos adentramos en el secreto camino que llevaba a las ocultas puertas del valle.

8

Isabel, reina de Maxtlatitlán

La mirada de Isabel se torna soñadora y contempla la bella estancia donde ha sido tan feliz. Sabe que le queda poco tiempo y se urge a continuar escribiendo.

Una vez le oí decir a un anciano de alegre semblante que los paraísos perdidos, bien perdidos están. Quizás su verdadera fuerza sea esa, el haber desaparecido y el ser irrecuperables. Puede que haya sido una debilidad nuestra el crear ese refugio íntimo que esconden protectoras montañas y que es Maxtlatitlán; el valle donde hemos querido retener algo de la magia que se estaba desvaneciendo, o puede que no. Quizás solo seguimos un designio superior. Y es que, cuando surge la posibilidad de crear un sueño, uno debe intentar construirlo, con lo mejor de su ser. Nosotros lo hicimos pensando que llenábamos un vacío. Esa fue la razón que iluminó nuestra creación. No obstante, Maxtlatitlán significó mucho más de lo que en nuestro sueño imaginábamos. Así suele ocurrir cuando los hombres realizan con amor y luz sus tareas.

Nuestra hermosa creación acabó siendo el templo de los antiguos conocimientos y la salvaguarda de la cultura antigua. Al crearlo, inmersos en un proceso mágico, separamos el componente destructivo que había alimentado, junto a la luz, la cultura mexica y casi sin pretenderlo la despojamos de sus atributos más terrenos. El resultado fue, a todas luces, superior y más elevado espiritualmente. Parecía que el sentido de *tzemanahuacayotl* había encontrado el lugar idóneo para desarrollarse con plenitud. Los pocos blancos que habían sido admitidos al valle secreto habían aportado sus ideas y su fuerza y se habían integrado armoniosamente con los mexicas. El resultado era este lugar, donde no existían armas salvo las del pensamiento, las del tesoro mexica y las de los guardianes.

Allí el hombre y la naturaleza se complementaban en fantástica simbiosis guiados por un espíritu superior. Maxtlatitlán evolucionaba creando su propio camino, ajeno al del valle de Anáhuac. Desde casi el mismísimo instante en que traspasamos la escondida entrada, percibimos una sensación de paz que reinaba por doquier. Hombres y mujeres nos sonreían al pasar. Las caras agostadas y tristes de antaño se habían desvanecido para tornarse luminosas y afables. Era como una ola de potente misticismo y de armoniosa serenidad la que envolvía a sus habitantes.

Nada más trasponer el umbral lo percibimos. Nos querían y aguardaban nuestro retorno; pero su amor no era una manifestación ruidosa. Habían dedicado su tiempo a embellecer el valle y al hacerlo se habían embellecido como seres humanos. El hermoso paisaje de antaño se veía enriquecido por numerosas casas blancas de amplios ventanales. Y las laderas del valle habían sido plantadas con árboles vigorosos y exquisitos hasta casi llegar a las cimas.

Los diversos tonos de verde conjugaban en una visión armoniosa. En el centro, el camino había sido cuidadosamente empedrado con la técnica de las antiguas calzadas mexicas. La senda de piedra recorría el valle, de este a oeste, separando los campos de algodón, frijol y maíz, las huertas de ricas verduras y las plantaciones de frutales. Una hermosa cruz florida de granito gris sobre una serpiente marcaba el inicio del sendero cuyo impecable trazado seguimos.

En medio del valle, la Casa de los Cuatro Puntos Cardinales elevaba su perfecto esplendor. Su techo, rematado de oro, brillaba a la luz del sol acariciador. Nuestro asombro dio paso a una muda admiración, mientras los peones se acercaban para besar la orla de mi vestido y continuar después con sus labores. En mis treinta y cinco años de vida no había sentido nunca una sensación tan intensa de verdadera armonía. Cada cosa parecía ocupar su lugar perfectamente. Las relaciones e interrelaciones del hombre y su Creador parecían claras y fecundas. De algún modo, venturosamente, la miseria se había quedado fuera de aquel lugar; se había olvidado de él, misericordiosamente.

Seguimos avanzando como en un sueño. Casi sin notarlo, el pacífico ambiente se apoderaba de nosotros. El primero en entrar en estado beatifico fue fray Álvaro. Su mente, antaño torturada por la guerra que no comprendía, se apresuró a abrirse a la paz del valle y su respiración y sus movimientos se adaptaron inconsciente y rápidamente al ritmo de Maxtlatitlán. Mi hijo mayor, extremadamente sensible a los ambientes, también se dejó llevar por la serenidad cautivadora que nos rodeaba. Las niñas y los pequeños creían estar viviendo un cuento de hadas. Mi marido y yo nos cogimos de la mano instintivamente y así continuamos recorriendo el mágico camino que llevaba a nuestro palacio, erigido al fondo del valle.

Paramos en la Casa de los Cuatro Puntos Cardinales. Allí nos recibió una multitud de caras conocidas cuyos rictus de amargura habían desaparecido. Se postraron ante mí, sonriendo. Eran felices. La postración que hicieron ante nosotros no era como las de antaño. Ya no había ningún temor reverente en aquellos mexicas, ningún extraño orgullo en los españoles. Era un homenaje voluntario, una prueba de amor a un ser querido. Nadie había hablado aún, pero lo habíamos comprendido todo. Se alzaron lentamente, mirándonos con un intenso afecto y respeto. De entre ellos se adelantó Tetepanquetzaltzin, un alto señor que antaño había sido tlatoani y se me acercó diciéndome estas palabras:

—Señora nuestra, Tecuixpo Ixtlaxóchitl, te hemos esperado durante largos años. Hemos cuidado para ti el valle de Maxtlatitlán. Para ti lo hemos hecho florecer. Para que tu vista se recreara en su hermosura, lo hemos arbolado. Para que tu corazón se sintiera alegre, trajimos aves canoras. Ese ha sido nuestro trabajo: alimentar tu sueño, que es el nuestro; hacer crecer en él la vida para que sustentase la nuestra. Construir, esperando tu vuelta y la de la luz a toda la tierra. Dueña eres del valle, su tierra te pertenece, pero no solo te debemos el suelo que pisamos, señora, sino mucho más. De ti hemos recibido el espíritu de la armonía y por eso hemos decidido en asamblea, libremente, elegirte como reina de la nación escondida, cuyo destino es guardar para el día en que la oscuridad desaparezca de la tierra, la luz cuyo brillo habrá de despertar de nuevo las conciencias humanas, en un lejano futuro. Tú, que fuiste la poderosa y sagrada emperatriz Tecuixpo Ixtlaxóchitl cuando aún eras niña, ahora, en estos tiempos en que la luz de nuestro pueblo declina, en el exterior, deseamos que sigas siendo nuestra soberana, porque mientras tú vivas el conocimiento de lo que fue no podrá extinguirse.

Mientras hablaba, cuatro ancianos venerables se acercaron con unas andas de oro y piedras preciosas donde portaban una corona bellísima. Era toda de oro y las gemas brillaban, verdes y purísimas. Por encima de los florones sobresalía un bonete tejido con plumas de quetzal.

Lágrimas de emoción surcaban mi rostro. Tetepanquetzaltzin estaba delante de mí. Los ancianos del pueblo se arrodillaron ante nosotros y alzaron las andas para que este pudiera asir la corona. Yo no podía articular palabra. En ese momento, solemnemente, todos se arrodillaron, salvo el portador de la corona que volvió a hablar:

—¿Aceptas, pues, señora, convertirte en nuestra reina en el tiempo del ocaso?

Conseguí articular un sí trémulo, haciendo acopio de toda mi voluntad. Con eso bastaba. Tetepanquetzaltzin, visiblemente conmovido, colocó la corona, que había alzado, sobre mis sienes. Luego, lentamente, se arrodilló con los demás. Me miraban con esa devoción que solo raras veces se manifiesta en los seres humanos. En el mismísimo aire vibraban la armonía y la paz. Necesitaban oírme y mi voz, llevando el mensaje de mi corazón, respondió:

—Pueblo mío, me habéis honrado, sin merecerlo, hasta el límite. Desde que nací no he visto sino vuestro amor. Me habéis sostenido cuando flaqueaba. Me habéis cuidado mientras crecía; me habéis dado siempre lo mejor de vosotros. Hemos vivido juntos; sonreído juntos; sufrido juntos. Y nuestra trayectoria nos ha traído aquí, al abrigo de estas poderosas montañas, bajo la luz del sol, a la hermosa Maxtlatitlán. No puedo expresar con palabras la admiración que despierta en mí el resultado de vuestra enorme dedicación. Nuestro valle, que era una hermosa idea, es ahora una hermosísima realidad. Y esta corona que ahora me ofrecéis no es sino la última y más perfecta expresión del vínculo que nos une indisolublemente, un vínculo que es de profundo respeto y comprensión; que se alimenta de nuestra necesidad de trascender el presente y de nuestras ansias comunes de felicidad y de libertad en armonía con todo.

Mi voz no quiso seguir respondiéndome. Tampoco era necesario. El reverente silencio se llenó de voces de júbilo. Era el momento de la celebración. Las doncellas depositaron a mis pies collares de flores fragantes. Un grupo de jóvenes guerreros me colocaron sobre los hombros, con orgullo, un manto bordado con exquisito gusto. Abriéndose paso entre la multitud apareció un trono resplandeciente portado por doce jóvenes señores. Llegaron hasta mí y se arrodillaron para que yo pudiera subir. Lo hice con facilidad. Los recuerdos del pasado poblaban mi mente mientras me llevaban. Entonces tomamos el camino del palacio. A nuestro paso, los labriegos abandonaban su labor y se inclinaban respetuosamente. Españoles y aztecas aclamaban a su reina.

Mi marido Juan fue portado en otro trono. En su rostro se entremezclaban la sorpresa y el orgullo. Yo sentía como si fueran los cuatro vientos los que me transportaban, mientras el dulce aroma del copal que iban quemando las sahumadoras mientras recorríamos el valle, me limpiaba.

Tras recorrer el hermoso camino hasta el final, llegamos al palacio del valle. La construcción original había sido enriquecida de tal modo que resultaba prácticamente irreconocible. Nos llevaron, siempre en nuestros tronos, hasta el novísimo salón de audiencias. Allí bajamos y los portadores los retiraron para sentarnos sobre otros, tan espléndidos como estos, que presidían el amplio espacio. Durante muchas horas recibimos el homenaje de cuantos quisieron prestárnoslo. Muchos cientos de personas pasaron ante nosotros inclinándose y besando la orla de mi manto.

Cuando por fin nos dejaron solos, Juan y yo nos retiramos a nuestras habitaciones. Allí, llenos de una enorme pasión, hicimos el amor hasta encontrarnos en la cúspide del éxtasis. Luego, sin hablar, nos quedamos dormidos uno en brazos del otro.

Nos despertamos tarde. El sol estaba ya bastante alto. Después de tomar el desayuno y tras haber disfrutado de un relajante baño, salimos al magnífico balcón que se asomaba al valle. Estábamos al fondo del mismo, sobre una pequeña colina que se fundía con la escarpada ladera. Nuestra vista se recreaba con la hermosura de los bosques susurrantes y aromáticos y de los campos cultivados, hasta donde nuestra vista abarcaba. Todo estaba tocado de una magia sutil y poderosa. Nos sentíamos rejuvenecidos y descargados de toda preocupación. Bandadas de pájaros de hermoso plumaje volaban alegremente por los jardines. Mi recóndito reino vivía una eterna y dulce primavera.

Allí moramos felices durante los meses de estío de 1545. Fray Álvaro pareció encontrar, de modo duradero, la paz de espíritu. Los niños jugaban y reían en el dorado y pequeño reino, felices y contentos. Juan y yo recibíamos a diario a los encargados de las diferentes áreas de trabajo. Las cosechas en el valle eran abundantísimas y las canteras producían piedra suficiente y hermosa para las construcciones. La madera crecía en los frondosos bosques. Todo marchaba bien. El reino florecía abundantemente, con el suave y firme cuidado de todos. Nuestra población casi se había duplicado en cuatro años. Ello, no obstante, aún podía multiplicarse muchas veces sin que el hambre la acuciara. La antigua casta de los guerreros poblaba las dos fortalezas que se erguían en la entrada del valle del que eran guardianes oficiales. Habían jurado que entregarían sus vidas antes de permitir que la paz del valle fuese violada. El reino podía dormir seguro porque ellos nunca bajaban la guardia.

Muchas tardes, Juan y yo salíamos a pasear solos por los jardines boscosos. Allí reanudábamos viejas conversaciones y recuperábamos tiempos perdidos. Hacía ya trece años que nos habíamos casado. Trece años de vivencias comunes; de gozos compartidos; de preocupaciones y de sueños. Nuestros hijos nos alegraban la existencia mientras el cabello de mi marido encanecía. Ya hacía mucho tiempo que la plata ornaba su antaño negra cabellera. Yo me sentía una persona realizada y completa a su lado. Los muchos sinsabores de mi niñez y adolescencia habían sido compensados con la tranquilidad y plenitud de mi madurez. La hija predilecta de Moctezuma Xocoyotzin había florecido dando seis hermosos retoños en los que la sangre imperial mexica y la extremeña se mezclaban fecundas. Ya solo me quedaba velar porque sus vidas se encauzaran.

Una mañana me levanté más temprano de lo habitual. Juan dormía tranquilamente y no quise despertarle. Salí sigilosamente de nuestra habitación y me metí en un aromático baño. Luego desayuné frugalmente y salí a pasear por el jardín. Caminando sin rumbo fijo, me acerqué a un hermoso rincón donde había un escondido cenador que guardaba celosamente el secreto de las hermosas horas que Juan y yo habíamos pasado dentro de sus acogedoras paredes. El silencio solo era roto por algún que otro trino de un pájaro que saludaba el día.

Yo caminaba lentamente, deteniéndome a oler las flores a mi paso y recreándome en su contemplación. Estaba en la rosaleda cortando unos hermosos capullos amarillos, cuando algo me avisó de que no estaba sola. Miré a mi alrededor hasta que la vi. Era una mujer que parecía viejísima y se dirigía decididamente hacia mí. Su ser era la imagen misma de la vejez, venerable y serena. Las profundas arrugas de su rostro le daban una suprema dignidad. Sus ojos sonreían como si estuviesen por encima del devenir de las cosas. Su sonrisa era insondable y leve. Sus manos, de una delicadeza exquisita, se levantaron en el antiguo saludo de paz.

Yo, fascinada por su aparición, respondí mecánicamente. Estaba enfrente de mí. Su mirada me atrapó mientras se me acercaba. Cuando llegó hasta donde yo estaba, manteniendo sus ojos insondables sobre los míos, me habló en náhuatl, la vieja lengua del valle. Su voz era firme y serena. Estaba llena de una música antigua y poderosa.

—Soy Coatitzal —me dijo—, la última de la antigua casta de las Decidoras de la Verdad, que se remonta a los tiempos de Aztlán y suprema guardiana de la tradición Tezcatlipoca que custodia, tras la puerta de los misterios, saberes que se remontan a otras edades del hombre. Mucho he tenido que trabajar para evitar que el sagrado conocimiento de los antiguos se perdiese. Así está escrito. Así me fue anunciado en oscuras y graves visiones hace ya muchísimos años y así ha de ser, todavía por un tiempo.

De repente la recordé nítidamente. Había visto su rostro venerable en tiempos del reinado de mi padre. Entonces era mucho más joven, pero parecía igualmente anciana y sabia. Fue la primera que osó decir al emperador Moctezuma que los españoles no eran dioses, en contra de lo que otros adivinos aseveraban. También osó anunciar que el reinado de mi padre tocaba a su fin; que moriría violentamente y que con él caería el imperio. Tal era su prestigio y el de su casta que mi padre la escuchó en silencio y no se atrevió a formularle objeción alguna. Ella me había mirado fijamente antes de partir, como ahora, y me había dicho que aún teníamos que vernos otra vez, en otro lugar y en otras circunstancias, en el tiempo futuro. Veintiséis años habían pasado desde que pronunciara esas palabras la Decidora de la Verdad y aquí estaba, como me había anunciado, para nuestra cita.

Comprendí que algo grave me iba a ser revelado. Mi corazón no se alteró ni siquiera por un instante. Creía en la Divina Providencia y me acogí a su protección. Así, con el espíritu en paz, me preparé a escuchar lo que tuviera que comunicarme la iluminada anciana.

—Habla, Coatitzal —le dije—. Te recuerdo, como tú a mí. Revélame lo que debas revelarme, puesto que así debe haber sido establecido por el Sumo Hacedor. Es curioso; parece que los miembros de mi familia no están destinados a enfrentarse a ciegas al destino. Habla —insistí—, te escucho.

—Así lo haré, mi reina y señora Isabel. Me alegra comprobar que tu espíritu ha crecido y que tus ojos han sabido ver. Eres digna descendiente de tus mayores. Has pasado con bien por muchas pruebas y ya te queda poco que superar.

Esperé atentamente el mensaje y este llegó.

—Tu vida ha sido intensa, mi reina —continuó—. Has vivido más en treinta y cinco años que otras personas en ochenta. Tú lo sabes mejor que yo; tú lo sientes, igual que yo. He de comunicarte, pues así está escrito, que siete partes de las ocho que la componen han pasado. No vengo a avisarte de ruinas, ni miserias. Estas han quedado ya atrás para ti. Es un mensaje fácil y hermoso el que debo darte hoy. Te irás de este mundo en paz, dentro de un lustro. Tú sabes que este no es un don que se le conceda al común de los mortales, porque pocos podrían soportarlo. Yo lo recibí de niña y eso no me ha hecho flaquear. Tú también podrás sobrellevar ese conocimiento con bien, ya que, si estaba escrito que yo te comunicase a ti hoy el día de tu muerte, no es por capricho de tu destino, sino por una razón singular. Tú y yo somos las últimas representantes legítimas del antiguo orden. Es por esta razón por lo que ambas disfrutamos del raro privilegio de saber el tiempo que nos queda, para que podamos utilizarlo bien. Yo tengo aún que dejar solucionadas muchas cosas antes de partir, pero te anticipo que no veré el día en que tú no estés presente en el valle de Anáhuac. Te antecederé en el último viaje.

»El tiempo pasa deprisa, mi señora; nosotras no somos sino un grano de arena en la abrumadora inmensidad del universo, pero tenemos una función en ese todo gigantesco. La mía está casi concluida. A mí me ha tocado en suerte dejar de oír las voces de los antiguos dioses. Hoy reina el silencio en sus moradas abandonadas; yo les vi mientras se iban, y mis oídos recogieron sus últimos lamentos.

»A ti, mi señora, te toca culminar la obra de tu casa. Desde Acamapichtli a ti, los soberanos mexicas buscaron sin conseguirlo el perfecto dominio espiritual que tú tienes sobre este valle. A ti te fue donado lo que tus antepasados no pudieron conquistar. A ti se te dio a raudales lo que otros tuvieron que hurtar. Tú eres el fin de una raza y el principio de otra. Tú eres, señora, la última y brillante luz que destella nítidamente en el valle de Anáhuac. ¡Loor a ti Isabel, reina de Maxtlatitlán! y adiós hasta que nos volvamos a encontrar en el siguiente plano.

De sus ojos manaban unas limpias lágrimas. No pronunció ninguna palabra más. Se inclinó ante mí, besó la orla de mi vestido y dando media vuelta, retomó el camino hasta perderse de vista, escondida por los altos árboles.

Yo había recibido con calma la revelación. No dudé ni por un segundo de su exactitud. Como ella había dicho, de algún modo, yo ya lo sabía. Solo me quedaban cinco años y debía aprovecharlos. Una nueva serenidad, que ya no me ha abandonado, me invadió. Las piezas de mi vida estaban definitivamente encajadas. De repente, esta se extendía ante mis ojos claramente, con sus vaivenes y remansos. El balance era más que positivo. Sin embargo, aún me quedaban muchos extremos que solventar. Debía dejar todos los cabos bien atados antes de partir.

Lo que más me preocupaba era la creciente rivalidad de Juan de Andrade, mi hijo, con mi marido. Ellos no habían encontrado un terreno donde vivir en paz el uno con el otro, y preví que las dificultades aumentarían con mi muerte. Juan, mi hijo, tenía aún mucho que aprender. Confié en que el padre Álvaro pudiera enseñarle algo de templanza, aunque esta se aprende fundamentalmente de la vida. Él tendrá apenas dieciocho años cuando yo falte. Se sentirá huérfano, sin padre ni madre. Temo mucho que su orgullo le lleve a un estúpido enfrentamiento con aquel en quien debería apoyarse. Al menos, tiene a Gonzalo, su medio hermano. Esto me consuela un poco.

Mis pensamientos comenzaron entonces a tomar nuevos derroteros. De ese modo, supe que era llegada la hora de la partida. Debíamos volver a México. Muchas cosas tenían que ser concluidas y muchas otras iniciadas. Mi talante era sereno y animoso cuando le comuniqué a mi marido mis deseos de partir. Él aceptó el hecho y ordenó que se iniciaran los preparativos. Los niños acogieron con gusto la idea de viajar de nuevo. Alegremente, se pusieron a recopilar sus pertenencias y a pertrecharlas para el camino.

Juan no me preguntó nada. Sabía que siempre hacía las cosas con un motivo y esperó pacientemente, sin hacer preguntas, hasta que yo quisiera clarificarle el asunto. Hacía mucho tiempo que no había ningún secreto entre nosotros. Nuestra relación se había ido acrisolando con el tiempo hasta alcanzar una calidad diamantina. A pesar de ello se me hacía muy difícil contarle mi conversación con Coatitzal. Le conocía bien y sabía que sufriría mucho al conocer de antemano la hora de mi muerte. Así pues, tomé la durísima decisión de ocultarle la verdad durante el mayor tiempo posible.

Mis súbditos recibieron con pena la noticia de mi partida, pero la aceptaron como una decisión soberana. Los guerreros llegaron el día de nuestra marcha y los de las dos órdenes, jaguares y águila, compartieron el peso de las andas donde subimos Juan y yo para hacer de nuevo el camino, en sentido inverso esta vez.

Por última vez vinieron los calpixques a recibir instrucciones. Les acompañaba Tetepanquetzaltzin. El alto señor estaba muy apenado por nuestra marcha. Allí, ante los administradores, le nombré virrey de Maxtlatitlán. Confié a su lealtad e inteligencia la solución de cualquier posible problema que pudiera surgir y establecí una forma secreta de comunicarnos, en caso de necesidad, que salvaguardase la seguridad del valle.

Acabada la audiencia, el cortejo se preparó para acompañarnos a la salida. De nuevo los campesinos y artesanos se inclinaron reverentemente a nuestro paso. Yo sabía que no volvería a ver el valle con mis ojos. Procuraba fijarme en cada detalle para luego poder recordarlo. Los árboles, agitándose levemente impulsados por la suave brisa, parecían estar despidiéndose de nosotros. Percibí, en la parte más frondosa del bosque, el vuelo de los quetzales. Sonreí ante el piar atronador de una bandada de hermosos pájaros azules que nos sobrevoló. Quería retenerlo todo: la luz del sol matinal iluminando los campos; las mieses maduras preparadas para ser recogidas; los ganados pastando tranquilamente en esta bendita tierra. Así, en lo que me pareció un instante, alcanzamos la Casa de los Cuatro Puntos Cardinales y de allí al sendero que remontaba hasta las guardadas puertas de Maxtlatitlán. Cuando llegamos arriba abandonamos los tronos. Ya no pude contenerme más y, llena de un vivo sentimiento, me di la vuelta para contemplar el esplendor de mi escondido reino. Lloraba lágrimas de dolor cuando salí al mundo exterior. Mi marido Juan me miraba desolado, sin decir una palabra.

Acepté el bullicio de fuera con suma complacencia esta vez. Me era profundamente necesario captar la rapidez con que se movía el mundo; la velocidad de sus mutaciones. Meditadamente, entré en una dinámica acelerada. Permanecimos pocos días en Tacuba. Me urgía llegar a México. Ordené acelerar los preparativos y, al cabo de pocos días, retornamos a la ciudad. Mi esposo me observaba y callaba. Intuía que algo me pasaba, pero no alcanzaba a ver de qué se trataba. Por fin, una vez en Tenochtitlán, no pudo resistir la tentación y me lo preguntó directamente. Yo había aguantado hasta entonces sin contárselo. Había intentado evitarle el sufrimiento del conocimiento, pero el resultado era tan malo como el que pretendía evitar. La idea de que hubiera un secreto entre nosotros le resultaba tan nociva como una mala nueva lo sería para otro.

Ante su azarada pregunta yo le abrí completamente mi ser. Tenía que ser así. Vacié, con dulzura, mi corazón. Él, al principio, no podía creerme. Su mente, acostumbrada a desechar todo lo que no fuera racional durante años, reaccionaba negativamente ante la idea de tal revelación. No obstante, llevaba ya mucho tiempo en mi tierra y había contemplado muchos prodigios y cosas inexplicables. Esperaba recibir una explicación y se la di. Le hablé de la sagrada y antigua orden de los Decidores de la Verdad; los que heredaban de padres a hijos el misterioso don de la clarividencia, la última de los cuales me había visitado en Maxtlatitlán. Él se negaba a creer en la certeza de la predicción. Era un acto volitivo y racional, defendiéndose de la posibilidad de ese conocimiento que normalmente aterraría y paralizaría a cualquier cristiano viejo. Sus argumentos eran racionales y él quiso convencerse a sí mismo de que el augurio no tenía por qué cumplirse. Sin embargo, yo podía sentir que la duda empezaba a apoderarse de él.

En cualquier caso, el resultado de nuestra conversación fue una renovada dedicación a mi persona por su parte, que me enterneció hasta lo más profundo. Al cabo de un tiempo, Juan pensó que todo quedaba olvidado y que nuestra vida seguía adelante, sin más límite que la voluntad divina. Pero yo era consciente de la verdad. Sabía que mis días estaban contados y eso yo no podía ni debía olvidarlo.

Fray Álvaro seguía ocupándose de la educación de los niños. Eso me permitió entregarme a las múltiples tareas que me esperaban. Me dediqué a intentar resolver algunos problemas del pueblo tenochca. Este seguía respetándome y necesitándome, y buscaban mi consejo y apoyo cuando ya no tenían otras instancias a las que acudir.

En efecto, la autoridad virreinal que había intentado retener la ciudad bajo su exclusivo dominio, había fracasado. Desde 1526 los funcionarios reales se hicieron cargo del gobierno. A los actos vandálicos y arbitrarios vinieron a poner coto la Iglesia, encabezada por Zumárraga, y la Audiencia. Tenochtitlán, que había estado tradicionalmente dividida en cuatro distritos, incorporó un quinto en el centro, que se denominó la Traza. La razón de ser de este nombre era que la delimitación en esta zona se había hecho en trazos rectos, abarcando el centro de Tenochtitlán y trece cuadras más en las cuatro direcciones. La Traza era el lugar reservado a los españoles. Sus calles eran rectas y sus edificios monumentales. Los cuatro barrios tradicionales cambiaron de nombre. Al noroeste, el barrio de Tlaquechiuhca tomó el nombre de Santa María Cuepopan. Al noroeste el barrio de Atzacoalco fue llamado barrio de San Sebastián; al sudoeste Moyotlán lo denominaron barrio de San Juan; al sudeste, Teopan se convirtió en San Pablo Zoquipan. Los cuatro fueron a su vez divididos en unidades menores. Al norte separada por el canal Tezontlalli, empezaba la jurisdicción de Tlatelolco.

La autoridad real asumió las antiguas divisiones y el consejo municipal las ratificó. Como la población azteca era muy superior a la española, se adoptó un sistema por el cual los indios obedecían a su gobernador cuya autoridad no era ni la sombra de la de los antiguos tlatoque. Tras la triste década de los veinte, en los treinta, el consejo comprendió la necesidad de recuperar a la antigua familia imperial para el gobierno de la ciudad. Entre los escasos príncipes que quedaban, solo yo era legítima, en la descendencia de Moctezuma. Por fin, tras mucho deliberar, decidieron dar el gobierno de México a mi primo Pedro Huanitzin, hijo de mi tío Tezozómoc, un oscuro hermano de mi padre, que no llegó a reinar, y nieto como yo, de Axayácatl. Este, que había sido elegido tlatoani de Ecatepec, la encomienda de mi hermana Leonor, pasó a gobernar Tenochtitlán. Solo aceptó el cargo tras muchas presiones y tras haber recibido de los españoles la encomienda de Tula. De este modo, la casa de Acamapichtli volvió a Tenochtitlán.

No sé cuál fue la razón, pero Pedro nunca gozó del amor de nuestro pueblo. Siempre había sido un pariente menor; hijo de uno de los muchos hijos habidos por mi abuelo con sus concubinas, en otro tiempo nunca hubiera podido acceder al trono. Solo la gran masacre que sufrió nuestra familia permitió que con tan dudosos derechos gobernase. Esto resultaba evidente, también en el profundo respeto y reverencia que hacia mí sentía. Él asumió el cargo de gobernador y tlatoani de Tenochtitlán, pero nunca se sintió ungido, como yo lo había sido, y el pueblo no respondía ante él como ante cualquiera de los míos. Su efímero reinado duró cuatro años, de 1539 a 1542.

A su muerte, la autoridad virreinal buscó entre los que quedaban de los antiguos miembros de mi familia. Hallaron a un oscuro príncipe que se decía que era nieto de Tízoc, tío de mi padre. Se llamaba Diego Tehuetzqui, y nada más ser designado tlatoani de México acudió ante mí para rendirme homenaje como primogénita de la casa. El nuevo gobernador era un hombre despierto e inteligente y puso de su mano todo lo que pudo para conseguir mejorar el nivel de vida de los mexicas. Muchas veces me pidió consejo y muchas veces se lo presté. En otro tiempo, quizás, hubiera podido llegar a ser un digno tlatoani.

A través de él decidí presionar a las autoridades civiles españolas para que autorizasen el proyecto educativo y de catequesis que había emprendido años atrás, con el apoyo y la inapreciable ayuda del preceptor de mis hijos. Una vez obtenido el visto bueno virreinal, organicé en los jardines de palacio una academia donde enseñaba a los indios a mi cargo los fundamentos de la religión y de la gramática castellana. Era curioso comprobar cómo, veinticinco años después de la llegada de los españoles, había aún multitud de aztecas en la capital que ni comprendían ni se habían molestado en aprender una sola palabra de español. Esto les perjudicaba terriblemente, pues su incapacidad de comunicarse con la autoridad les hacía muy vulnerables a posibles medidas que les afectaban y contra las cuales no podrían actuar.

Consciente de esto, lo primero que hice fue adoctrinar a los jóvenes en las nuevas costumbres y en el nuevo idioma. Luego organicé una eficaz escuela para que los padres de estos aprendieran al menos lo suficiente como para defenderse y comprender lo que se les decía en español.

Tehuetzqui, el tlatoani, intentaba con sus escasos medios ayudar a la población. Él no tenía una enorme encomienda que lo mantuviera. De todas formas, nuestras insistentes peticiones ante la Audiencia hicieron que le reconocieran al menos una parte de las propiedades que habían sido de su padre y de su abuelo. Con esto se vieron notablemente incrementados sus ingresos, lo que le permitía hacer frente con dignidad a las necesidades del cargo que detentaba. Ya habían pasado los tiempos en que los tributos, en innumerables caravanas, llegaban a Tenochtitlán. Ya no existía ese temor y esa reverencia de los pueblos del valle hacia los mexicas. Sin embargo, la Ciudad de México seguía siendo la capital virreinal. Incluso para los españoles, era importante que el tlatoani siguiera siendo mexica.

Tehuetzqui, aconsejado por mí, convocó un gran cónclave familiar. Nuestros parientes eran muy escasos. Algunos habían desaparecido sin dejar rastro. Otros, los más, habían muerto en el transcurso de la década de los veinte, como consecuencia de la guerra y las enfermedades. El gran consejo se había ocultado; ya no había un cihuacóatl para guiar al pueblo cuando el tlatoani faltase. Así, en ausencia de instituciones tradicionales, Tehuetzqui propuso la creación de alcaldes en México.

Los primeros fueron efímeros. El cargo conllevaba unos gastos que pocos podían permitirse. Uno tras otro renunciaban, al cabo de pocos meses de estar en su puesto.

Era el año 1545. Ese año que comenzara tan feliz y que madurara mientras estábamos en Maxtlatitlán, de repente, a principio de otoño, nos mostró su otra cara; una faz aterradora como la de una horrible pesadilla. Y es que inesperadamente la peste hizo su aparición. El pueblo del valle que había sufrido diversas epidemias, fundamentalmente de viruelas *hueijzahuatl*, desde 1520 se había fortalecido y el último embate de este mal, en 1538, no había ocasionado apenas mortandad. Ahora teníamos que hacer frente, asombrados y confusos, a una plaga diferente.

Los naturales del país la llamaron *cocoliztli*, «la muerte rápida». Sus síntomas eran hemorragias por la nariz y los ojos, seguidas de una gran congestión e insuficiencia respiratoria. Esto culminaba, las más de las veces, con la muerte del enfermo. En Tenochtitlán-México la llamaron *matlazáhuatl*, «el castigo de los cielos». Los agustinos trabajaban sin parar, noche y día, en el hospital de San Juan, preparando lechos para los afectados, pero pronto fueron insuficientes para atender a tanto enfermo. Los ciudadanos, aterrados, comenzaron a huir hacia los pueblos. Esto no hizo sino extender la plaga que se propagó por todo el valle. Los altos conocimientos de los curanderos tradicionales se veían incapaces también de atajar el mal.

Mi hermana Leonor me escribió contándome que en Ecatepec la plaga estaba diezmando la población y que temía por su vida y la de su familia. Lo mismo me acontecía a mí. Yo sabía que no moriría de la terrible *matlazáhuatl* pero ¿y mi marido? ¿y mis hijos? Horrorizada, intenté extremar las precauciones. Habida cuenta la extensión del mal, era inútil huir de la ciudad. El palacio, mientras no tuviésemos ningún enfermo, era el lugar más seguro. Ordené que se reforzasen las medidas de higiene. Los alimentos se servían todos cocidos y obligué a todos los habitantes de la casa a lavarse continuamente las manos, en cuanto tocaban cualquier cosa de procedencia dudosa, como me aconsejó el sabio curandero mexica. La red, tendida a nuestro alrededor, pasó de largo y poco a poco fue disminuyendo su virulencia.

Tehuetzqui me ayudó con suma eficacia en los días y semanas que siguieron; pacientemente y con profundo dolor ante el sufrimiento de mi pueblo, atendíamos, en la medida de lo posible, las necesidades de los más afectados. Unos habían visto sus casas destruidas, al ser quemadas para que no se propagase la peste. Otros, los más ancianos, habían perdido a los familiares con quienes vivían y no tenían ya fuerzas para trabajar. Cientos de personas se vieron afectadas por las consecuencias. Rápidamente comprendimos que nuestro esfuerzo individual no bastaba para cubrir las enormes necesidades.

Así las cosas, decidimos intentar hallar la mejor solución para tantos niños huérfanos y ancianos desvalidos. El tlatoani, el consejo municipal, el obispado y nosotros los Cano decidimos crear un hogar donde pudieran vivir. Los niños serían educados integrando las dos culturas. Los mayores tendrían el papel de mentores y familiares, recordándoles las viejas tradiciones mexicas. Además, la institución contaría con profesores que nosotros nos encargaríamos de contratar. Nuestro modelo fue el hospital de Santa Fe, que era el más cumplido ejemplo de la reforma social humanitaria en el valle. Había sido construido al norte, lejos de los centros de influencia española, y la idea que lo regía estaba basada en la *Utopía* de Tomás Moro, escrita en 1516. Los religiosos humanistas educaban a los niños aztecas de modo integral para darles una formación superior. Era una comunidad de bienes, donde la propiedad correspondía al conjunto y el trabajo se repartía entre todos, según las capacidades de cada cual. Producían alimentos suficientes para autoabastecerse y los artesanos cualificados creaban piezas con las que luego comerciaba la comunidad. En el aspecto político, los cargos tenían carácter rotatorio. Esta comunidad floreció y obtuvo muy buenos resultados. Ello nos decidió a seguir su modelo para la creación de la nuestra.

Los fondos necesarios para ponerla en pie fueron puestos al cincuenta por ciento por nosotros y por la Corona. La institución tenía también vocación de ser un foco de cultura en Tenochtitlán que hiciera competencia al colegio franciscano de Santa Cruz de Tlatelolco. Era este un colegio de élite, donde los niños y jóvenes aztecas de grandes familias estudiaban el saber humanista europeo.

Nuestro colegio tomó el nombre de San Juan de Moctezuma. Era un homenaje a mi padre, el soñador caído. Nuestra meta era lograr una enseñanza libre que llevase a nuestros alumnos a un conocimiento integral del ser humano. Mi marido se encargó de la realización de las obras y mi hermana Leonor hizo donación de una finca, para que la escuela pudiera mantenerse a sí misma. Por fin, culminados los preparativos, abrió sus puertas en enero de 1546. Uno más de mis sueños se había cumplido.

9

Cuando florece el cempoalxóchitl

Isabel está satisfecha por cómo va creciendo el texto. Aunque se siente fatigada, se fuerza a sentarse para continuar escribiendo.

En 1546 mi hijo primogénito alcanzó la madurez. Tenía diecisiete años y había crecido hasta sobrepasarme casi una cabeza en estatura. En su labio superior asomaba la sombra de un bigote que él lucía con orgullo. Quise, con este motivo, celebrar el acontecimiento, como antaño lo hicieron los míos. Juan de Andrade Moctezuma era, sin duda, el que más se parecía a su familia materna. Su piel era más clara que la nuestra, pero su rostro era el vivo retrato, en tonos pálidos, de su abuelo Moctezuma Xoco-yotzin. También su carácter se parecía al de su abuelo. Era tímido y sensible; altivo y distante; inteligente y apa-sionado; pero sobre todo era un ser introvertido que

raras veces exteriorizaba sus preocupaciones y sentimientos.

Sus afectos eran constantes, así como sus desafec-
tos. Amaba profundamente a sus hermanas Isabel y
Catalina. Se había erigido en mentor y héroe de Gonzalo y sentía una fuerte simpatía por el pequeño Juan. Respecto a mi marido y a nuestro hijo mayor Pedro, sentía
una fuerte rivalidad con el primero y prevención por el
segundo. No obstante, era un hombre bueno. Quizás se
torturaba demasiado a sí mismo como consecuencia de
los sentimientos contrapuestos aztecas y españoles que
luchaban en su seno y que no había podido conciliar.
Ahora bien, la sangre de Acamapichtli tenía en él una
fuerza singular. A veces, sin embargo, reaccionaba con
violencia rechazando esta herencia.

Desde su nacimiento siempre me tuvo a su lado. Su
existencia me consoló en los duros momentos de mi viudedad y cuando volví a contraer nuevo matrimonio y
nacieron los demás niños, siempre procuré que él no se
sintiese postergado ni olvidado por su madre. Ello hizo
que nuestra especial unión se mantuviese firme, animado por alguien a quien desgraciadamente nunca pude
sorprender. Ello dificultó siempre las buenas relaciones de la familia. Mi marido Juan Cano recibió innumerables desplantes del niño, pero siempre los soportó con
paciencia. Mil veces intenté hacer ver a Juan de Andrade
el verdadero cariño que su padrastro le profesaba, pero
era inútil. Por un extraño y perverso sino, cualquier cosa

que hiciera mi marido le parecía siempre sospechosa. Los regalos que de él recibía le parecían sobornos encubiertos. De un modo infantil, sus celos le hacían perder el sentido de la realidad, para mal de todos.

Ahora tenía ya diecisiete años. Era mi primogénito y el heredero del señorío de Tacuba de cara al mundo. Además, sería el futuro rey de Maxtlatitlán, nuestro dominio secreto de las montañas. Fue un cúmulo de razones lo que me hizo plantearme la necesidad de celebrar con gran pompa el fin de su niñez. Juan, mi marido, estuvo de acuerdo conmigo, y ambos nos tomamos mucho tiempo para preparar una fiesta que resultara inolvidable y que, dando seguridad en sí mismo a mi hijo, le ayudase a mejorar su trato con su padrastro.

Las invitaciones se enviaron, como se hacía en épocas de mis padres, acompañadas de exquisitos regalos. Los criados vistieron los colores de la Casa de Moctezuma, oro y rojo, y sus vistosas libreas bordadas de oro refulgían espléndidamente, mientras se afanaban repartiendo regalos e invitaciones por Tenochtitlán y por todo el valle. Tehuetzqui, el tlatoani de México, fue el primero en confirmar su asistencia y envió a mi hijo Juan una maza de guerra antigua que había pertenecido a su abuelo el tlatoani Tízoc. Todos los altos señores fueron invitados. Todos los miembros de la casa imperial, todos los oidores de la Audiencia, el obispo y el marqués de Oaxaca, quien también confirmó su asistencia enviándole a Juan un hermoso tahalí con empuñadura de oro en forma de serpiente de piedras preciosas, de factura florentina. El nuevo tlatoani de Texcoco, Hernando de Pimentel, sobrino de mi queridísimo primo Cacama, también confirmó su asistencia. Acababa de suceder a su hermano Antonio de Pimentel en el cargo de gobernador y tlatoani y quería acercarse a lo que quedaba del viejo mundo y a lo mejor del nuevo.

Mis hermanas, Leonor y María Francisca, vinieron a México para ayudarme con los preparativos. Todos los tlatoque del valle confirmaron su asistencia: Coyoctzin II de Acolman; Tlaltecatl de Chiconautla; los tlatoques de Teotihuacán, Tepetlaoztoc, Otumba, Huexotla, Tepexpan y Tenayuca. Los últimos en confirmar su asistencia fueron los tlatoque de Chimalhuacán, Atenco y Tequisistlán, pero lo hicieron. Mientras todos esperaban con impaciencia el gran día, Juan de Andrade recibía, uno tras otro, los regalos tradicionales del tránsito. Mis súbditos de Maxtlatitlán le sorprendieron con un regalo esplendoroso. Era un manto verde, cosido y bordado de plumas y piedras preciosas, de una riqueza asombrosa. Al día siguiente llegó el venerable Tetepanquetzaltzin para prestar el homenaje del valle de Maxtlatitlán a mi heredero. Juan, mi hijo, se sintió profundamente conmovido por la devoción del anciano señor. Su humor, que se había agriado con el nerviosismo previo a la celebración, mejoró notablemente tras la emotiva ceremonia y todos lo agradecimos en el fondo de nuestro ser.

Faltaba poco para el día de la fiesta y los preparativos estaban casi culminados. La casa lucía tapices de flores con los emblemas mexicas y los colores de la casa imperial. Los músicos ya habían llegado y los danzarines también. El menú estaba siendo preparado desde hacía días. Quería sorprender a mis invitados con un banquete como los que mi padre ofreciera antaño. Adivinos menores habían sido contratados para el placer de los españoles que gustaban de oír su ventura.

Y llegó el día. Nada más despertarse, mi hijo Juan abandonó simbólicamente sus hábitos de niño y se desnudó ante los hombres de la familia para mostrarles su virilidad. Esta ceremonia se celebró con seriedad, si bien luego al contarlo, las sonrisas asomaron a las caras de los presentes. Después de esta prueba, fue ritualmente vestido y armado como corresponde a un guerrero y un cazador. Como príncipe, colocaron sobre sus hombros el manto de Maxtlatitlán. Varios de los más ancianos señores presentes se emocionaron al ver, en su nieto, la imagen del último gran emperador mexica Moctezuma Xocoyotzin. Así vestido, el nuevo adulto abandonaba sus habitaciones infantiles, para dirigirse a sus nuevos aposentos. Con esto la antigua ceremonia terminaba. Después se iniciaba la gran celebración. La recepción comenzó con una ligera comida, seguida por la actuación de los danzantes. Durante toda la tarde, el nuevo adulto iba saludando uno a uno a todos los que se habían reunido para homenajearle, participando en los juegos que divertían a sus invitados.

Más tarde, a la luz de un mar de velas, tuvo lugar la gran cena de gala. Los señores de las dos razas compartieron alegremente las mesas, disfrutando y alabando la exquisitez de las viandas y caldos que se les sirvieron. La vajilla que se usó era de plata y estaba cincelada con las armas de los Moctezuma, las trece coronas de oro en campo de sangre que concedió a doña Isabel el emperador Carlos V. Cerca de doscientos candelabros del mismo metal adornaban las mesas. La cena fue servida por más de quinientos sirvientes con una exquisitez resucitada de otrora. Las luces de las velas y de los hachones iluminaban cálidamente salas y salones. Los comensales, después de todo un día de comer y beber, estaban exhaustos. Era ya muy de noche cuando los primeros invitados fueron retirándose. El hijo del marqués, Martín Cortés, me saludó cordialmente y alabó la presencia de mi hijo. Mantuvo una larga conversación con mi marido. Este era el día de la nostalgia de muchos. Cuando los españoles se fueron retirando, los tlatoques y los príncipes imperiales entraron en evocaciones de otros tiempos. Con la despedida del joven Cortés se marcharon también los últimos señores españoles. Los aztecas se quedaron honrando la antigua costumbre de no abandonar la casa mientras no se les requiriese. Así lo habíamos arreglado Tehuetzqui, Leonor y yo. Era una ceremonia mexica la que celebrábamos en ese día y, por primera vez en muchos años, se habían reunido en un mismo lugar todos los supervivientes de las antiguas casas del imperio. No obstante, no estábamos planeando una conspiración. Nadie tenía ya ánimos para eso. Se trataba, más bien, de una unión espiritual entre nosotros y nuestro pasado; un homenaje a la supervivencia en medio de los cambios; un retomar, en lo posible, el hilo de nuestros destinos en el comienzo de la larga noche cósmica que ya había comenzado.

Mientras los recuerdos volvían y posaban sus tenues alas sobre nuestros espíritus, ordené que sirvieran el chocolate caliente en el jardín, adonde nos trasladamos. Muchos eran viejos amigos que habían conocido la magnificencia de la corte de mi padre. Otros habían venido al mundo cuando el esplendor mexica decaía o ya había desaparecido. Estos escuchaban embobados las historias que desgranaban las venerables bocas de los antiguos tlatoques. La atmósfera cobró tintes antiguos. Las sombras de los señores de antaño estaban en el aire alrededor nuestro; sus espíritus y su grandeza cobraban brillo de nuevo, en la noche, cuando sus descendientes los invocaban. Mi hijo Juan escuchaba, reverentemente. También lo hacía su hermano Pedro. En sus frescos rostros se podía percibir la fascinación que en los espíritus más jóvenes producen las hazañas antiguas, gloriosas y los tiempos pretéritos. La magia mexica había vuelto a la Casa de Axayácatl.

Mientras los ancianos hablaban, le hice una seña a Tehuetzqui que habíamos convenido de antemano. Este, a su vez, llamó discretamente a Hernando de Pimentel y a Cristóbal de Guzmán Huanitzin, el hijo de Diego, del mismo nombre, que había antecedido a Tehuetzqui en el cargo de tlatoani. También llamamos a Leonor y María Francisca mis hermanas, y a Luis de Santa María Nacatzipatzin, nieto de Ahuizotl y sobrino de Cuauhtémoc, mi segundo marido. Nos alejamos discretamente hacia los jardines. Allí nos recogimos, en un cenador de piedra, protegido por hermosas columnas de madera, talladas con figuras de los antiguos dioses mexica, rescatadas de uno de los templos desaparecidos. Éramos las últimas cabezas coronadas de la antigua confederación y los últimos príncipes imperiales. Mis hermanas, que eran hijas de concubinas de mi padre, como lo eran los demás presentes de otros soberanos, adquirían hoy un rango más alto, pues solo nosotras restábamos de la gran familia de Moctezuma.

Nos miramos en silencio. Yo era la última emperatriz ungida y coronada de los mexicas; Tehuetzqui, el tlatoani electo de Tenochtitlán; Hernando de Pimentel, tlatoani de Texcoco, la segunda ciudad de la antigua confederación; y como soberana de Tacuba, yo portaba la corona de la tercera aliada. Mis hermanas eran testigos mudos de la reunión. Luis de Santa María Nacatzipatzin, descendiente de una concubina de Ahuitzotl, era el último de nuestros parientes imperiales. La reunión tenía una especial razón de ser.

Ya no había cihuacóatl, pues su familia se había extinguido con Tlacotzin, el hijo y sucesor de Tlacaélel II.

Este había acabado subvirtiendo la antigua tradición. A la muerte de mi marido Cuauhtémoc, fue nombrado tlatoani por Cortés; al aceptar el nombramiento rompió con la costumbre secular que impedía al cihuacóatl acceder al trono imperial. Después de él no volvió a haber «mujer serpiente» en Tenochtitlán. Hoy nosotros queríamos resucitar el gran consejo mexica. Ya no había imperio que administrar, pero sí muchos naturales que necesitaban ayuda en enmarañadas situaciones legales. También podía ser útil para impedir posibles usurpaciones que nuestros conciudadanos podían sufrir y de las que, de hecho, eran víctimas a menudo.

Tehuetzqui, como tlatoani de Tenochtitlán, tomó la palabra y se dirigió a nosotros. Solemnemente e inclinándose primero ante mí, el último príncipe legítimo del imperio, empezó a hablar:

—Señora Tecuixpo, tlatoques de la antigua liga, princesas y príncipes, nos hemos reunido aquí, a instancias de nuestra última emperatriz, para resucitar el viejo consejo mexica. No queremos con ello conculcar ninguna ley nueva, pero sí reivindicar nuestra civilización antigua. Hace ya más de un cuarto de siglo que nosotros hemos dejado de ser los señores del Anáhuac. Hace más de veinticinco años que el poderoso huehuetlatoani Moctezuma Xocoyotzin murió. Hace casi este mismo tiempo que la princesa Tecuixpo se transformó en la emperatriz de los mexicas. Los años han pasado sobre nosotros y sobre nuestro pueblo. Hemos sobrevivido a los profundos cambios que siguieron a la llegada de los españoles. Algunos incluso hemos prosperado. Yo mismo nunca habría podido ceñir la diadema de los antiguos emperadores en diferentes circunstancias. Es por esto que quiero proponeros a vosotros que renovemos aquí y ahora nuestro juramento de obediencia y fidelidad a la última emperatriz coronada, según el antiguo y sagrado ritual: Tecuixpo Ixtlaxóchitl para nosotros, doña Isabel de Moctezuma para los españoles.

»Aun durante el oscuro periodo que siguió a la muerte de su segundo marido, el emperador Cuauhtémoc, ella nunca dejó de lado sus obligaciones para con el pueblo. Una señora generosa y bondadosa, que tanto ha dado siempre de sí misma a todos cuantos la han necesitado. En tiempos de desorden, nadie sino ella se entregó a solucionar los problemas del pueblo. En tiempos de orden, también fue la que más luchó por mejorar la posición de los de su raza. Y aparte de cualquier otra consideración, por su sangre y sus derechos, es la auténtica emperatriz; es la última llama que brilla sobre el Anáhuac con la luz resplandeciente de antaño. No soy yo solo quien lo piensa. Es el pueblo de Tenochtitlán y el de Tlatelolco, el de Texcoco, el de Tacuba y los demás del valle. Todos la reconocen como la hija legítima del señor Moctezuma y emperatriz, dos veces coronada en el *teocalli* de Tenochtitlán. Ella, que es el último gran espíritu de la raza, fue la primera en ver la necesidad del cambio. Y el fervor del pueblo hacia ella solo puede ser igualado por el respeto que los españoles le profesan, pues oí incluso al propio marqués del Valle de Oaxaca, hablar de Isabel llamándola la emperatriz. Sea, pues, definitivamente y para siempre suyo este título. Que reine sobre nuestros corazones, pues ya no podemos darle el dominio sobre las tierras del Anáhuac. ¡Loor a la emperatriz Isabel!

—¡Loor a Isabel de Anáhuac! —respondieron a coro todos los presentes.

Tehuetzqui, acto seguido, se postró ante mí. Los otros no tardaron en imitarle. Mis hermanas, emocionadas, también se inclinaron ante mí.

Los sentimientos llenaron mi boca de palabras floridas que se vertieron dulcemente sobre ellos:

—Soberanos, princesas, príncipes, ningún título en toda la tierra podría honrarme más que el que acabáis de darme. Emperatriz del Anáhuac. La Divina Providencia ha tenido a bien colocar a mis pies, por su gracia, todo aquello por lo que otros lucharon con denuedo. Mi corazón, cargado con un nuevo conocimiento y lleno de una nueva serenidad, me permite valorar con justeza el regalo maravilloso de vuestra dádiva, de vuestra devoción a mi persona, que ya no estará mucho tiempo entre vosotros.

Sus caras se alzaron sorprendidas ante mis palabras. No les dejé interrogarme.

—Así es, en efecto —continué—. El destino parece haberme reservado un lugar especial en el mundo que hemos vivido. Yo fui la única entre todos mis parientes, tristemente desaparecidos, que sobrevivió a la Noche Triste. Vi morir a mi madre y a mi padre siendo apenas una niña. Vi desaparecer de mi lado a tantas personas amadas, que la muerte me pareció casi una amiga y llegué a esperarla con anhelo cada noche. Y, sin embargo, viví. Una antigua profecía de tiempos de mi padre así lo había asegurado y se cumplió hasta el fin. Hoy, muchos años después, enriquecida por una agitada y fecunda vida, comprendo que mi presencia era necesaria para que, en la transición entre los dos mundos, mi querido pueblo tuviera a alguien a quien acudir. Yo fui ese timonel suave pero seguro al que agarrarse cuando todo a su alrededor se desmoronaba. Mi destino era ser el faro que permitiera a muchos desvalidos llegar a puerto en medio de la tormenta. Yo hube de recoger el amor y los anhelos de mi pueblo que sufría y guardarlos y protegerlos contra la perfidia y la destrucción que los amenazaban. Así lo hice, como me habían enseñado. Para ello fui preparada y actué en consecuencia, pero nunca esperé más de lo que ya tenía: la devoción de los míos.

»No obstante, hace poco tiempo, en un secreto lugar, que ninguno de los que estáis ante mí conocéis, recibí una importante visita. Era Coatitzal, la última de la casta de los adivinos sagrados de Aztlán.

En las caras de mis parientes la interrogación dio paso al asombro.

—Sí, veo que, en efecto, sabéis quién es ella. La voz de la Providencia Divina habla por su boca, como antaño lo hicieron los antiguos dioses. Es ya muy anciana y su edad la hace aún más sabia y venerable. Es la suprema Decidora de la Verdad y sus mensajes son siempre transcendentes. Hoy más que nunca, pues sabe que su camino también está llegando a su fin. Se encontró conmigo en un mágico jardín fuera del tiempo. Me habló con la verdad que nace de la profunda armonía y del supremo conocimiento. Y lo hizo con amor; un regalo solo comparable con el que ahora me hacéis vosotros. Me dijo que mi vida tocaba a su fin; que mi ciclo estaba casi completo, que solo cinco años me restaban por pasar aquí en la tierra.

»De esos cinco años, ya ha transcurrido uno y varios meses. Los tres que me quedan, os los ofrezco como prueba de mi amor hacia vosotros. Si así lo queréis aún, reinaré espiritualmente sobre los mexica. Dedicaré mis últimas fuerzas a culminar lo que comencé y cuando yo me vaya…

Mi voz se quebró. Mis hermanas lloraban calladamente. Mis parientes estaban profundamente emocionados. Tehuetzqui fue el primero en recobrarse. Y, lleno de emoción, dijo:

—Pues así lo acatamos, elegida por el gran designio divino, y serás durante el tiempo que te reste nuestra última señora, portadora sagrada de la palabra. Isabel y Tecuixpo Ixtlaxóchitl. Yo Tehuetzqui de Tenochtitlán lo juro.

—Y yo —dijo Pimentel.

—Yo también —coreó Luis de Santa María Nacatzipatzin.

—Así sea —sollozaron mis hermanas.

—Acepto, pues —les dije, recobrando la serenidad—. Acepto y el primer acto de mi reinado espiritual será elegir el gran consejo. Pocos somos los que quedamos. Tú, Tehuetzqui, serás mi voz ante el pueblo, mi representante cuando yo no esté, y el primero de los miembros del mismo.

Tehuetzqui asintió.

—Tú, Hernando de Pimentel, soberano de Texcoco, por tu rango, debes ser el segundo del consejo. —Este aceptó calladamente—. Tú, joven Luis de Santamaría Nacatzipatzin, serás su tercer miembro. Este es un puesto importante para ti, que eres el benjamín de los príncipes de mi casa. Tú sucederás probablemente a Tehuetzqui en el gobierno de Tenochtitlán. Algo dentro de mí me lo dice. Leonor, álzate —le dije a mi hermana. Esta se levantó con rapidez, no esperando ser llamada—. Sí, Leonor, no te extrañes. Igual que yo soy la primera emperatriz de México que no tiene un emperador a su lado, también tú serás la primera princesa que formará parte del alto consejo. Cuando yo falte, tu juicio sereno será de mucha ayuda para los otros miembros. Además, como señora de Ecatepec, tu poder es grande. Sé que desempeñarás con honor tu papel y que nunca me defraudarás.

Mi hermana asintió conmovida incapaz de pronunciar palabra.

—Solo quedáis vosotros dos: mi querida María Francisca y tú Cristóbal de Guzmán Cecepatic, hijo de Diego de Guanitzin, mi primo hermano. Vosotros atestiguaréis lo que aquí esta noche ha sucedido. —Ambos asintieron en silencio—. Es muy tarde ya —continué—, y debemos retirarnos señores y señora del consejo, princesa y príncipe. Unámonos a los demás, que deben haber alcanzado en su nostálgica rememoración casi la mítica Aztlán.

Con estas últimas palabras se deshizo la reunión.

Quedamente enfilamos el camino de la casa. Los salones seguían animados por la charla de los viejos sobre los días antiguos. Cuando entramos, como si el azar quisiera guiñarnos un ojo, oímos a uno de ellos hablar de la antigua y primera morada de los aztecas. Aztlán, la ciudad de donde partieron antaño los antepasados de nuestros padres. Nos sentamos para oír y recordar, todos unidos y en silencio como Huitzilopochtli, el poderoso «colibrí del sur», un día hace muchos siglos comunicó a los sacerdotes aztecas en una visión que el pueblo debía iniciar una larga marcha.

Era muy de madrugada cuando nuestros últimos invitados partieron. Aún pude felicitar de nuevo a Juan y luego tuve una larga conversación con mi marido en la que le hablé de cuanto había acontecido en el jardín. Él se inclinó ante mí, al modo cortesano y, más tarde, en nuestro dormitorio, me rindió un homenaje más íntimo como emperatriz y como mujer.

Los días pasaron volando después de la fiesta. Mis nuevas atribuciones absorbían gran parte de mi tiempo. Había que organizar un sistema de asistencia e información al pueblo cuyo centro estaría en la capital. Hubo que buscar muchos enlaces, elegir cuidadosamente a las personas y poner todo en funcionamiento. El gran consejo escondido me hizo llegar algunas importantes decisiones que se habían tomado, inspirados por el cielo. Había que crear grupos jóvenes que asumirían el papel de esconder y desarrollar una parte del antiguo saber.

El consejo en pleno debía reunirse, de oficio, cada seis meses. Yo como emperatriz recibía continua información de todos los asuntos que tuvieran una cierta trascendencia. Una vez examinados, si lo consideraba oportuno podía convocar el consejo en sesión urgente para tratar cualquier tema de especial transcendencia. Si el caso no era lo suficientemente importante, podía simplemente despacharlo con Tehuetzqui o consultárselo a Juan Cano, mi marido. El aparato creado carecía de poderes reales sobre el territorio, pero velaba por los intereses de nuestros súbditos.

Mientras yo ocupaba mi tiempo en graves asuntos, mi casa prosperaba y mis hijos crecían. Pronto Pedro alcanzaría también la pubertad y después de él Gonzalo.

Mis niñas Isabel y Catalina demostraban una piedad extrema. Al principio me sorprendí un poco, pues me parecía demasiado seria y madura la postura que tenían ante el mundo.

Isabel y Catalina, mis hijas, estaban juntas todo el tiempo. Desde pequeñas habían sido inseparables. Siempre estaban de acuerdo y siempre gustaron de las mismas cosas y de los mismos juegos, aunque físicamente eran muy dispares. Isabel era de tez y de cabellos claros, mientras que Catalina se me parecía mucho. Sus caracteres eran abiertos y joviales. Confiadas e inocentes disfrutaban, desde su más tierna infancia, oyendo historias de santos y de la vida del Niño Jesús y de la Virgen. Ellas fueron, desde que nacieron, las predilectas de Xuchil y Xochiquétzal. A mis buenas doña María y doña Teresa se les caía la baba con las niñas. Ellas, que nunca habían asumido del todo el cristianismo, vieron asombradas crecer la piedad de Isabel y Catalina.

Un día Xu, que siempre había sido más impresionable, se me acercó llorando diciéndome que los padres agustinos las tenían embrujadas; que no era posible que ellas voluntariamente fueran tan religiosas. Yo la tranquilicé al respecto, pero observé desde entonces más atentamente a mis hijas. Eran unos seres tan etéreos, tan puros… Parecían dos angelitos, ajenas a los males y peligros del mundo. Para ellas, todo era maravilloso. Incluso me hicieron meditar algunas veces sobre cosas que ellas, en su inocencia, veían de modo diferente. Preocupada, decidí hablar con los padres al respecto. Los buenos agustinos me confirmaron lo que yo intuía. Las niñas querían profesar como monjas. Así que decidí tomar cartas en el asunto. Eran demasiado jóvenes; solo tenían once y doce años respectivamente. No obstante, mi juicio parecía haberme engañado. Ellas me expusieron sus planes con candor, pero fueron claras y terminantes. Me dijeron que se quedarían conmigo mientras yo viviera y que a mi muerte profesarían en el convento de la Concepción de México pues querían dedicar sus vidas a la oración.

Acepté resignadamente sus tempranas e inesperadas vocaciones. En mi casa todos habíamos sido precoces y ellas llevaban mi sangre. Sin embargo, procuré informarme acerca del lugar donde ellas querían pasar el resto de sus vidas. El convento de la Concepción había sido fundado en los años treinta y desde que supe el deseo de Isabel y Catalina, me ocupé personalmente de que nada faltase a las monjas. La superiora me recibió agradecida y obsequiosa. Hablamos largo y tendido sobre ellas. La buena madre me dio su palabra de que las cuidaría como si fueran sus hijas si llegaban a profesar. Así pues, todo quedó resuelto. Si a mi muerte seguían deseándolo, las niñas entrarían a formar parte como novicias, de la comunidad. Después de todo, ¿quién es capaz de decidir por otro su vida? Quizás su destino era rezar por nuestras pobres almas para facilitar nuestro tránsito a la luz de Dios.

Entretanto, yo sabía que ya se iba aproximando inexorablemente el día de mi muerte. Lo tenía asumido desde que Coatitzal me lo anunció. Aun así, conforme iban pasando los meses, era más consciente de que mi partida sería el inicio de la dispersión de la familia. Todos mis esfuerzos por hacerles permanecer unidos fracasarían. La única posibilidad de que se mantuviese estable se marchitaba con la vocación religiosa de Isabel y Catalina. En ausencia de las mujeres, la casa familiar se desharía. Ese era el cruel destino de mi familia. Juan, el mayor, tendría veintiún años y ya sería un hombre. Aparte del inevitable conflicto con su padrastro, sentía un profundo cariño por Gonzalo. Varias veces, les había sorprendido hablando de sus proyectos para el futuro. Juan era esbelto y espiritual, quizás demasiado soñador; Gonzalo su antítesis, un niño fuerte, casi obeso, con los pies en el suelo. Forman una curiosa pareja. Se complementan admirablemente y cuando yo falte quizás se unan más.

Mi hijo Pedro es quizás el más independiente y resolutivo de todos ellos. Nunca se deja afectar personalmente por ningún acontecimiento. Es como un barco que navega seguro, capeando temporales con facilidad; eludiendo todo lo que pudiera ponerle en peligro. Es un gran político. Nunca, ni siquiera de pequeño, se dejó arrastrar por rencillas estúpidas. Ahora que ya va mostrando cómo acabará siendo, me tranquiliza la seriedad con la que enfrenta las situaciones, la cordura que muestra en sus juicios y la extremada justicia que rige sus actos. Además, es un muchacho con prestigio entre los de su edad. Los padres de sus amigos siempre ponderan sus virtudes y le ponen como ejemplo. Tal vez sea el que menos me necesite de todos. Él está hecho a imagen de su padre y no siente el peso de la sangre materna. Sé que sin duda lamentará mi pérdida, pero la encajará perfectamente, como siempre ha encajado cualquier revés de la vida.

Resulta curioso ver cómo, de modo inconsciente, estoy intentando prever lo imprevisible. Quizá sea el dolor de saber que no veré a mis nietos jugar por los patios de mi casa.

A ratos, últimamente, siento un cansancio vital extremo. En esos momentos, ningún asunto por importante que sea parece despertarme de la fatalidad y la desgana en que me veo envuelta. Incluso, morbosamente, me veo a mí misma como antaño vi a mi padre cuando bloqueado por designios superiores, entraba en aquellas terribles crisis místicas que le paralizaban y le impedían gobernar el imperio.

Igualmente, sin saber cómo, me vuelven mis antiguas energías de golpe. Entonces intento recuperar el tiempo perdido en las brumas de mis meditaciones y atiendo los asuntos de mi casa, de mis señoríos y del consejo mexica con capacidad renovada. Pero empieza a asustarme el caer presa de ciclos de creación y destrucción. El poco tiempo que me queda querría vivirlo con una cierta serenidad. Y si algo temo es llegar a perder el juicio en uno de esos momentos sombríos. Luchando contra ellos solo tengo dos asideros válidos: mis hijos y mi marido, que sufre conmigo y que poco a poco va cobrando conciencia de la realidad. Nuestro amor ha ido serenándose con los años. Siempre el uno al lado del otro, apoyándonos y comprendiéndonos; en esos momentos de angustia su firme mano está siempre allí para levantarme sin que yo necesite pedírselo. Él es mi esposo, mi amigo, mi amante, mi paz serena, mi tranquilidad sin palabras; el recóndito y seguro lugar donde las voces se hacen trémulas y donde mi amor florece hasta el éxtasis. Nos hemos dado tanto el uno al otro que temo mucho que cuando yo me vaya nunca vuelva a sentirse completo.

En esos meses casi baldíos y desganados de 1547 solo la sonrisa y la radiante alegría de mi hijo pequeño me hacían salir de mi ensimismamiento. También era un Juan, el tercero de mi familia y diferente a todos los demás. Desde pequeño mostró una curiosa inquietud por todo lo que le rodeaba; una curiosidad insaciable que hacía necesario vigilarle especialmente, pues al menor descuido sus ansias de aventura le llevaban a situaciones complicadas, incluso peligrosas, pero nunca parecía aprender la lección y al poco tiempo ya estaba metido de nuevo en otro lío. También demostraba una increíble capacidad retentiva. De tanto oír a Teresa y a María hablar mientras lo cuidaban, aprendió precozmente el viejo lenguaje náhuatl, sorprendiéndonos un día con una larga parrafada, imitando a la buena de doña María Xuchil. Así, a los cinco años, era ya capaz de hablar correctamente las lenguas de su padre y de su madre. Era el único de mis hijos en quien la sangre azteca y española se mostraban equilibradas; una personita de modales sumamente corteses, que se entregaba apasionadamente a todo lo que le interesaba. Un niño sumamente limpio, para quien el baño era un placer y que no se hacía de rogar, como los otros, cuando, antes de acostarse, tenía que pasar por el ritual del agua.

Muchas veces acudía a mí corriendo; parecía que no pudiera andar despacio y se me echaba encima, abrazándome y acariciando mis cabellos, que le fascinaban. Mientras esto hacía, me pedía en su infantil náhuatl que le narrara antiguas historias de la familia. Algo debía de haber oído en sus muchas correrías palaciegas el pequeño y quería saber más. Ansiaba que su madre le confirmase lo que sus tiernos oídos habían sorprendido. Yo no deseaba, en ese momento, alimentar excesivas fantasías en el niño y quería que no tuviese extrañas sensaciones al respecto del pasado. Debía crecer algo más antes de poder comprender lo complicado de su situación, la posición extrañamente privilegiada de que gozaba, a pesar de haber perdido gran parte de nuestro antiguo poder. Fue entonces cuando por vez primera germinó en mí la idea de escribir, para este pequeño aventurero, mis memorias y mis recuerdos.

A veces me levantaba sintiéndome ligera. Cuando esto me acontecía, tenía una sensación de ingravidez, como si mi cuerpo quisiera alzar el vuelo. Era como una anticipación del cielo. Me sentía por encima de las preocupaciones, que otros días me agobiaban y cansaban. Fue una extraña temporada. Algo me decía que no debía seguir sintiendo así y reaccioné. Me costó un gigantesco esfuerzo, pero lo conseguí.

Fue una causa exógena la que desencadenó mi despertar. En el verano del cuarenta y siete se desató otra vez sobre Tenochtitlán la peste. Provocaba una muerte rápida y solo en contados casos alguno de los afectados sobrevivía. Yo estaba más tranquila al respecto de lo que lo estuve en la anterior ocasión. Parecía un brote menor. Solamente se habían detectado algunos casos aislados pero la plaga no tenía visos de cobrar el dramático matiz de la anterior vez. ¡Cuán falaz se mostró mi tranquilidad y cuán efímera!

Una mañana, mi hijito pequeño no se levantó, como siempre, correteando y riendo. Hizo el intento, pero, para sorpresa de su aya, se cayó de bruces al suelo y allí se quedó, inconsciente y afiebrado. Un velo de horror cayó sobre el palacio. Sin embargo, no se produjeron huidas masivas como solía acontecer en estos casos. Mi corte y mis servidores permanecieron fielmente en sus puestos. Yo tomé las riendas de la difícil situación. Había que extremar las medidas de higiene en toda la casa. Ordené que nadie tocase nada dentro de la habitación del niño y que todos los que allí entrasen se lavaran y sahumaran con copal inmediatamente, después de salir, para evitar el riesgo de extender la enfermedad.

Yo, su madre, decidí, ante la oposición de doña Teresa y doña María, quedarme con él día y noche. Mis buenas ayas, que no podían soportar la idea de dejarme sola atendiendo a todas las necesidades del niño enfermo, resolvieron unilateral e irrevocablemente compartir conmigo las angustias y tareas de esos días y se instalaron junto a mí en la habitación infantil. Había comenzado la crisis con congestión y fiebre. Luego siguieron hemorragias nasales, pero fueron muy pequeñas. Lo que intentábamos con todas nuestras fuerzas y pedíamos en todas nuestras plegarias era que no apareciesen los horribles vómitos que solían anunciar la muerte del afectado.

Los otros niños fueron trasladados velozmente a un ala alejada del palacio. Investigamos para ver si alguien más comenzaba a tener síntomas de la plaga, pero, a Dios gracias, era el único afectado por el mal. Seguramente, la había contraído comiendo algo en mal estado que había cogido en una de sus aventuras. Ahora solo nos quedaba esperar. Esperar y rezar para que superase el crítico tercer día. Superarlo era ya casi una garantía de supervivencia. Juanito era fuerte y sano, pero solo un niño pequeño.

Durante el día segundo hubo momentos en los que creímos que se nos iba. Yo estaba pendiente de sus reacciones constantemente. María y Teresa me ayudaban, cambiando al niño cuando era necesario, humedeciendo su frentecita febril o intentando distraerme de mi preocupación, por unos instantes. Era inútil. Nada podía aliviar mi terrible agonía, pero el mero hecho de su presencia allí es algo que nunca podré olvidar. El día segundo tocaba a su fin. Yo no había pegado ojo desde el momento que me enteré de que mi hijo estaba enfermo. Teresa, haciendo uso de su gran sentido común, me obligó a echarme un rato a descansar, pero no consentí en abandonar la habitación. Me dormí al instante. Sentí mi cuerpo tan pesado como si diez años hubiesen caído de golpe sobre mí.

No sé cuánto tiempo pasé dormida. Pero, de repente, me desperté angustiada. Me levanté para acudir a la cabecera de mi niño. Estaba luchando con todas sus fuerzas contra la enfermedad en medio de su inconsciencia. De vez en cuando, emitía gritos entrecortados y jadeaba como si el respirar le fuese cada vez más difícil. Solo cabía secarle el sudor y esperar. Un minuto y después otro. Una hora y otra más. ¡Cuán despacio pasaba el tiempo…! Yo había perdido la conciencia de todo lo que no fuese mi hijo moribundo.

Entonces, entró mi marido en la habitación. Me di cuenta en ese momento de que llevaba algún tiempo fuera. Sus manos traían un tazón que humeaba levemente. Lo miré con muda desesperación. Él me devolvió la mirada, diciéndome que el curandero personal del virrey, un afamado sanador de Oaxaca, había elaborado este preparado que se había mostrado eficaz con otros pacientes. Era preceptivo que se lo administrásemos inmediatamente y que lo retuviera sin vomitar. Los cuatro nos acercamos a la cabecera de la cama. Teresa y María lo mantenían quieto. Yo le cogí la cabeza y abrí con cuidado su boca. Su padre vertía lentamente el brebaje en su garganta. Así, poco a poco, conseguimos que se lo bebiese todo. Una hora después, más o menos, sufrió un fortísimo ataque de fiebre. Lo bañamos con agua tibia para hacer que la temperatura descendiera. Presa de una angustia mortal, le acostamos de nuevo después y su cuerpo, un poco menos agitado, descansó durante algunas horas.

Estábamos a su lado, esperando una reacción y rezando cuando de pronto, el niño despertó. Nos miró asombrado. No entendía por qué había tanta gente ese día a su alrededor. ¡Había superado el tercer día! Aún muy enfermo, intentaba abrazarse a mi cuello, atemorizado al ver tantas caras serias alrededor de su cama. Lo acuné mientras cambiaban el sudoroso lecho. Las frescas y limpias sábanas de hilo recibieron sus cuerpecito acogiéndolo con dulzura. Nada más acostarlo cayó dormido, presa del agotamiento. La crisis parecía haber pasado.

Al día siguiente, intentó ya levantarse. El doctor Tlaltecatl, que era quien había preparado la medicina, se lo prohibió. Aún no estaba lo suficientemente fuerte, dijo. Así lo comprobamos, porque al cabo de un rato, estaba de nuevo dormido. Durmió casi veinte horas seguidas. Cuando se despertó de este sueño reparador, tenía un apetito voraz. Las ayas le prepararon un desayuno con todo lo que le gustaba.

Mientras engullía fruta y tortillas con dulces, le conté que había estado muy enfermo. Él, que no era consciente del peligro pasado, aburrido de estar en la cama, se puso insoportable. Tanto fue así, que su padre tuvo que acudir en persona a echarle un rapapolvo. Después se quedó un poco más tranquilo y por fin todos pudimos descansar.

Lo primero que hice cuando supe que mi hijo revivía fue llorar. Fue uno de esos llantos largos y aliviadores en los que las lágrimas manan con un fluir constante y firme, sacando al exterior todas las angustias y los sufrimientos. Acudí a la capilla y allí di gracias a la Virgen y al Niño, por haber protegido la vida de mi benjamín. La posibilidad de que mi hijo hubiera muerto me había aterrado. Había sido una dura lección sobre la futilidad de los propósitos humanos.

La muerte que durante un tiempo había rechazado volvió a cobrar su verdadero valor. Para la mayoría de los seres humanos siempre llega demasiado pronto. Cuando ella está cerca, las cosas cobran un nuevo color y la vida intensifica su belleza. Es este contraste el que hace tan difícil el tránsito. Y, sin embargo, no es una despiadada enemiga, sino simplemente la mensajera de un designio superior. Muchas veces su llegada es incluso piadosa. No obstante, la carne mortal que vive falta de una conciencia superior y que sustenta nuestro espíritu, tiembla estúpidamente en su presencia cuando debía recibirla con gusto, pues implica el fin de las pruebas en este plano inferior.

Allí, a los pies de la Virgen, me encomendé para que guiara mis actos y los hiciera justos y sabios. Mirando su rostro, de dulzura infinita y maternal, me sentí llena de una nueva gracia. Percibí que adquiría un nuevo grado de conciencia, una nueva comprensión de la Infinitud.

Tehuetzqui me estaba esperando cuando salí de la capilla. Mis lágrimas se habían secado y mi espíritu se sentía confortado y alegre. Acepté con placer su agradable presencia. Nada más verme, cogió mi mano emocionado y la besó. Le agradecí su presencia, quitándole importancia a los acontecimientos pasados e iniciamos una importante conversación.

Los funcionarios reales llevaban un tiempo intranquilos. Las órdenes que recibían del emperador eran cada vez más imperativas. Carlos I necesitaba dinero, mucho dinero para pagar a sus banqueros y solo el lejano imperio americano podía proporcionárselo. La guerra con los príncipes alemanes protestantes y con el rey francés había agotado las arcas del tesoro una vez más. El estado estaba al borde de la bancarrota y debía afrontar nuevos gastos como consecuencia de la campaña del cuarenta y ocho; México tenía que enviar plata. A pesar de todo, estas órdenes no eran tan fáciles de cumplir. La Corona tenía los monopolios del comercio de oro y plata y los de las minas; pese a ello, el sistema de concesiones hacía que su explotación tuviese un ritmo diferente al que España necesitaba. Los cargamentos de oro y de plata que México había enviado a Carlos I se habían volatilizado. Algunos, ni siquiera habían pisado suelo español. Se habían dirigido directamente a Flandes para pagar las deudas del emperador con sus banqueros.

Ahora, de nuevo, la situación era acuciante. Los funcionarios buscaban soluciones para poder cumplir sus órdenes. La única que se mostró viable fue la venta de tierras e indios de la Corona. Esto era contrario a los intereses de fondo de la misma, pero era el único método rápido para obtener fondos suficientes. Tehuetzqui venía a informarme de que el virrey y la Audiencia habían decidido ya en este sentido. Era un momento ideal para incrementar nuestros dominios. Acudimos juntos al despacho de mi marido Juan, el cual, tras escuchar atentamente las palabras de Tehuetzqui, se levantó dirigiéndose al arca donde guardábamos nuestros títulos de propiedad y los mapas de nuestros señoríos y se puso a estudiarlos con cuidado. Quizás era el momento adecuado para redondear nuestras propiedades por el oeste.

Después de examinar nuestras posibilidades al máximo, acudimos a hacer nuestra oferta a las autoridades, que la aceptaron presurosos. También Tehuetzqui hizo una sobre un pequeño señorío, Tezezepán, que así pasó a su dominio. Muchos de los antiguos señores, que habían mantenido oro y joyas ocultos, aconsejados por nosotros, presentaron a las autoridades la interesante proposición de cambiar oro por tierras y pueblos. Los funcionarios aceptaron felices lo que ellos consideraban una ventajosa operación. Así, miles de vasallos de la Corona pasaron a otra titularidad que, en muchos casos, era la original. Hubo momentos de gran emoción. Algunos pueblos celebraron el cambio considerando ese día de fiesta mayor. Hubo muchas lágrimas de alegría y una mejor actitud hacia las autoridades virreinales. Al menos una parte de nuestra antigua tierra volvía a estar en poder de sus antiguos señores.

Pese a todo ello, los más beneficiados fueron los grandes propietarios. Martín Cortés consiguió el dominio de diez pueblos que tenía en litigio con la Corona a cambio de muchos doblones, pero tuvo que renunciar definitivamente a las ciudades de Texcoco y de Otumba, de las que aún percibía algunos tributos. Con ello hizo realidad la vieja pretensión de su padre de incrementar sus posesiones en el valle. Yo logré hacerme con algunos señoríos, además de algunos pueblos fronterizos de Tacuba, que quería legar al resto de mis hijos, y que no estaban incluidos en el mayorazgo. Así, los demás también tendrían un solar donde asentarse. Mi marido también compró nuevas tierras colindantes con el mayorazgo que quería dejarle a Pedro, nuestro hijo mayor.

Mi hermana Leonor tampoco desaprovechó la ocasión. Su señorío de Ecatepec era largo y estrecho por abajo. Queriendo redondearlo un poco, adquirió una encomienda que lindaba con la suya y que, al quedar vacante, había pasado a la Corona.

Fueron muchas las ventas y el tesoro que los funcionarios reunieron para el emperador rebasaba incluso las exorbitadas demandas de España. Se preparó una importante expedición fuertemente escoltada y los carros cargados de oro y plata salieron del valle por el paso de Cortés, para embarcarse rumbo a las lejanas playas de Cádiz y Sevilla.

En ese año de 1548 y el de 1549, siguieron apareciendo brotes esporádicos de peste. Cuando parecía que había sido superada en un lugar, surgían nuevos casos en otro, pero nunca llegó a ser como la grande del cuarenta y cinco, ni tan mortal, ni tan extendida.

Estos dos años fueron de buenas cosechas. Los nuevos propietarios de las tierras recuperaron así parte de lo que por ellas habían pagado. La necesidad de la Corona había hecho justicia. En muchos sitios donde el señor volvía a ser natural del país, los campos volvían a producir como antaño. Y, sin embargo, los valores de otrora no volvieron. Era un inevitable ocaso aquel al que mi raza parecía estar abocada por el momento. La noche cósmica había caído con su inmenso peso de olvido sobre Anáhuac. Aunque habíamos recuperado parte del dominio territorial, la cultura europea estaba comiéndole terreno progresivamente a la nuestra, arrinconándola. Incluso la recuperación de la propiedad por señores legales suponía unos poderes diferentes que los que antaño tenían estos sobre sus sujetos. En efecto, el antiguo equilibrio entre la propiedad comunal y la personal se había roto definitivamente a favor de la segunda y el orgullo del pueblo y su tradicional autosuficiencia decayeron sin remedio al comprobar que ya no tenían otra salida que la de servir, fuera a amos aztecas o españoles.

Yo, que tanto había luchado por ellos, sufrí mucho al comprender que no solamente me moría, sino que, además, mi pueblo languidecía conmigo. Solo unos pocos recordaban el porqué y el cómo de las cosas antiguas. Esto era lo que habían previsto nuestros sabios y las viejas profecías. Durante la noche cósmica, muy pocos serían los guardianes de la luz antigua; muy pocos guardarían la memoria del antiguo esplendor. Los más habían adoptado formas y modos foráneos, hasta olvidarse de los propios o vivirían acomplejados odiando lo nuevo. Muy ardua iba a ser en los próximos siglos de oscuridad la tarea de los que se entregasen a la conservación del conocimiento antiguo.

Así han transcurrido estos tres últimos años hasta el día de hoy, 11 de julio de 1550. He pasado muchas horas de soledad y meditación en estos últimos días en que mi marido no estaba en la Ciudad de México. Anoche me acosté sola cuando le necesitaba tanto… Necesitaba su calor a mi lado, la sensación de vida que me comunica, ahora que mi ser se apaga. Estaba intranquila, desasosegada; me faltaban terriblemente las fuerzas. Pensé incluso que me llegaba la hora del tránsito. Me asomé casi sin respiración al balcón y vi que una mata de *cempoalxóchitl* florecía abundantemente. Las flores de la muerte exhalaban su penetrante y dulzón aroma para mí. El funesto presagio, en contra de lo que cabía esperar, me tranquilizó. Si ese era mi destino, bienvenido fuera. Ya hace tantos años que lo espero que casi me alegré pensando que me llegaba la hora. Mi mente fluctuaba con extrañas cadencias al son de una melodía inaudible. Sentí un deseo loco de abrazarme al cuerpo de mi marido ausente y de hacer febrilmente el amor con él como despedida; extinguirme fundida en un abrazo con él.

Tras este breve impulso vitalista me sentí agotada y sola. Tambaleándome, casi sin energías, me dirigí de nuevo a mi lecho vacío. Los hermosos candelabros, blasonados con las trece coronas de Moctezuma alumbraron mi soledad cansina. Me dormí con extraños pensamientos en la cabeza. Mis sueños eran angustiosos e inconexos. De repente, sentí que alguien se introducía dulcemente en mi cabeza, llenándome de paz y de luz. La imagen de Coatitzal surgió nítidamente en medio de las sombras, desvaneciéndolas todas. Su sapientísimo rostro, mirándome con un amor inmenso, desterró las tinieblas reavivando en mi interior las luces que casi se habían apagado. Su presencia consoladora acariciaba mi espíritu.

Fue como una revelación. Entonces comprendí que ella venía a despedirse de mí esa noche, la de mi soledad humana. La tierra iba a quedarse vacía sin su presencia clarividente. La Divina Providencia la llamaba y ella acudía, consciente, a su destino, sonriendo. La vi con los ojos del alma, hermosísima en su majestuosa ancianidad. Vestida de blanco, como una novia, irradiando luz todo su ser. Se estaba yendo y en ese glorioso y grandioso momento del tránsito, me recordaba. Vi cómo su ser anciano se transformaba en un glorioso cuerpo de luz y que muchas otras luces venían a recibirla. Su conciencia expandida se dirigió un instante hacia mí. Era la última expresión de su humanidad exquisita; su delicado regalo de despedida. Su amor me envolvió con una luz de color amatista.

Me desperté llorando. Su destino se había cumplido y el mío se acercaba inexorablemente. Me encontrará preparada, esperándolo

Memorias de Doña Isabel de Moctezuma.
o ¿Cuando florece el Cempoalxochitl.?

Jhe Miguel Carrillo de Albornoz y Muñoz de San Pedro.

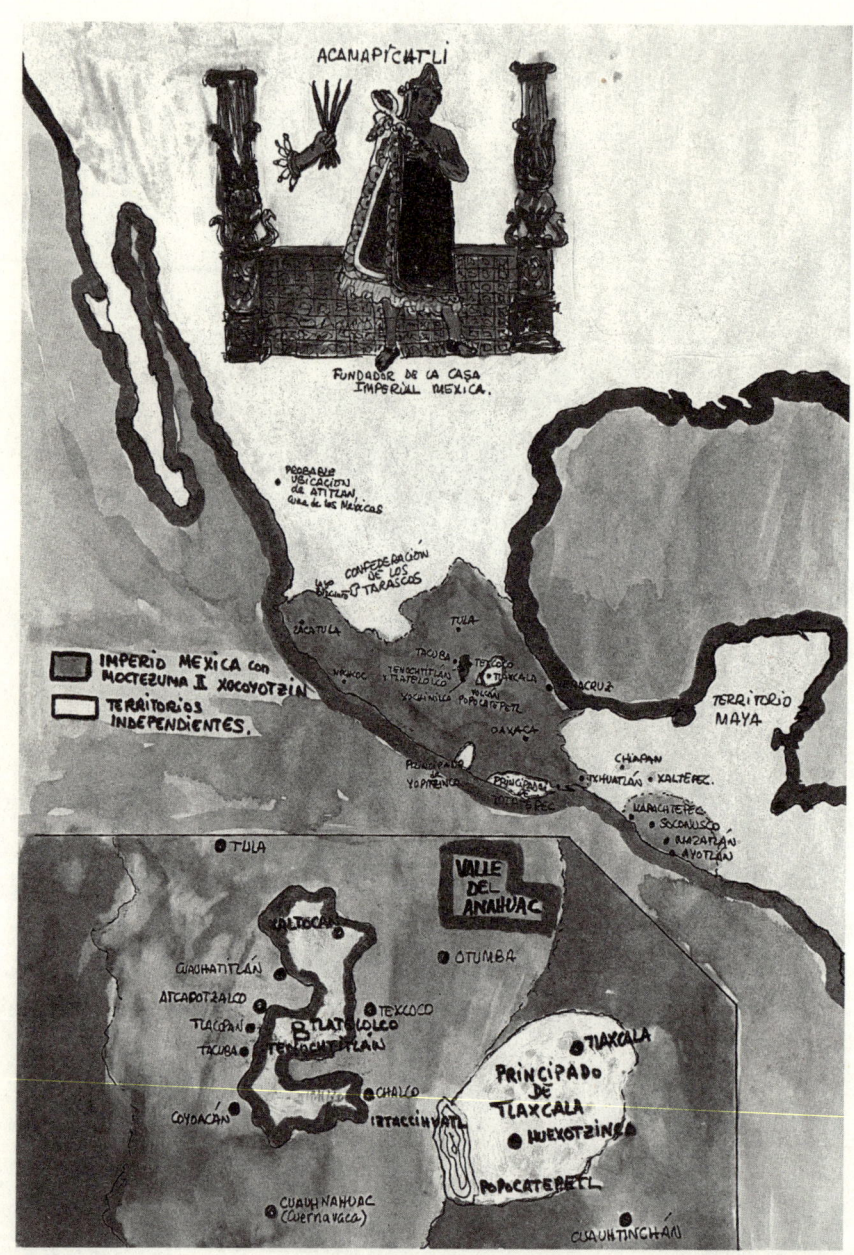

Mapa del imperio azteca.

344

Confederación Mexica.

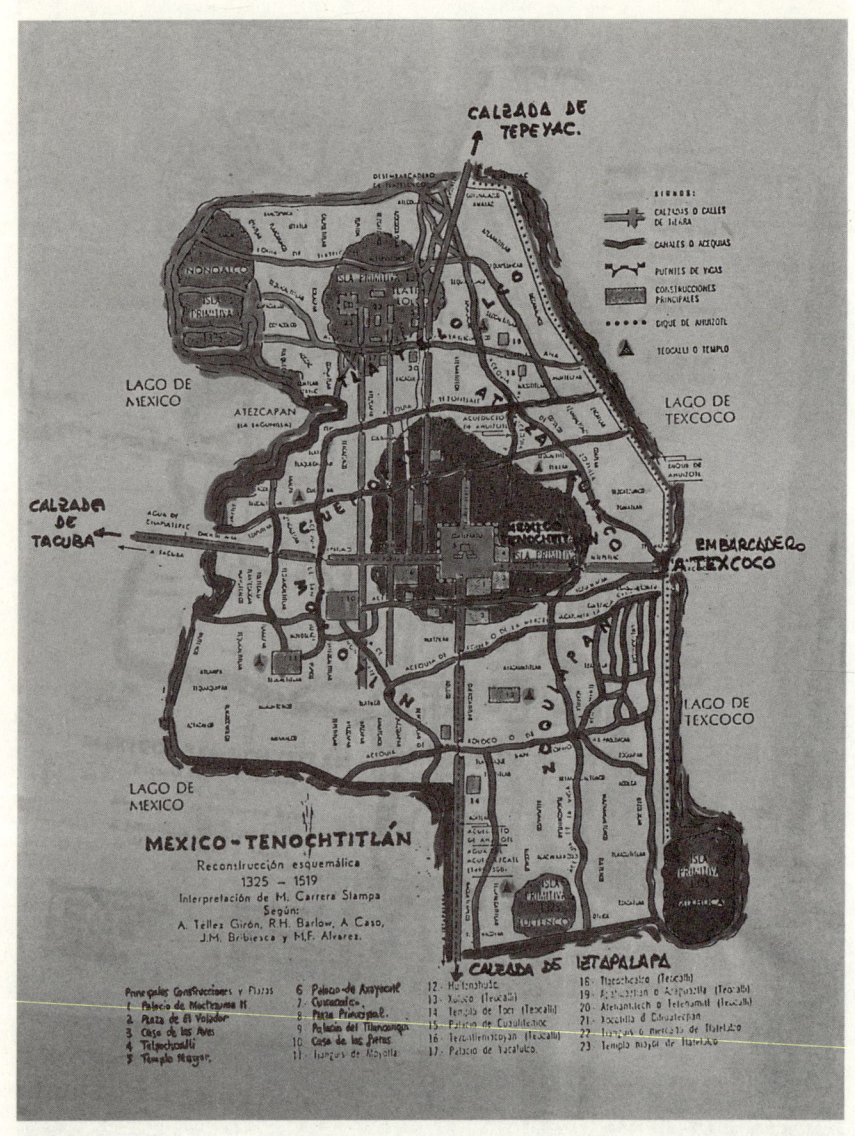

Plano de Tenochtitlán.

Doña Isabel de Moctezuma.

Moctezuma.

Cacama, rey de Texcoco.

Encuentro de Cortés y Moctezuma.

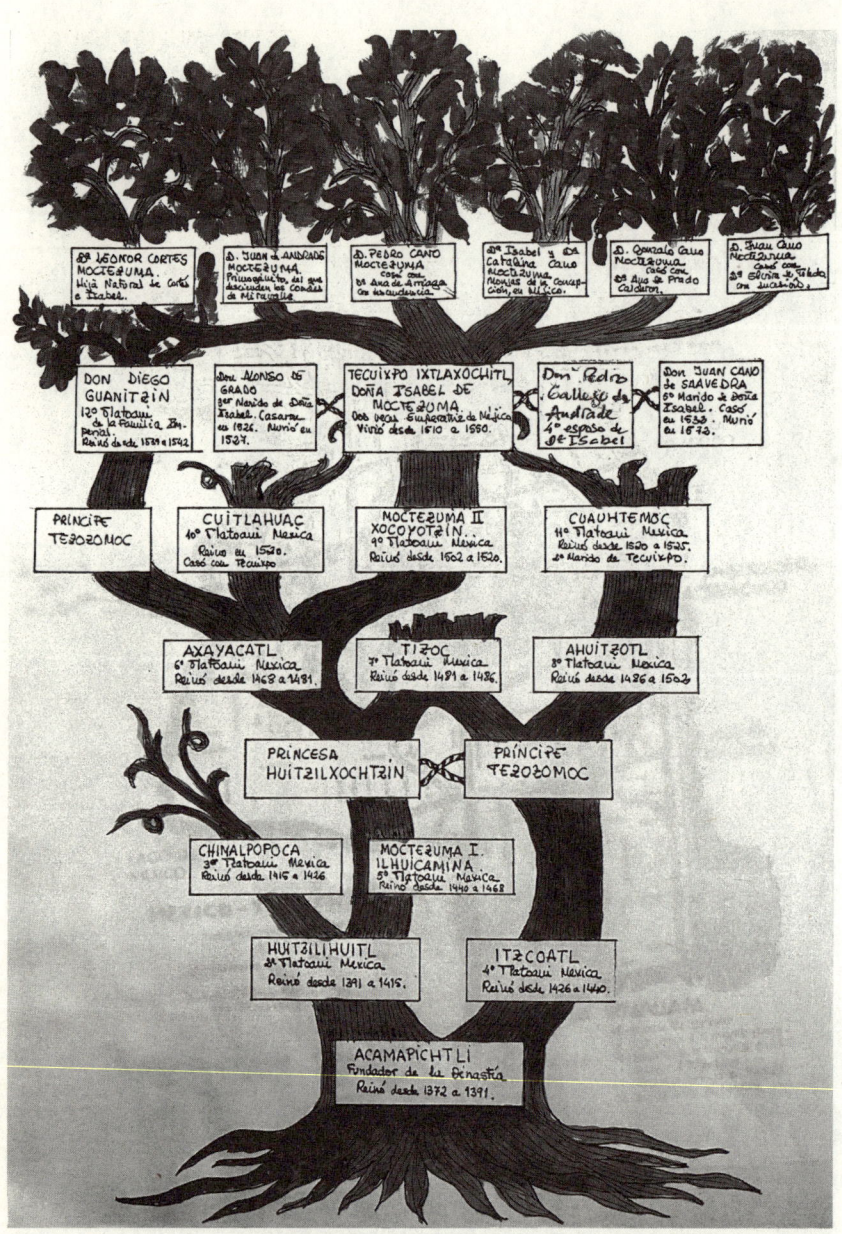

Genealogía imperial de ascendientes y descendientes
de doña Isabel.

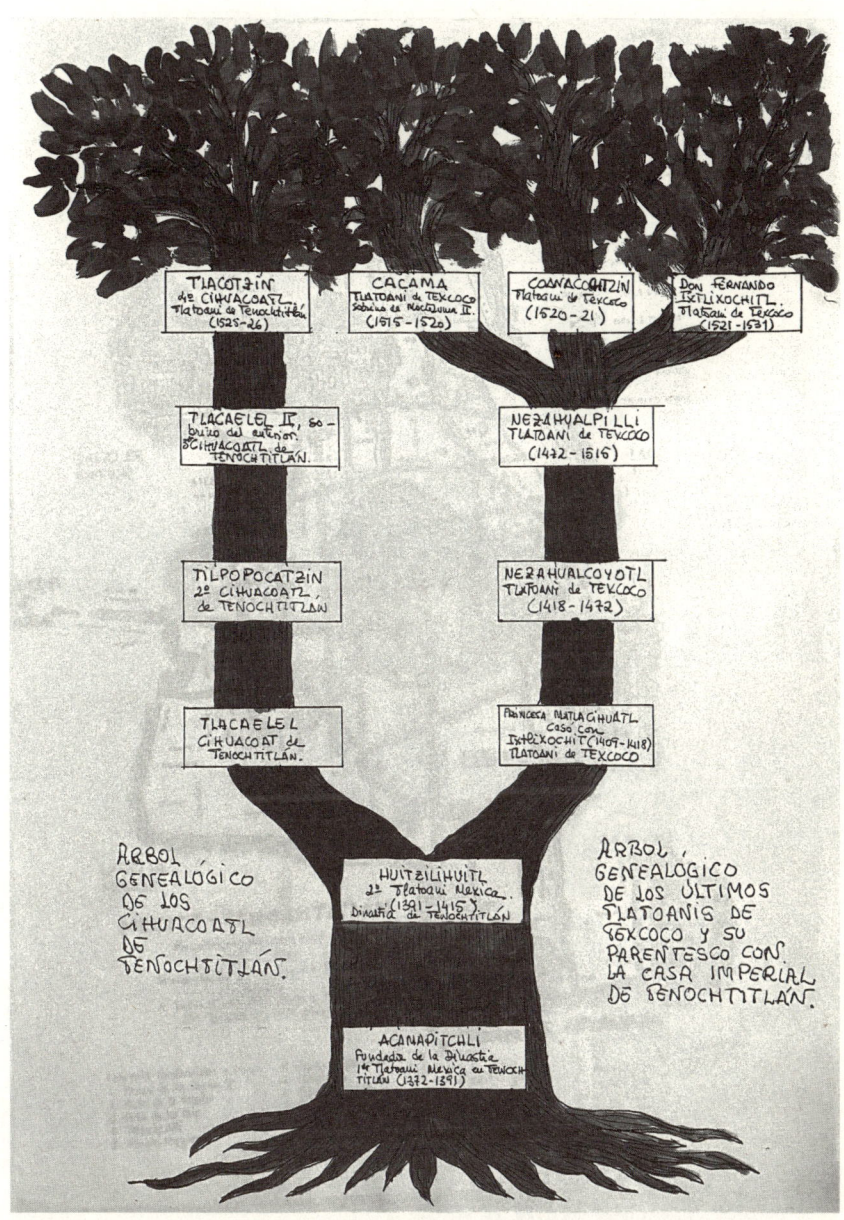

Genealogía de los señores de Texcoco y Cihuacoatl.

Cruz florida.

Genealogía de la Casa de Moctezuma de don José Miguel Carrillo de Albornoz Muñoz de San Pedro, vizconde de Torre Hidalgo

Moctezuma II Xocoyotl, octavo emperador azteca, casó con Teizalco o Teotlacho, hija de Totoquihuatzin II de Tlacopan, en matrimonio dinástico.

I.   Tecuixpo Ixtlaxochitl, luego bautizada como Isabel de Moctezuma. Tuvo dos matrimonios dinásticos con su tío Cuitlahuac, el primero, y a la muerte de este por la viruela, en 1522, con su primo Cuauhtemoc, los cuales la hicieron ser dos veces emperatriz de México, sin sucesión de ninguno de los dos.

Casó en 1526 con don Alonso de Grado, que muere en 1527, sin sucesión.

Con Hernán Cortés tiene a Leonor Cortés.

Contrae cuartas nupcias con don Pedro Gallego de Andrade, que le da su hijo primogénito, don Juan de Andrade Moctezuma, con sucesión hasta los tiempos presentes, siendo la línea primogénita la de los condes de Miravalle.

Muerto su cuarto marido casa de nuevo por quinta vez con don Juan Cano de Saavedra, en 1532. Con él tuvo cinco hijos: Pedro, Isabel y Catalina (que profesarían en el convento de la Concepción de México), Gonzalo y Juan.

Muerta Isabel en 1550, Juan Cano abandona México con sus hijos pequeños, Gonzalo y Juan, y vuelve a su Cáceres natal, para luego instalarse en Sevilla, donde muere en 1572, sin haber regresado a México.

II.   Don Juan Cano Moctezuma se establece en Cáceres y casará con doña Elvira de Toledo y Ovando, de uno de los principales linajes nobles de la ciudad. Al solar de su padre unen otras casas que derriban y comienza la edificación del palacio de Moctezuma de Cáceres.

III.   El hijo de ambos, don Juan de Toledo Moctezuma terminará la construcción del palacio, que pasará a ser conocido como palacio de Toledo Moctezuma. Este casará con otra noble cacereña, doña Mariana de Carvajal, Toledo de Torres y Ovando.

IV.   Su hijo, don Juan de Moctezuma Carvajal y Toledo (1587-1676) casó con doña Isabel Pizarro Sotomayor.

V.   Fue su hija, doña Mariana de Toledo Moctezuma, quien casó con don Álvaro de Vivero Luna, señor de Encinillas, hijo del conde de Fuensaldaña.

VI.   Doña Isabel de Vivero Moctezuma, hija de los anteriores, casó con su primo don Pedro Antonio Roco de Godoy Campofrío, caballero de Alcántara.

VII.   Don Juan Francisco Roco de Godoy Vivero Moctezuma (1677-1700) hijo de los anteriores, casó con su prima hermana doña María de Contreras Portocarrero Roco de Godoy.

VIII.   Fue su hija doña Beatriz Roco de Contreras Godoy que casaría con don Diego Antonio de Carvajal Trejo Moscoso Godoy.

IX.   Don Gonzalo Antonio de Carvajal y Roco (1719-1791) hijo de los anteriores, casó con doña Violante Juana de Flores Calderón Vargas y Chaves.

X.   Su hija doña María Manuela de Carvajal y Flores contraería matrimonio con don Vicente Antonio Vera de Aragón, I conde de los Acevedos.

XI. Su hija doña María Asunción Vera de Aragón y Carvajal (1771-1811) II condesa de los Acevedos, casaría con don José Bibiano de Mayoralgo y Ovando, XV Señor y II conde de Mayoralgo, XV señor de Las Seguras.

XII. Su hijo don Miguel de Mayoralgo y Vera de Aragón (1801-1859), III conde de Mayoralgo, IV conde de los Acevedos, casó con doña María Dolores de Ovando y de Porres, hermana del V conde de Canilleros.

XIII. Su hija doña Petra de Mayoralgo y Ovando casó con don Tomás Muñoz de San Pedro Flores de Lizaur, II vizconde de Torre Hidalgo II barón de Campo de Águilas.

XIV. Fue su hijo don Miguel Muñoz de San Pedro y Mayoralgo Flores de Lizaur Ovando, III vizconde de Torre Hidalgo, III barón de Campo de Aguilas que casó con doña Teresa Torres Cabrera González de la Laguna, hija del marqués de Torres Cabrera.

XV. Fue su hijo don García Muñoz de San Pedro Torres Cabrera Mayoralgo y González de la Laguna (1876-1953), caballero de Alcántara, alcalde de Cáceres, VIII conde de Canilleros, IV vizconde de Torre Hidalgo, IV barón de Campo de Águilas que casó con doña Beatriz Higuero Cotrina.

XVI.   Fue su hijo don Miguel Muñoz de San Pedro e Higuero (1899-1972), caballero del Santo Sepulcro, IX conde de Canilleros, III conde de San Miguel, V vizconde de Torre Hidalgo y V barón de Campo de Águilas. Correspondiente de las Reales Academias de la Lengua y de la Historia por Extremadura. Casó en Brozas, con su prima doña Julia Flores de Lizaur y Bonilla. Tuvieron dos hijas:

XVII.   Doña Beatriz Muñoz de San Pedro Flores de Lizaur (nacida en 1926), X condesa de Canilleros, marquesa de Cerverana y de los Altares, condesa de San Miguel, vizcondesa de Peñaparda de Flores y baronesa de Campo de Águilas, que casó con don Arsenio Rueda Sánchez Malo. Hijos: doña Beatriz; don José Miguel, XI conde de Canilleros, XIV vizconde de Peñaparda de Flores; Antonio, marqués de los Altares; Blanca (DEP) que fue marquesa de Castrofuerte; Julia; María Teresa; Carmen; García (DEP) y María, con amplia sucesión.

Doña Blanca Muñoz de San Pedro Flores de Lizaur (1927-2011), VI vizcondesa de Torre Hidalgo, casada en Cáceres el 30 de abril de 1958, con don José Carrillo de Albornoz Montijano Cabrera y Aroca (1917-1981), natural de Córdoba, coronel del ejército, Cruz y Placa de la Real Orden de San Hermenegildo, presidente de la Cámara Hispano Árabe de Comercio Industria y Agricultura, de la casa de los marqueses de Senda Blanca y de Villaseca. Fueron sus hijos:

XVIII.   Don José Miguel (1959) Carrillo de Albornoz Muñoz de San Pedro, vizconde de Torre Hidalgo, autor de este libro; don Manuel (1960) y doña Blanca (1962).

XIX.   Don Manuel Carrillo de Albornoz y García, hijo de don Manuel Carrillo de Albornoz Muñoz de San Pedro y de doña Paloma García Fernández Trejo.

XIX.   Doña Blanca Martínez Carrillo de Albornoz hija de doña Blanca Carrillo de Albornoz y de don Miguel Martínez de Berasaluce.

Índice